U0001823

# ★ 迅猛的力量

## 1949，毛澤東、杜魯門與現代中國的誕生

# A FORCE SO SWIFT

## MAO, TRUMAN, AND THE BIRTH OF MODERN CHINA, 1949

凱文·裴萊諾 著 —— 林添貴 譯

很短的時間內，將有幾萬萬農民從中國中部、南部和北部各省起來，其勢如暴風驟雨，迅猛異常，無論什麼大的力量都將壓抑不住。

——毛澤東，〈湖南農民運動考察報告〉，一九二七年三月

★ ★

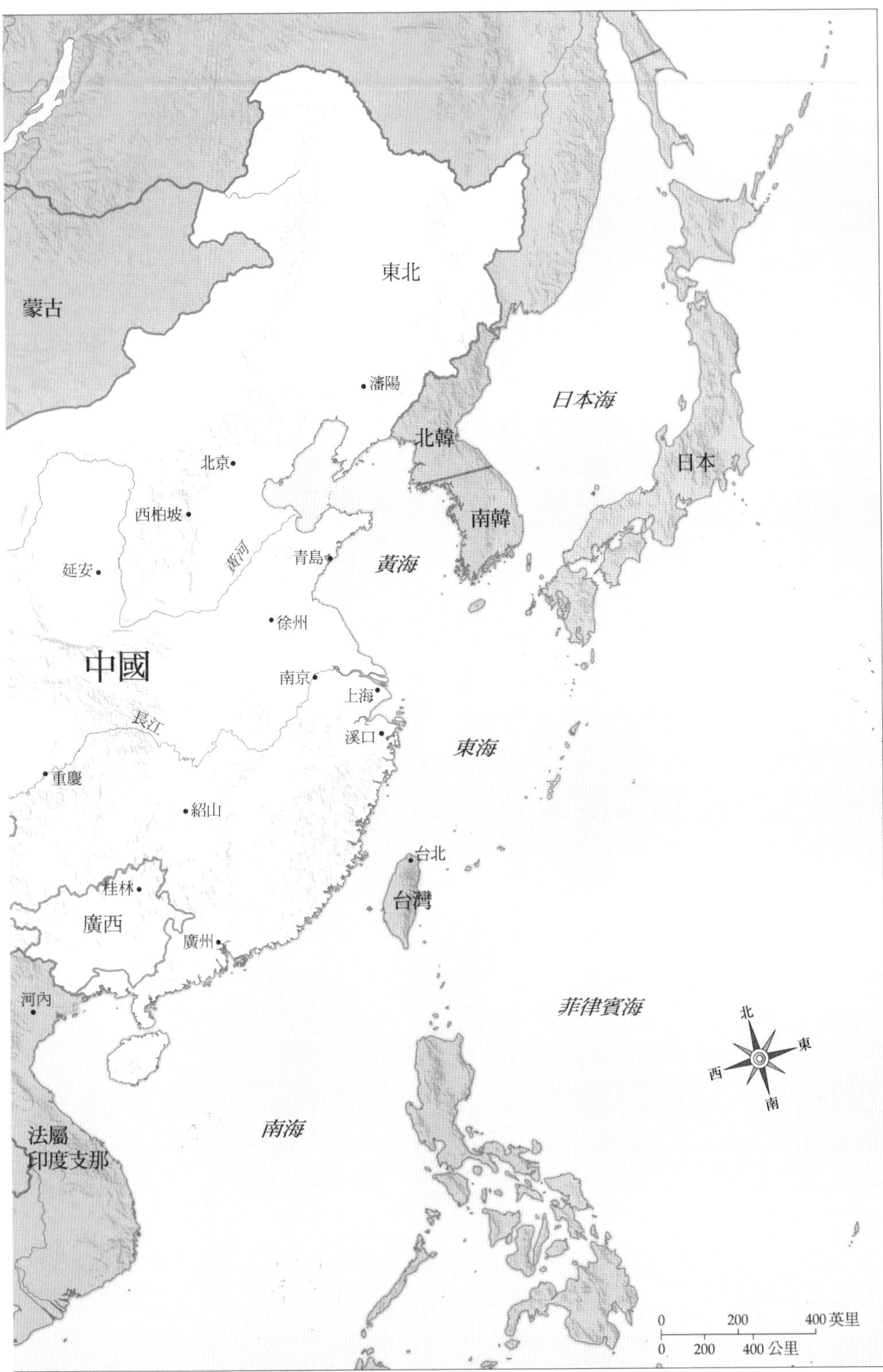
蒙古
東北
瀋陽
日本海
北韓
北京
日本
西柏坡
南韓
黃河
青島
黃海
延安
徐州
中國
南京
上海
長江
溪口
東海
重慶
紹山
台北
桂林
台灣
廣西
廣州
河內
菲律賓海
北
東
西
南
南海
法屬
印度支那
0
200
400 英里
0
200
400 公里

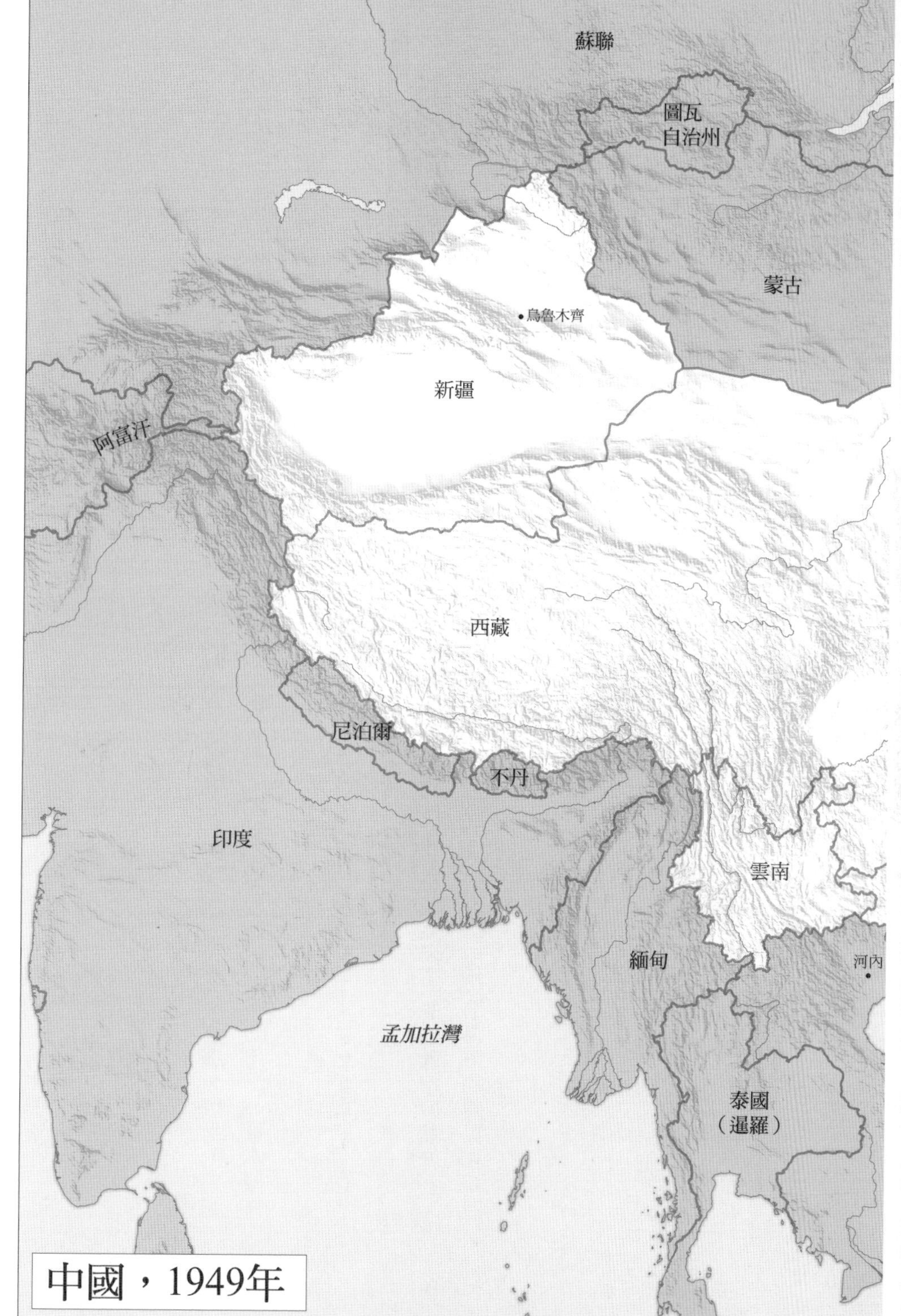
蘇聯
圖瓦
自治州
蒙古
烏魯木齊
新疆
阿富汗
西藏
尼泊爾
不丹
印度
雲南
緬甸
河內
孟加拉灣
泰國
（暹羅）
中國，1949年

# 各界推薦

「中國可說是二十一世紀全球生活最重要的力量，這個前景使得凱文・裴萊諾這本清晰、有說服力的新書更有意義。透過重新建構杜魯門對國府覆敗、毛澤東崛起的反應，裴萊諾帶我們到故事的起點。這本優秀的歷史書有助於我們了解當今的頭條新聞。」

——鍾・密羨（Jon Meacham），普立茲獎得主、*Destiny and Power* 作者

「凱文・裴萊諾就一九四九年戲劇化的事件寫出這本極具說服力的作品，說明毛澤東的部隊擊敗蔣介石，而杜魯門必須決定如何回應的經過。在這本詳盡研究、文字優雅的書中，他告訴我們毛澤東的盤算和華府的辯論——這些決定未來三十年美國亞洲政策的事件。」

——佛蘭西斯・費茲傑羅（Frances Fitzgerald），普立茲獎得主、*Fire in the Lake* 作者

「就在現在，當美國人正要再次試圖了解中國時，對美中關係戰後根源重新檢視可謂時機最適合。這本讓人不忍釋卷的書充滿出奇魅力的人物、戲劇性的時刻，也交代了至今仍影響世界的各種決定。」

——布朗德（H.W.Brands），德州大學歷史學教授，*The General vs. the President* 作者

「當中國隱然即將成為美國的全球勁敵之際，我們很難記得——或甚至想像——美國曾被說是「失去」中國。當時是一九四九年，凱文・裴萊諾以銳利的觀察寫出這本生動、及時的書，帶我們回到當年。這是最有說服力的歷史敘事。」

——艾文・托馬斯（Evan Thomas），*Being Nixon* 作者

「一九四九年是世界事務大變化的一年，凱文・裴萊諾巧妙地掌握其重要性及事件的主角人物。這是一本重要、必讀之書。」

——喬治・赫林（George C. Herring），肯塔基大學榮譽教授、*The American Century and Beyond* 作者

「這本書是裴萊諾對美中關係關鍵的一年——毛澤東的中國共產黨上台掌握政權——的精心研究，呈現當時的決定如何持續影響美中關係，直到今天。」

——《紐約時報書評》（*The New York Times Book Review*）

「貼近、逐步地重新建構這個故事，生動地令人感受到美國決策者在處理中國局勢迅速惡化時的情境……掌握了當今世界上最重要的雙邊關係建立的關鍵時刻。」

——《華爾街日報》

「一段雄偉的歷史……應該擺在每一位對中國和台灣感興趣的人的書架上。」

——《國家利益》（*The National Interest*）雜誌

目次

# 一九四九，是誰丟掉了中國？

涂豐恩（哈佛大學東亞系博士、「故事」網站創辦人）

一九四九，這是石破天驚的一年，這是翻天覆地的一年。共產黨勢力席捲中國，勢如破竹；國民黨節節敗退，終於將江山拱手讓人，避居一塊陌生的小島。從此神州易幟，山河變色。

這是臺灣讀者不會陌生的一段歷史。

十年之後，退居臺灣的蔣經國出版了一本小書，由中華民國國防部印製。序言中，他這樣寫著：「民國三十八年，可以說是中華民族的『危急存亡之秋』；在這一年中，國家民族所遭遇的困難，以及我父親所處的地位環境，乃是空前未有的惡劣和複雜。國運正如黑夜孤舟，在汪洋大海的狂風暴雨和驚滔駭浪中飄搖震盪；存續淪亡，決於俄頃。」

這本書，就叫《危急存亡之秋》。

《危急存亡之秋》收錄了蔣經國一九四九一整年的日記。書中他痛罵「朱毛匪幫」是「民族敗類」，同一時間又不禁哀嘆：「當此存亡絕續之交，危疑震撼之際，我在戰場上的軍心渙散，損兵折將，在政壇上的動搖怕死，變節投降，在經濟上的物資匱乏，金融紊亂，真是敗象亡徵，江河潰決。」

那年春節，大年初一，他黎明即起，在日記中寫道：「念一年又過，來年如何，實難想像；更不知有多少人在痛苦和憂愁中，度此年節。目前整個社會，充滿了血和淚，我縱慾新年言吉語，但事實如此，又如之何！」

到了四月二十五日，國民黨軍隊已經棄守首都南京。前一天，蔣經國將妻兒送往臺灣避難，這天則準備和父親撤離溪口。他看著故鄉，心中百感交集，全反映在日記中：「極目四望，溪水無語，雖未流淚，但悲痛之情，難以言宣。……大好河山，幾至無立錐之地！且溪口為祖宗廬墓所在，今一拋別，其沉痛之心情，更非筆墨所能形容於萬一。誰為為之，孰令致之？一息尚存，勢必重回故土。」

幾天之後，解放軍渡過長江，國民黨大勢已去。

但蔣經國的日記不只記錄了這些哀傷與悲痛，他還處處要為父親蔣介石辯護，說他「堅貞不二」、「不屈不撓」，又說他以「大無畏的精神、忍人之不能忍」，才能在這危急存亡之秋，「起死回生、轉危為安」。

這是許多人再熟悉不過的敘事與修辭。國土淪喪的憤恨、流離失所的無奈，大江大海轉眼之間成了殘山剩水，只剩民族偉人仍在力撐危局，頂天立地。在那心心念念反攻大陸的年代，這是歷史教科書中不能略過的一頁。

但中華民國課本裡頭不會寫的，是同樣那年，有另外一群人正在歡欣鼓舞，迎接新中國成立。曾經擔任過孫中山臨時大總統祕書的詩人柳亞子，看著紅星就將照耀大地，難掩興奮之情，熱情地寫下這樣的詩句：

太陽出來滿地紅，我們有個毛澤東。
人民受苦三千年，今日翻身樂無窮。
太陽出來東方明，我們有個總司令。

雲臺麟閣非吾願，咱就人民子弟兵。

如此直白的詩句難稱高明，但倒也襯托出詩人發自內心的喜悅，如此誠摯，如此天真，慶祝新時代來臨。

曾於《大公報》與《文匯報》任職的報人徐鑄成，則在那年十月六日的日記中寫著：「回顧這一年內，祖國的變化真大。今天，能在北京參加開國盛典，並在此度中秋佳節。祝願五億同胞，從此脫離苦海，年年歡度團圓節，共慶太平、自由、幸福，共慶國家日益富強康盛。」

擺脫了國民黨的中國，看來似乎前途一片光明，充滿無限希望。

只是，徐鑄成寫下這些話的幾年後，捲入一場政治風暴，被指為資產階級代言的右派，因而遭到當局嚴厲批判，甚至面臨降職降薪的懲罰。何其諷刺，新中國似乎不如期望中美好，而歷史變化總是讓人難以預料。

難以預料的歷史變化當然不只這一樁。內戰七十年過後，國共雙方已經不再劍拔弩張，反倒握手言和，相親相愛。此情此景，若是蔣介石與蔣經國得以目睹，恐怕也要感到意外萬分，不知該說是歷史捉弄人，還是人捉弄了歷史。總之，時代果真是不一樣了，國共不兩立，如今換成了兩岸一家親。

而經過這些年的局勢變換，國共內戰的歷史書寫，也不再像過去一樣，停留在心戰喊話、洗腦宣傳——至少在海峽的這一岸如此。隨著越來越多公私檔案開放、個人日記出土，以及各方研究的推進，我們對當年那場戰爭與那個時代，也有了更全面和更深入的理解。

一九四九年過後七十週年，《迅猛的力量》一書帶領我們重回這個歷史轉捩點的現場。對於一九四九，本書旨不在禮讚，也不在喟嘆，更不是宣傳，而是細膩地重建那一整年的來龍去脈，變化流轉，作者描繪歷史如何隨著各方行動者的合縱連橫、計算與失算，一步一步展開。

《迅猛的力量》講的是一個國共內戰的故事，但也不只是一個國共雙方的故事。在國共背後，我們會讀到美蘇兩大勢力在二次戰後的角力，以及美蘇內部各種不同意見的衝突。國共、美蘇，都非鐵板一塊。我們因此看見，身為美國總統的杜魯門，與擘劃外交事務的國務卿艾奇遜，在理念上不時齟齬，也看到親蔣與棄蔣的勢力，如何互相傾軋。當然，隨著時局的變換，各方陣營也必須隨之做出調整，與時俱進。

國共之間的成與敗，不能只從中國內部來解釋，還必須納入國際政治的視角。作者利用外語的文獻，包括美國與俄國的檔案，補上了過去中文著作較為少見的部分。

不過，本書寫蘇聯的篇幅，遠遠不如寫美方內部情勢來的豐富和細緻。這自然與作者凱文・裴萊諾（Kevin Peraino）的背景脫不了關係。凱文・裴萊諾曾長期任職於美國著名的《新聞週刊》（*Newsweek*），前一本書寫的是林肯。他念茲在茲的，還是一個美國外交史的老命題：是誰丟掉了中國？

前芝加哥大學政治學教授鄒讜，在一九六〇年代出版的代表作《美國在中國的失敗（1941-1950）》，早已處理過這項問題。在本書一開頭，鄒讜如此解釋何謂美國的失敗：「蔣介石委員長對中國發生的一切比任何人都要承擔更多的責任，因為責任與權力是成正比的，而蔣曾是中國最有權勢的人物。然而，如果用美國的目的、意圖、利益衡量其政策，那麼美國的政策是失敗的。在抗日戰爭中，國民黨中國曾是美國的盟友；在朝鮮戰場上，共產黨中國打敗了美國軍隊，並且作為強國出現在世界上。」

在二十世紀初年開始，美國便開始關注中國情勢的變化。當時中國正受到列強的勢力進逼，而美國算是晚發的帝國主義者。從那時開始，美國國內的政治菁英，便自認抱持高尚的政治理念，要協助中國平等地進入國際社會，甚至成為大國。這樣的理想，從一八九九年「門戶開放政策」開始浮現，而到二次世界大戰末期更為具體成形。

因此，在一九四九年之後，美國人想問：自己到底犯了什麼錯，才會導致進退失據，原本目標成為夢幻泡影，而國際情勢失去掌控，紅色勢力席捲亞洲？

就這個問題而言，凱文．裴萊諾未必有什麼驚天動地、超乎前人見解的答案。此外，要回答這個問題，也恐怕無法只看一九四九這一年，而必須追索到更早以前，理解各種遠因近因。

但《迅猛的力量》寓解釋於敘事，巧妙地將幾條不同主線交織在一起，讓我們看見一個更為豐富的歷史圖像——這才是本書的價值所在。作者只用了十分簡約的篇幅，陳述自己對這段歷史的主張與評價，讀者在翻閱過這歷史長卷後，自然會在心中形成自己的判斷。

本書值得一提的，是作者講故事的技巧。對非虛構寫作感興趣的讀者，不妨將此書視為參考之作。凱文．裴萊諾發揮記者本色，精巧佈局，娓娓道來。開頭幾章先描寫幾位故事中的不同主角，讓這幾人的形象躍然紙上，為後半段的敘事做好準備。他尤其擅長用生動細節，勾勒人物的性格，如講到蔣夫人宋美齡：

> 有一天，羅斯福夫婦和宋美齡共進晚餐時，話題轉到工會政治。羅斯福請教這位中國第一夫人在面對興風作浪的工會領袖時會怎麼做。艾蓮諾日後回憶，宋美齡「一句話都沒說，只舉起美麗的小手在她喉嚨前比劃了一下」。

又如手握大權的美國總統杜魯門：

> 他的頸部和下顎出現脂肪肥腫，略顯癡肥。他的頭髮也開始掉色，從原本的胡椒灰色變成亮銀色。不

過，總統的大笑臉減少了衰弱的感覺。他和老戰友嬉笑喧鬧——不時露出已變色的門牙。他現在的身材似乎使他有種彈跳力量，是他在第一任期內所欠缺的權威感。

看來不像全世界最有權力的男人。至於國務卿艾奇遜，聞起來就像一家理髮店，在他的小鬍子抹些蠟，在頭髮也抹上一些乳液。他讓眉毛長得長而濃密，就像一簇簇軟草，但是他的小鬍子卻咄咄逼人。記者詹姆斯．芮斯頓（James Reston）將艾奇遜臉部毛髮形容為「政策規劃的勝利成績」。就艾奇遜而言，紅肉、馬汀尼酒、和對政敵尖酸苛評是美好一天必不可少的主食。

還有後來在中國呼風喚雨的毛澤東，根據作者的說法，在第一次與史達林會面時，其實感到焦慮不安。對於俄國十分冷待的外交接待，更明顯有所不悅。表面上毛澤東在莫斯科慷慨激昂發表演說，私底下他卻對整趟旅程抱怨連連，不滿下榻處所的枕頭太軟，吃不到新鮮的魚片，外加鬧便秘。一代革命家，終究也只是凡人。而歷史是由這樣一群凡人寫成的。

本書在中美貿易大戰打的正酣之際問世。在這個時刻，作者重訪這段歷史曲折，心中自然有著當代的關懷。但他書寫的對象是美國讀者，而今中譯本問世，在臺灣閱讀這本書，又有什麼意義呢？

首先，正如作者所說，一九四九年其實尚未結束，對臺灣人而言，這一點恐怕最能感受。當年留下的格局，至今依舊牽動著臺灣各項政治議程。

不過除此之外，我以為還有另一個面向值得深思。裴萊諾在書中提到了一段故事。一九四九年十二月二十一日，艾奇遜與提出圍堵蘇聯政策的肯楠（George Kennan）先後在美國國家戰爭學院發表演說。肯楠對聽眾說：「人類根本無從了解真相的全面性。……即使是最高明的戰略家也『只看到一部分』和『預言一部分』。」

在變幻莫測國際政治中，其實沒有誰能有絕對的把握，也不應該自以為有絕對的把握。美國如此、臺灣當然也是如此。大國未必無所不能，小國也未必只是棋子，人人都必須做好準備，步步為營，謀求自身最大利益。對於身處帝國夾縫臺灣而言，認知到這一點，才有可能在多方角力的世界上，停止作繭自縛，進而積極地尋求和創造屬於自己的生存空間。

# 序幕　一九四九年十月一日，北京[1]

民眾的身體擠成一團，手肘靠著手肘，整個上午都在廣場角落爭奪一個位置。十月的陽光下，皮膚黝黑的士兵站在寒風中，頭戴鋼盔、高擎刺刀，一邊高歌、一邊行軍。每兩輛坦克成一列向前移動；然後是榴彈砲隊、小馬隊以及肩上扛著迫擊砲和火箭筒的砲兵。皇門前的石板上，男女老少莫不伸長脖子望向毛澤東畫像上方的平台；這幅藍色畫像掛在藍色霓虹燈管旁。它底下有一堆黃色彩帶在人群中盪漾。在這個狂熱的廣場上，幾乎所有的東西都是紅色的。

下午三點過後，一位身穿黑色羊毛套裝的高個子走到城門上方一排麥克風前。他舉起一張摺疊起來的紙頭，抿著嘴唇，低頭看了看一排大字。雙下巴幾乎碰到他的衣領，厚重的下巴遮掩他的顴骨。雖然毛澤東才年過五旬，但身體不好。他是夜貓子，很少在天亮前上床睡覺。多年來，他嗜吃燉豬肉，香菸也是一根接著一根，需要靠安眠藥才能入睡，因此搞壞了身體。偶爾一陣暈眩襲來，他會突然腳步踉蹌——醫生說，這是循環系統出問題的一種血管神經病。儘管如此，他仍然保持著一位熟人所描述的「一種中年人堅實的元素活力」——這種磁性是照片永遠無法傳達出來的。[2]

這天，毛澤東以高亢的湖南話發表演說，當中並沒有特別令人難忘的詞語：他以幾段話讚美革命英雄，也痛批英美帝國主義者和他們的傀儡。但隨後慶祝中華人民共和國誕生的活動則熱情洋溢、十分壯觀。毛澤東按下按鈕，這個信號讓紅底、黃星的大旗冉冉升起——樂隊奏起新國歌〈義勇軍進行曲〉，「起來，起來，起來！」的歌聲響徹雲霄。禮砲響起，戰鬥機隊劃過天空。

夕陽西下，盛會卻持續著。煙火奔向天空，燃起鮮亮的火焰，然後墜落；雖然悶燒，卻不會傷人，或落入興奮的孩童當中。紅色的絲帶布旗在晚風中飄盪，彷彿巨大的海蜇隨波起伏浮動；看在當天在場的英國詩人威廉．安普生（William Empson）眼裡，它們有種「奇妙的親密情感效應」。遊行的隊伍高舉火炬，還有人攜帶用紅紙製作的燈籠——有些形狀像星星，有些像立方體，裡面點著蠟燭或放了腳踏車燈罩。慢慢地，在歌聲中，長長的隊伍散布在全城各個角落。

遊行隊伍中有位十六歲的男孩陳勇，拿著一個小小紅色的閃亮立方燈。當他加入毛澤東的部隊時才十二歲，不過他看起來至少年輕一、兩歲。他研究摩斯密碼——這是同齡男孩能夠擔任的少數工作之一——然後加入一個單位，走遍東北的白山黑水。由於漫長的內戰即將結束，陳勇的父親要他返回學校讀書。但是，這天晚上沒有人會在家念書。戰爭結束了；毛澤東獲勝了。陳勇提著燈籠走進黑暗中。

★

提燈慶祝會過了近七十年後，我在北京陳勇的家中訪問他，這是位於北京西郊某個街坊一棟不起眼的公寓。陳勇現年八十出頭，頭髮灰白，下巴出現淡淡的鬍鬚。他的雙手略為顫抖，緊抓著一副眼鏡。他的一隻眼發炎，幾乎闔著；鬼鬼祟祟的緊張取代了少年時平靜的眼神。

這本書是針對杜魯門政府對毛澤東在一九四九年獲得勝利所做出的回應，進行一整年的敘述。而我在寫作這本書的過程中最感欣喜的部分，就是能夠與一些目睹這十二個月戲劇性事件的人聊天、訪談。歲月不居，現今仍活著的目擊者愈來愈少；有些關鍵人物已過逝四十年，甚至更久。其餘的也垂垂老矣，記憶力快速消退。在敘述這個故事時，我總是緊抓著當代的文獻——日記、備忘錄、信件和報刊報導，因為這些文件能夠呈現當年最精確的樣貌。不過，我絕不會錯過與實際在場目睹過程的人交談的機會。這些遭遇有點神奇——我與過去的中國竟然產生活生生的聯繫。

在陳勇那陷於盛夏濕氣的公寓中，他慢慢地走過水泥地板，從床頭櫃打開一個抽屜，拿出一張黑白照片。照片中，年少的陳勇穿著一件中國共產黨士兵的襯墊灰色外衣，腰部收緊，就青少年的身材來說，衣服尺碼太大了。我們談話時，七十年前的情感似乎全都回來了；他一度悄悄地開始哼唱起一首老軍歌。可是，當我追問他所經歷的細節時，他經常記不起來。他會瞇起眼睛直視我，然後沮喪地說：「記不得了。」但是，當我問他是否經常回想當年事蹟時，他卻說：「幾乎常常會想起。」當然，這就是年紀大了之後的巨大矛盾：我們愈是記不得，就愈花時間去回憶。[3]

★

人會凋零，國家也是：即使參與過革命的倖存者也正在消失，目前中國領導人就花不少時間試圖記住那個時代。中國現任國家主席習近平在掌握大權後不久即表示，他認為革命史對於一個國家來說，是「最好的營養素」[4]，有助於成為偉大的國家。經過一九八〇年代多年去毛澤東化之後，中國的領導階層現正有意識地重彈毛澤東一些最著名的政治曲調。中國現代政治家回顧過去時，並非朝向大躍進的瘋狂愚蠢——當時毛澤東妄想改造中國的農業經濟；也不是朝向文化大革命的瘋狂掠奪——在一九六〇年代末期和一九七〇年代初期，毛澤東動員中國的不滿青年瘋狂地鞏固他的獨裁統治。今天的中國領導人則是以他們全心的情感反響，慶祝一九四九年的勝利。在各種致敬行動中，習近平政府制訂了一個新節日，在每年九月三十日舉行「烈士節」紀念活動——一九四九年九月三十日，中國領導人在北京興建了一座重要的國家紀念碑。[5]

今天的中國仍然充滿著一九四九年的紀念物。最近一個春日早晨，我從北京到西柏坡一日遊。當年年初解放軍準備完成征服中國大陸的工作時，毛澤東以西柏坡做為他的農村基地。曾經是破爛道路的顛簸旅程，今天已變成沿路樹蔭夾道的高速公路，一路暢行四小時。雖然北京的天氣異常晴朗，沒有霧霾，當我們往西南方向行進到中國的工業中心地帶時，天空變得愈來愈朦朧。車窗外，新中國的影像一路閃過：沙坑、煙囪、太陽能光電板、電線，還有那宛如被一個宇宙級怪物啃掉一大塊的山丘。然而，在其他方面，舊中國仍然與我們同在。我的計程車司機在他的福特轎車儀表板上擺了一個毛主席的白色半身像，它的底座標示著「保佑平安」。

西柏坡現已變成一個遊客熙熙攘攘的喧囂城市，我們經過一家名為「紅色記憶」的餐廳，和一個販賣印有毛澤東和習近平肖像小飾物的旅客中心。再往前走，我們到達一排褐色的低矮平房，掛著寫上中文和俄文的告示牌。遊客在梨樹和槐樹旁漫步，只要花費五塊錢人民幣就可以坐在號稱是毛主席愛坐的帆布折疊椅上；只要付二十塊錢，就可以在沙袋堆後面穿上舊軍裝，扛起步槍，拍一張照片。根據一位工作人員的介紹，為了替水池騰出位置，這個位址實際上已經從原來的位置略微移動；但似乎沒有人會介意。這天早上，紀念館擠滿遊客，魚貫地走過裝滿革命遺物的玻璃櫃。

然而，這些回憶還有另一個陰暗面。一九四九年毛澤東的勝利在太平洋彼岸引起了反應；當年年底，美國將原本主要限於歐洲的圍堵共產主義政策延伸到亞洲。杜魯門政府制定了一項雄心勃勃的計畫——包括一連串祕密作業——來支持中國周邊國家。即使毛澤東鞏固了他對大陸的控制，美國也悄悄提供金錢和武器給他的敵人。這些歷史事件也讓斷斷續續正在崛起的中國人認清他該有自己的作為。焦慮的中國官員認為，在今天美國的政策是一九四九年出現過的圍堵戰略之的續集。他們擔心美國部隊在東亞地區的部署和訓練任務，他們也對西藏、新疆和台灣等熱點地區相當存疑，密切地注意現代美國是否有包藏禍心的證據。

對於一九四九年如此敘述——夾雜著勝利與怨氣——其實是忽略了許多事情。事實上，美國的決策者為了因應毛澤東的勝利所做出的回應，彼此產生激烈的爭論。有些人想和他打交道；也有人想要對抗他；還有一些人則完全不想理會他。這些不同的主張中，還存在千絲萬縷的細微差異。這些爭端不僅僅是戰術上的意見分歧，也反映出美國與中國關係的本質存有深刻的分歧，揭示了美國人性格本身的斷層線。[6]它們摧毀某些人的職業前途，也使得一名內閣成員潸然落淚；隨後的數十年中，也在朝鮮和越南引發了美國最具分裂性的對外戰爭。最令人不安的是，儘管現在這些裂縫大致被掩蓋起來，但依然存在。每種方法都是由自身的自我欺騙、以及對自己品牌的記憶和遺忘推動著。[7]

對這一切的歷史幻想其實並沒有明確的解藥。這不是簡單陳述事實的問題；我們會告訴自己，關於中國的故事其實充滿激情，很容易就被驅散。儘管如此，藉由進入當事人的軀體、透過他們的眼睛來看待一九四九年的困境時，我們可以開始分享他們的一些恐懼和驚駭——並且最終消除我們自己的一些焦慮和誤解。換句話說，面對一個失控的故事，唯一的解決方法就是再講述另一個故事。

這個故事要從一架飛機開始，一位丰采迷人的女士準備展開作戰。

# 第一部分

# PART ★ 1

# 第一章
# 女委員長

銀色的天空大師飛機（Skymaster）[1]慢慢滑行到停止，四個螺旋槳仍在引擎上旋轉。雖然杜魯門總統曾使用這架改裝過的C- 54運輸機作為他的私人飛機，它不是特別宏偉的飛機：只是以十噸的鋁和鋼材鉚接成海豚形狀。靠近跑道的地方，幾十個歡迎者在寒風料峭中蜷縮成一團——那只是一支表示尊重的接待隊伍，人數不多。工作人員推著斜梯穿過停機坪，一群記者湧向樓梯。時間剛過上午十點，飛機艙門開啟，一位身材嬌小的中國貴婦現身了。她在十二月華府的寒風中走下樓梯時，臉上勉強擠出笑容。[2]閃光燈閃爍，新聞影片的攝影師啟動攝影機。蔣介石夫人為這個場合特別打扮，將眉毛修得很細，耳朵戴上金飾。她的頭髮挽在額頭上方，又黑又彎，像夜晚的瀑布。她把自己緊緊地裹在配著禮服衣領的海狸大衣裡，給人一種想徹底藏身於大衣裡的印象；只剩下她的下巴、臉頰和寬闊的前額暴露在深秋的空氣中。她另外配一條紅色圍巾，緊緊遮住喉嚨。

她的倦容浮在臉上，眼眸下出現黑影。她感到暈眩、無法站穩。當她步下樓梯時，兩位政要同時趨前迎接她：一位是中國駐美大使，另一位是她的姊夫、前任中國財政部長。她對於別人的自我意識相當敏感，立即同時握住兩人的手。在他們背後，相機仍閃爍著，一個小女孩快步向前，向她獻上一束二十四朵玫瑰。最後，一位穿著貂皮大衣、有點年紀的婦人擠到前方，挽著中國第一夫人的手臂，把她拉向一旁等候的一輛黑色豪華轎車。這位女士問她：「妳還想說些什麼話？」她回答：「沒有。」

從機場出發時一片混亂：攝影師簇擁著兩位正要進入車內的女士，擠在門邊再搶拍幾張照片。宋美齡瞇起眼睛望著燈光，眼神茫然，表情黯淡。最後，這些新聞記者紛紛散去，車隊奔向維吉尼亞州的馬場莊園。雖然她習慣出門有一大堆隨從簇擁，但這次旅行卻不這麼做。此行任務岌岌可危，很可能會引起太多不必要的關注。今天，她只攜帶幾個小行李，其中一個塞了一冊密碼本。[3]

經過四十英里的車程，他們來到目的地——美國國務卿喬治・馬歇爾（George Marshall）位於利斯堡（Leesburg）的宅邸。飛車追來的狗仔隊央求穿著毛皮大衣的宋美齡在草坪上讓他們再拍幾張照片。稍作配合之後，她要求讓她休息。她說：「從星期天早上到現在，我一路飛過來。我相信各位也能理解，請給我一點時間好從舟車勞頓中恢復元氣。」

★

七千多英里路之外，她的丈夫、中華民國總統蔣介石即將輸掉內戰和國土，甚至連性命都可能不保。在首都南京的總部裡，戴著鋼盔和配備美國卡賓槍的衛兵守衛的大門後面，當毛澤東的共產黨部隊逐一摧毀國軍部隊時，蔣介石焦慮地盯住軍事地圖。[4]他的書房寬敞，單靠一具小電熱器不夠溫暖，蔣介石在各地將領紛至沓來求救的電報邊上批示「不行」。[5]

蔣介石和毛澤東以各種不同方式相互鬥爭，到了此時已逾二十年。他們曾經一度勉強結盟，為中國現代化共同奮鬥。當時的敵人是中華帝國古老的歷史、僵固的禮儀和腐敗的官僚。滿清覆亡後，他們曾經與北洋政府和各省軍閥抗爭。然而，長年下來，革命陣營分裂。蔣介石掌握了國民黨，無情地整肅政敵。而毛澤東在經歷一連串的艱苦權力鬥爭後，鞏固了對中國共產黨的控制。

數十年來，在爭取國際正統地位方面，蔣介石一直勝過毛澤東。一九二八年，蔣介石崛起成為國民政府領導人；此時，毛澤東和他的游擊隊被迫逃到山區，落草為寇。一九三〇年代，日本侵略中國之後，美國領導人盼望蔣介石的國民政府部隊能成為在太平洋抵抗裕仁天皇部隊的中流砥柱。蔣介石設法堅守防線之際，也爭取到美國民眾好感和支持。美國雜誌以全頁彩色照片介紹這位委員長：黝黑的皮膚緊繃，黑色的眼睛專注地盯著相機，剪成軍人的短髮，羊毛制服配上星星和子彈帶。珍珠港事變之後，美國民眾對他的好感更勝，國會批准給予國民政府大量武器和經濟援助。

然而，第二次世界大戰使得蔣介石折兵損將，中國經濟凋敝。[6]戰後，毛澤東的中國共產黨開始慢慢占據地盤。起先美國領導人設法調和這兩個敵對派系，派遣各式各樣的代表來到中國，試圖謀合和平。但是，美方調處失敗，美國政治家逐漸對蔣介石失望。共產黨反對勢力日益壯大，委員長陷入孤軍奮鬥。

年逾六旬的蔣介石，不再是意氣風發的中國抗戰青年英雄。歲月和壓力讓他鬍髭泛白，太陽穴青筋冒出。國共內戰加劇，他大膽但也愚蠢地決定孤注一擲，在東北與毛澤東所部正面交鋒。光是東北戰場，他就折損了二十九個步兵師、四十萬兵力。短短四個月內，共產黨虜獲他百分之七十五的武器，並消滅掉半數作戰部隊。[7]在北方某些城市，飢寒交迫的國軍部隊被迫殺戰馬和剝樹皮果腹。[8]此時，一九四八年寒冬將至，毛澤東發動攻勢，命令數十萬大軍進攻國軍所控制的主要城市。

蔣介石希望守住徐州，阻止共軍前進。徐州是首都南京北方兩百多英里的一座丘陵湖泊交織、飽經戰火的泥濘城市，數百年來一直是兵家必爭之地。現在徐州則是個重要的鐵路交通重鎮；更重要的是，它是屏蔽南京、阻擋共軍南犯的堡壘。[9]委員長命令數十萬大軍固守徐州，而難民就在附近棄置的建築物和麥田裡輾轉流離。蔣介石的部隊忙著強化城池的防禦工事。只是現在，毛澤東部隊猛攻，值不值得死守這座堡壘，蔣介石必須下決定。最後，他決定撤退——計畫在南京北方平原重新部署防禦。

一九四八年十二月一日，宋美齡抵達華府的同一天，委員長的部隊從徐州撤退轉進。在零度以下的酷寒中，二十多萬國軍士兵從蘇北這座城市撤退，並縱火焚城。逃亡的部隊在他們離去時，也摧毀燃料和彈藥庫，升起約八千英尺高的黑煙，趁火打劫的人連政府官署的窗框和地板都不放過。有些飛機載走飢寒交迫的傷兵，有些飛機則乾脆在停機坪上放火燒毀。晚上十點，毛澤東的部隊占領這座城市。[10] 徐蚌會戰的潰敗在南京引起恐慌；各國外交官攜家帶眷地擠爆所有前往上海及東南城市的火車。蔣介石在他的日記中寫道，他自己的助手都懷疑他是否會棄守首都南京。[11]

然而，在公開場合，蔣介石面對這些失敗卻力圖保持樂觀。徐州淪陷當天，美國駐南京大使向國務院報告指出，蔣介石出現一種奇怪的「自信」；大使覺得委員長的決心既「宏大」又有些「令人不安」。然而，在其他時候，蔣介石則顯得沮喪和宿命論傾向，詛咒上天陷他於困境。大使猜測，如果毛澤東成功奪下南京，蔣委員長可能會自殺。[12]

徐州防線潰守之際，蔣介石草擬一份電報發給夫人，告訴她他想念她，問她是否已平安抵達美國。[13] 他原本不希望她去美國，但現在他需要她的幫助。同一天稍晚，他又發出一份較長的電文，詳細指示她如何與杜魯門政府接洽。並告訴她，她應該要求緊急援助，要錢也要人——未來三年，國府每年需要十億美元，再加上美國派出軍事顧問。他知道，美國人對這種軍事援助行動抱持懷疑的態度。這將是一個幾乎不可能達成的任務，即使是他那位非常迷人的夫人恐怕也無能為力。不過，他的選擇不多，這可能是他們最後的機會。

宋美齡抵達當天，先到維吉尼亞州一家醫院探視因腎臟病住院的國務卿馬歇爾。兩人在一九四五年底相識，當時這位領導二戰美軍動員戰功彪炳的將軍，奉派到中國調處國共爭議。馬歇爾有著深邃藍眼珠、招風耳，沉默內斂，以冷靜理性自豪，喜歡自誇除了對妻子之外，絕對沒有激情。[14]他對親信部屬坦承他覺得宋美齡喜歡干預事情，常討人嫌。[15]不過，他可以信賴她，而且她剛烈的干預有時也能說服他。在中國談判期間，有次馬歇爾質疑他們對某個問題是否可以「得到共識」（get together）[16]，宋美齡凝視著他，把手放在他的膝蓋上，挑逗地說：「將軍，你我可以隨時聚在一起呀。」

現在，宋美齡抵達華府與他第一次會面，大都在閒聊敘舊；過了幾天，她又到醫院探望馬歇爾。這次她很快就切入正題，清楚而強烈地就她丈夫在電報裡列舉的事項要求援助。她認為，中國需要一個「火星塞」，由美國派出一位高級將領來掌控與毛澤東的作戰，她也力促馬歇爾發表公開聲明支持國府。馬歇爾在病床上耐心地聽她訴說，但結果還是讓她氣餒。在他看來，國府未做出任何可以證明他們能夠成功擊敗中共叛軍的動作。他認為，如果杜魯門政府對於蔣介石政府說不出任何正面的話，就應該什麼話都別說。[17]縱使如此，馬歇爾告訴宋美齡，她見過杜魯門總統後應該再來和他一談。[18]

宋美齡把他和馬歇爾談話的經過回報給南京的蔣委員長，承認她的努力還沒有進展。她抱怨她才到美國就生病，又說國府駐華府大使館的動作——向新聞界洩漏消息，為她製造了障礙——讓她很難推展工作。不過，她聲稱已經和馬歇爾化解若干重大「誤會」。她建議委員長要有耐心，保持冷靜。她神祕兮兮地告訴他，她正在進行「複雜的工作」，他們不應該在電報裡討論細節。私底下，她請他為他們任務成功祈禱。

同時，她也尋求精神上的慰藉。抵達華府不久後某個星期天上午，她悄悄來到華府「鑄造衛理公會教堂」

（Foundry Methodist Church），這座古老的教堂經常接待來訪國賓。聖壇上掛著一面中華民國國旗；腓德烈克・布朗・哈里斯（Frederick Brown Harris）牧師提醒會眾，宋美齡來到現場。哈里斯稱讚中國人在二戰期間和美國並肩作戰，現在又一致對抗共產黨；然後，他指向教堂彩色玻璃窗上一個女性身形。哈里斯說明，藝術家以宋美齡為樣本——這是對她的善行之禮讚。哈里斯推崇宋美齡是「全世界最傑出的衛理公會教徒之一」。他說，今天的禮拜意在表揚「她的國家和我們國家的永久交情」。[19]

★

多年來宋美齡與美國培養的關係是功利考量的，也出於個人的背景淵源。[20]她的父親宋嘉樹（Charles Jones Soong）——查理宋，一八七八年他十二歲時，從中國來到美國，在波士頓一位父執輩的小店裡打工。由於不耐工作沉悶，查理宋溜上一艘船，前往北卡羅萊納州的威明頓（Wilmington）。這艘快艇的船長介紹這個早熟的孩子給威明頓一些市民領袖，他們把查理宋帶進衛理公會教堂。過了幾年，查理宋寄家書回國，稱頌他的新信仰。他在一封信中向父親提到，兩人有次在中國上寺廟上香、向木雕神像拜拜的往事。查理宋現在責備說：「父親大人啊，木偶怎能幫助我們呢？」[21]後來，查理宋進入北卡羅萊納州今天杜克大學（Duke University）的前身三一書院（Trinity College）就讀，之後，轉學范德比大學（Vanderbilt University），主修神學。這位青年學生引發同學的興趣，不過，師長們對他評價不太高。院長回憶他是「一個冒失的小個子，充滿活力和趣味，但不是個很優秀的學生」。[22]

最後，查理宋被培訓為衛理公會傳教士，在一八八六年回到中國。他創辦印刷聖經和其他宗教書刊的事業，此外，也涉入中國政治。在十九世紀末葉，基於人口、經濟和軍事等種種複雜因素，滿清政府積弱不振。在過去一個多世紀裡，中國人口大量增長，政府及其官僚必須照顧臣民，因此有極大的壓力。同時，中國經濟也日益整合進入廣大的世界市場。農村生活變得愈來愈不安定，傳統紡紗織布的方法被新技術所取代。這時，全國各地三不五時爆發各種叛亂，起事者責怪滿清菁英貪腐和失政。[23]

外國列強也對破壞滿清的安定有相當的影響。多年來，英國商人在殖民地印度廣種鴉片，再賣到中國荼毒中國人，對中國社會造成莫大的傷害。數以百萬計的中國人染上吸食此一強大麻醉劑的癮頭，同時，鴉片貿易也造成中國白銀大量外流。滿清在一八三八年試圖廢止鴉片交易，英國卻發動戰爭，擊敗中國，並逼迫清廷簽訂苛刻的條約，從此倫敦完全控制香港，並得以在五個重要商業港埠通商。[24]一八五〇年代，清廷與歐洲列強的第二次戰爭又以戰敗收場，簽下類似的嚴酷條約。中國領導人痛批歐洲列強迫他們簽訂「不平等條約」。其中有一項最惱人的規定就是治外法權，當時外國人在中國犯法，卻不必受中國法律的審判。

滿清統治者一直未真正從這些屈辱中恢復顏面。由於接連戰敗，有些中國知識份子開始質疑傳統儒家文化的根本價值。受到西方學者如赫伯特・史賓塞（Hebert Spencer）所主張的，最能幹者才能挺過演化鬥爭概念的影響[25]，這些改革派人士主張中國社會應該進行大規模的現代化，包括改革政治與教育制度。一八九〇年代初期，查理宋結識極力奔走反清運動的孫逸仙。孫逸仙也是基督徒，小時候曾在夏威夷念書，他和查理宋都崇仰西方的政治理想。兩人旋即開始合作，祕密從事改革（或推翻）滿清王朝的革命工作。[26]

同一時期，查理宋娶了上海名門望族閨秀倪桂珍為妻。倪桂珍的雙親曾經認為女兒是天足，會嫁不出去。（在十九、二十世紀之交的中國農村，纏足仍很盛行，中國男性認為女性纏足會更加美麗、有吸引力。但查理宋在美國長大，不認為纏足有十足魅力。）倪桂珍連續生了三女三男。雖然宋家大多數的兒女在中國政治上都扮演相當重要的角色，但仍以小妹宋美齡在日後成為中華民國第一夫人的影響力最大。

宋美齡是個好奇心旺盛、熱情奔放的女孩，因為身材胖乎乎的，被家人暱稱為「小燈籠」。他們把她送到上海一所菁英私立學校就學，後來又到喬治亞州的梅崗城——當時她的大姊宋靄齡在那裡讀書。宋美齡的美國老師發現她很活潑，但有時很任性，脾氣很大。一位朋友回憶道，她把幾張活頁樂譜往鋼琴上一甩，說道：「我不想彈奏這個作品！」[27]宋美齡說話有喬治亞腔，她向其他同學開玩笑說，她身上唯一和中國有關的事物就是她的臉蛋。她認為自己是個有文化素養的南方人。當暑期班一位老師要她寫一篇南北戰爭期間謝爾曼將軍（General Sherman）向大海進軍的文章時，她回答道：「請原諒我，我是南方人，討論這個話題對我來說非常痛苦。我可以不寫它嗎？」[28]大學入學時，她決定北上進入麻薩諸塞州的衛爾斯禮學院（Wellesley College）。在校期間，她有時會情緒低落而退縮不前。但正如一位熟人所回憶的，「她身上有一股火焰、一股真誠，內在潛力極大。」[29]

完成學業後，宋美齡回到上海這個已相當陌生的老家。在她赴美留學期間，孫逸仙的革命黨人終於成功推翻滿清政府，組建共和政府。可是革命黨人仍然相當分裂；地方軍閥為爭地盤陷入混戰。居住美國多年的宋美齡覺得對新中國感到相當陌生。有一天晚上，她在上海赴約會，卻在上海迷宮般的弄堂裡迷路了，又飢又寒；後來當她聽到一位男子說英語時，才感到安全、放心。[30]她已習慣了第一世界的舒適生活，不斷促請上海巨賈的父親修繕家居，換上現代設施。查理宋在女兒們相繼回國後向朋友開玩笑地說：「千萬別把子女送出洋念書。他們眼界變高了，回國以後，看什麼東西都不順眼。他們要把每樣事都搞翻了……『爸爸，我們為什麼不能換一棟大房子？爸爸，我們為什麼沒有現代化的盥洗室？』聽我的忠告，把孩子留在國內最好！」[31]

一九一八年查理宋去世，宋美齡因此情緒低落。她每天在上海法租界住家陽台流連數小時，抽著薄荷菸，思考人生的目標。身為女孩，她覺得父母親的基督教規矩太煩人，她嘲笑每當母親就某個困難問題做決定時都會說：「我必須先問問上帝怎麼說。」[32]即使現在，宋美齡也認為自己是太任性才成為基督徒。她在一九二一年在寫給友人的信上說：「我不是一個虔信宗教的人。我太獨立，無法溫馴、謙虛或唯唯諾諾。」[33]不過，她慢慢開始讀起聖經，並在姊姊幫助下，研究其中的訓誨。日後，她成為中國最著名的傳教士之一。

此外，宋美齡也開始另一種追尋——尋覓夫婿。她在衛爾斯禮學院時，相貌並不出色，胖嘟嘟的，吸引不了太多追求者。可是，她異乎尋常的南方口音、見識深遠和勇敢自信，現在卻吸引好幾位上海單身漢的注意。有時候，她會在沒有女伴作陪下，和他們約會喝茶，覺得這樣很刺激。雖然她沒有愛戀上任何一位男士，卻覺得自己很喜歡備受關注。她寫信向一位大學閨密說：「我想一個人若不去愛，那麼其次最好的事情就是被愛，可不是嗎？」[34]宋美齡意識到自己的魅力不小。在接下為上海基督教女青年會（YWCA）募款的工作後，她很高興地指出，能說服有權勢的男人掏出錢來多麼容易。她告訴一位朋友：「我親自拜訪銀行經理，盯著他們眼睛看，然後錢就滾滾而來！我對不同的人，說詞都不一樣；我先打量他們，判斷用那種說法最可能打動他們，然後就打鐵趁熱！」[35]

其中，宋美齡吸引了一位特別的追求者：蔣介石，一位前途無量的青年軍官。有些家庭成員表示不贊成；蔣介石年輕時常流連於上海的青樓妓院，而且還與上海一些最惡名昭彰的幫派來往。而且他不是基督徒，還曾討過妻室。宋美齡的姊姊要求她「別嫁給那個藍鬍子！」[36]然而，宋美齡卻傾心於這位前途遠大的軍官——如果不是看上他的相貌或性格，就是為了他在中國政壇的前途無量。身為著名軍校的前任校長，蔣介石在中國軍官團中建立起強大的勢力基礎。孫逸仙一九二五年過世之後，他發動雄心勃勃的北伐，企圖擊敗各路軍閥，推翻北洋政府。現在宋美齡說服她的未婚夫前往日本，向寓居當地的宋老夫人提親。蔣介石承諾會努力研習基督教教義，後來宋老夫人應允這門婚事。[37]

一九二七年十二月一日宋美齡出閣時，出落成一名真正的美人。二十九歲的她臉上脫去童稚的圓潤，凸顯她細緻的五官：堅定的黑眼珠、低沉的鼻子、緊緊抿住的微笑，暗示她既淘氣又克制的性格。婚禮舉辦

1927 年 12 月，宋美齡嫁給蔣介石。她告訴姊姊：「男人脾氣暴躁，總比沒有脾氣好。」
（© Wellesley College Archives）

了兩場，首先在上海宋家的宅邸舉行小型的基督教儀式，之後在大華飯店（Majestic Hotel）公開舉行盛大婚禮，到場者有一千三百名賓客。這對新人在俄羅斯樂隊演奏孟德爾頌的婚禮進行曲聲中踏進宴會廳。宋美齡穿著一件精緻的銀白色絲綢長衫，配上橙黃色花朵；手上捧著一束淡紅色康乃馨。中式舞台上掛著大大的漢字「福祿壽喜」；宋美齡和蔣介石向舞台上有國旗和黨旗襯托的孫中山遺像行了三鞠躬禮。當客人鼓掌、喝茶時，特務悄悄地盯住宴會廳，以防有人圖謀不軌。[38]

這位國民黨領袖遇上的危險的確棘手。蔣介石在國民黨內迅速崛起後，開始鎮壓內部政敵；他發動一項格外大膽的動作，對上海工運團體宣戰，指控他們接受莫斯科的指令。他取得上海黑社會勢力強大的青幫數百人的支持，公開攻擊發起罷工的工會工人。穿上藍色制服、配著白色臂章的殺手隊散布整座城市，以致命的效率攻擊罷工行動中的工人。有位目擊者報導：「人頭就像熟李子在窄巷的暗溝中滾動，疲憊的劊子手以單調的節奏揮舞著手中的劍。」次日，民眾遊行抗議此一屠殺行動，效忠蔣介石的部隊以機關槍向民眾開火，造成六十六人死亡，三百多人負傷的慘劇。蔣介石的徒眾還以刺刀捅刺還沒斷氣的人，用長槍槍托打破民眾的腦袋。這起上海屠殺事件使得蔣介石和中國左翼人士敵意激升。[39]上海清共後不久，毛澤東——這位三十三歲的蔣介石政敵——逃入華南山區，深怕自己會成為下一個目標。[40]

然而，即使蔣介石制伏了國內政敵，卻還有別的外患，暫時掩蓋國內的鬥爭。一九三〇年代，日益強盛的日本帝國亟謀宰制其西側鄰國。一九三一年，日軍入侵滿洲，迫使蔣介石動員同胞成立一支名為「藍衣社」的準軍事部隊，以執行嚴格的內部紀律。他毫不掩飾自己所抱持的極端民族主義，大剌剌地宣稱其目標是「使全體國民生活徹底軍事化」。並且，部分出自宋美齡的敦促，蔣介石也發起他所謂「新生活運動」這個文化改造計畫。他的盟友張掛布幅標語，呼籲國民「戒酒、戒色、戒賭」。[41]這項運動強調自我改進，毫無疑問地，含有傳道的意味。（批評他的人則說「這種瘋狂舉動具有衛理公會的影子。」[42]）批評者指控蔣介石大搞法西斯主義——雖然他心裡只是企圖重振傳統的中國價值，和團結一個危險分裂的國家。[43]

對宋美齡而言，婚後的新生活結合了吃苦和冒險。一九三七年，日軍開始大舉進軍中國內地省份。宋美齡後來回憶和丈夫巡視農村的情形，在前線時，他們住在帳篷、火車和泥磚屋裡。[44]（不過，鑒於她喜愛居住豪宅的品味，某些學者懷疑這些回憶可能是出於自我吹噓的宣傳。）[45]根據一名觀察家的描述，蔣委員長大體上是個和善的伴侶——姿勢僵硬、舉止平靜，「看起來好像經過防腐處理」[46]。早上夫妻倆會一起讀聖經，他那輕柔的「好、好」[47]讓人覺得安詳。不過，他同時是個暴躁的丈夫，尤其是當戰爭的壓力極大時。有位記者回憶道，他的自制會迅速爆發為怒火，「大吼大叫、摔茶杯或盤子、撕毀文件，完全失控」[48]。但他的妻子並不介意他大發脾氣。宋美齡曾向她的兩位姊姊說：「男人脾氣暴躁，總比沒有脾氣好。」[49]

蔣介石夫婦在國民黨據守的重慶領導抗戰，協調防務和救濟任務。夫婦倆因個人的英勇而受到讚揚；一九三七年，《時代週刊》選出他們為「年度風雲夫婦」。不過，當時外在危險相當嚴峻。是年年底，日軍已征服中國許多大城市，震撼了未及逃難的居民。光是在南京一地，日軍就殺害了一萬二千名中國民眾，強暴兩萬名婦女——這段恐怖暴行後來被稱為「南京大屠殺」[50]。蔣介石希望延遲日軍的攻擊，於是炸毀黃河沿岸幾座堤防。但是，因此而起的淹水讓人民更加受苦。黃河決堤造成近百萬人死亡，並摧毀四千座村莊。隨著戰爭規模擴大，某些走投無路的難民被迫賣掉子女，甚至慘絕人寰地吃起人肉，以求生存。

一九三九年五月初，日軍飛機在重慶投擲燃燒彈，燒毀蓋在陡峭山上的木造房子。強風助長火焰，居民活活被燒死在家中。就在大火旁，宋美齡眼睜睜看著屋牆在火焰中倒塌，聽到老百姓尖叫嚎哭。她在寫給一位友人的信裡寫道：「炸彈把富人和窮人、智者和愚人統統炸成一堆燒焦屍塊，得用鉗子將悶燒的屍堆夾出來。」[51]在太平洋彼岸，美國媒體刊登這些慘不忍睹的恐怖照片，激起美國人的義憤。特別是傳教士譴責日本侵略者不道德，而讚揚中國人的抗戰，認為這是東亞持續基督教化的最佳希望。

珍珠港事變後，美國本身也在太平洋和日本交戰，蔣介石的抗日戰爭走向更戰略性的層次，但美軍司令官對其戰略卻有不盡相同的觀點。[52]一九四二年初，日軍成功地切斷滇緬公路，從緬甸到雲南昆明這一條七百多英里的公路是國民政府極其重要的補給通路。[53]某些美國軍官——尤其是奉派做為蔣介石和華府聯絡管道的約瑟夫．史迪威將軍（Joseph Stilwell）[54]——希望訓練及裝備蔣介石的地面部隊，直到他們能夠挺進緬甸，重新打開此一重要通路。史迪威，至少在起初，冀望宋美齡可以做為「重要盟友」，能夠對她丈夫有正面的影響力。[55]這位美國將領在日記中對中國第一夫人的個性有一句刻薄的描述：「直接、強悍、有活力，而且愛好權力。」

然而，其他美國軍官卻提供蔣氏夫婦相互牴觸的建議。多年來，蔣氏夫婦倚重美國空軍飛行員出身的陳納德（Claire Chennault）。他在抗日戰爭爆發後初期，協助國民政府興建空軍基地和成功的預警系統。[56]此時陳納德力促委員長夫婦從印度載運補給品，飛越東部喜馬拉雅山脈（通稱駝峰），而不是依賴滇緬公路來補給中國的部隊。他也希望從國民黨統治區的空軍基地發動對日軍的轟炸任務。[57]蔣氏夫婦認為此一策略相當明智，因此視陳納德如救星——實際上，蔣氏夫婦與陳納德相互欣賞。在日記裡，癡迷的陳納德對宋美齡讚譽有加：「她永遠是我心目中的公主。」[58]不過，另一方面，陳納德的助手可沒有他這份熱情。新聞記者約瑟夫．艾索浦（Joseph Alsop）在中國與陳納德同事，發覺宋美齡為人很討人厭而且虛偽，好似躲在「琺瑯質的化妝面具之後」。艾索浦抱怨說，宋美齡給他一種「刻意討好，目的是日後可以利用我」的感覺[59]。

宋美齡決心善加利用她個人的吸引力。一九四二年底她飛往美國，直接籲求美國人的援助和同情。美國人將中國第一夫人當做名流接待；新聞界以數以百計的專欄報導她在美國巡迴演講的點點滴滴——專欄作家稱呼這位強勢的第一夫人為「女委員長」（Missimo）。宋美齡來到聯邦國會大廈，國會諸公驚嘆於這位異國風味的貴賓：她塗上鮮紅指甲油，配戴名貴的玉石珠寶，穿著一襲剪裁合身的黑色旗袍。[60]有位記者讚美說：「這位個頭嬌小、身材勻稱、小鳥依人的女士有個特質，能讓每位參議員和議事堂內的每個人都有種強烈的感覺，彷彿他們是站在全世界最偉大的一位人物面前。」[61]宋美齡在參議院議事堂演講，重申美國和中國之間的友誼，並且強調兩國「為共同目標而戰」。她告訴參議員們，她覺得自己像「回到家」。[62]

宋美齡借住白宮，親口向羅斯福總統爭取援助。羅斯福答應她，美國會「在上帝允許的最快速度下」[63]運送補給品。宋美齡尖牙利嘴地回話，聲稱上帝幫助能自助的人。羅斯福私底下開玩笑說，他不會讓自己被宋美齡「迷住」[64]。到了一九四〇年代中期，宋美齡博得擅長在政治上引誘人的聲名。〔流行漫畫〈泰利和海盜〉（*Terry and the Pirates*）的主角——狡猾的龍夫人——一部分是從宋美齡身上汲取靈感，更加深外界對她抱持此一印象。〕羅斯福總統夫婦注意到，宋美齡的魅力其實有個陰暗面。她趾高氣昂地擊掌召喚白宮的工作人員，要求他們服務，也命令他們頻頻更換床單。她展現出羅斯福總統夫人艾蓮諾（Eleanor Roosevelt）所謂的「對殘忍毫不經心」[65]，嚇壞羅斯福一些副手。有一天，羅斯福夫婦和宋美齡共進晚餐時，話題轉到工會政治。羅斯福請教這位中國第一夫人在面對興風作浪的工會領袖時會怎麼做。艾蓮諾日後回憶，宋美齡「一句話都沒說，只舉起美麗的小手在她喉嚨前方比劃了一下」。

美國媒體強化宋美齡毫不妥協的鬥士形象，不只一家報紙將她描繪為中國的聖女貞德（Joan of Arc），但媒體報導同時也傳遞一個細膩的訊息：形容她是荏弱的女子，亟需援助——這樣的故事可以打動美國人當大家長的心理。[66]《羅契斯特聯合時報》（*Rochester Times-Union*）形容宋美齡「像小象牙人一樣脆弱」。[67]

當她來到美國西岸時，已建立了美女遇難亟待援救的形象。[68]她在洛杉磯與電影明星賈利．古柏（Gary Cooper）、麗泰．海華絲（Rita Hayworth）等人交好，也在加州好萊塢碗（Hollywood Bowl）巨大的露天劇場向三萬名聽眾發表演講。她的丰采風靡全影城。鮑布．霍伯（Bob Hope）開玩笑說：「她是全世界唯一可以讓我為她一天內刮兩次鬍子的女子。」[69]

然而，民眾的讚賞掩蓋了美國許多官員對蔣介石夫婦的失望。史迪威認為蔣委員長是「一個抓權、頑固、忘恩負義的小響尾蛇」[70]。他抱怨蔣介石沒有盡力作戰，只想「榨取美國的錢和軍火」[71]，故拚命想要保存他的部隊實力。蔣介石這方則認為史迪威及其同夥行為自私；委員長長期以來抱怨美國把中國當作「裝飾品」[72]，想要隨意操縱。當羅斯福終於親自致函蔣介石，要求他讓史迪威主掌中國全部的部隊時，委員長斷然拒絕——並且反過來堅持要將史迪威解職。[73]雖然，史迪威最後同意離開中國，但是此一事件凸顯出美中關係嚴重惡化。[74]

這時日本的威脅正逐漸減退。美國海軍在太平洋戰場發展出聰明的跳島戰略——這種作戰方式使得中國大陸不再如此重要。[75]一九四四年底，道格拉斯．麥克阿瑟（Douglas MacArthur）將軍及其部隊開始掃蕩菲律賓諸島，逐步驅離日軍。杜魯門總統在一九四五年夏天使出最後一記重擊，在廣島和長崎投擲原子彈。投彈後不到幾天，東亞戰爭便落幕了。

第二次世界大戰結束後，蔣介石與毛澤東的共產黨重啟戰火。表面上，蔣介石似乎在此對峙中占上風；停戰後不到一年，國軍部隊控制了中國百分之八十左右的領土。[76]但實際上，對日抗戰使蔣介石的國民政府在軍事和經濟上都已耗盡資源。抗戰結束時，一千五百萬以上中國人喪生，還有八千萬至一億名的難民。蔣介石剩下的是一項幾近不可能的任務，就是要從實質上和心理上療癒全國的創傷。[77]

對委員長而言，外交政治工作更加棘手。在戰爭進入最後幾個月的階段，羅斯福在滿洲和華北其他地區祕密地對史達林讓步，交換俄國人在東亞地區支持美軍作戰。蘇聯旋即允許毛澤東部隊在滿洲海岸興建祕密武器工廠。後來史達林又將大量接收自日軍的坦克和大砲交給毛澤東部隊，讓他們可以不時伏襲蔣介石的國軍部隊。[78]毛澤東部隊獲得補給，士氣大振，開始對蔣介石兵疲馬乏的政府構成重大威脅。

# 第二章 最大的力量

毛澤東曾一度將他和蔣介石的交戰比擬為手足之爭。他解釋國共兩黨是「從中國舊（封建）社會出生的雙胞胎，彼此立刻連結，但也彼此對抗」[1]。毛、蔣兩人想將中國現代化時，都向西方尋求靈感。然而，當蔣介石夫婦熱切設法培養與美國政商菁英的緊密關係時，起先也如此摸索的毛澤東卻立刻發現馬克思對西方資本主義的批判比較有吸引力。

毛澤東透過個人經驗的稜鏡——從他冷峻的童年開始——觀察改造中國的劇烈事件。[2]他在一八九三年出生於湖南省的偏鄉韶山村——湖南省以稻田密布、竹林茂盛出名，而湖南人嗜吃辛辣也是全國聞名。韶山村四周山區仍有老虎、豹子出沒，使得這個地方具有危險的魅力。[3]不過，偏處內地的韶山村感覺和什麼都很遙遠——對於一個雄心勃勃的年輕人而言，這種感受特別強烈。新聞總是很慢才傳到村子。毛澤東日後聲稱，慈禧太后於一九〇八年去世，村民要到兩年後才得知快訊。[4]

毛澤東責怪他的家庭安於落後的生活。他的母親是個虔誠的佛教徒，他回憶她是「一位善良、慷慨、有同情心的女性」[5]。但是，他也承認她不是個現代化女性。和當時時代大多數的中國人一樣——這個時代的女孩往往被家人賣到青樓，淪落為娼[6]——她完全不識字。毛澤東厭惡他那位古板、嚴格要求紀律的父親，害怕遭到他毆打。[7]毛澤東一度表示，他父親應被罰「坐飛機」[8]——這是一種把受罰者雙臂反綁在後，將他腦袋壓向地面的處罰。在重視孝道為主要美德之一的儒家社會裡，這是離經叛道的建議。

毛澤東喜愛讀書更增加他的叛逆性。他的家是泥地板和土牆，他會在窗上蓋上床單，嘗試點煤油燈看書。[9]他父親抱怨他偷懶、不做活，他乾脆就離家出走。[10]後來，毛澤東選擇離家到外地學校念書；即使他蹺課，仍繼續到圖書館自己看書。毛澤東後來回憶起他如何買幾塊糕餅果腹當午餐，然後一路讀到圖書館關門。[11]他迴避閱讀強調行為規矩、重視個人道德的儒家經書，反而喜歡讀《水滸傳》這種宋朝時百姓造反的冒險故事。他也研究西方的生活和哲學，閱讀盧梭（Rousseau）和孟德斯鳩（Montesquieu）的傳記片段，以及像亞當．斯密（Adam Smith）和查爾斯．達爾文（Charles Darwin）的自由主義經典作品。[12]毛澤東後來回憶說，在他十幾歲的時候，他已是「在家自修的學者」[13]。

梁啟超是毛澤東最喜愛的作家之一，他創造出一個字詞「東亞病夫」來形容中國。梁啟超抱怨中國社會不斷向過去找靈感，西方民族卻展望未來。梁啟超呼籲國人少花點時間為自己修身養性，要多努力培養國家實力。[14]梁啟超在二十世紀初就寫下：「世界上只有一種力量——沒有其他力量。強者總是統治弱者，實際上就是最大的自然規則。因此，如果我們希望獲得自由，沒有其他道路：我們只能先尋求自強。」[15]毛澤東後來回憶，他年輕時「崇拜」[16]梁啟超和他對國際政治的冷靜分析。

毛澤東受到啟發，開始參與地方政治。在大清帝國覆亡、改革派志士取得地位，毛澤東組織起青年學生，撰寫強悍的政治評論。他呼應並擴大梁啟超的思想——摒棄儒家文化，主張全面思考中國的價值。毛澤東譏笑傳統文弱書生的「纖纖素手」[17]，鼓吹中國學運份子要鍛鍊體魄。他強調自我改造的可能性，在早期一篇政論文章中寫下：「勤體育則強筋骨，強筋骨則體質可變，弱可轉強，身心可以並完。此蓋非天命而全乎人力也。」[18]他呼籲讀者多做運動，擁護尚武精神——「運動宜蠻拙。騎突槍鳴十蕩十決，暗噁頹山嶽、叱吒變風雲，力拔項王之山，勇貫由基之劄，其道蓋存乎蠻拙，而無與於纖巧之事。」[19]按照毛澤東的觀點，不可缺少的元素是「力量」：中國只有通過努力不懈培養自己的力量，才能成功地擺脫過去的侮辱。毛澤東認為，這意味必須激勵中國的民眾。他認為：「人民群眾聯合的力量是極大的力量。」[20]他認為，人口快速增長造成滿清政府極大的壓力，其實可能對中國有利。長期以來，他一直敦促他的追隨者要強化他們的個人意志力，現在他開始強調增強集體意志的必要性。

俄國大革命後，志在國際上傳播共產主義的共產國際（Comintern）派出特務，開始向中國滲透，於一九二〇年代初期在中國大肆活動。一九二一年，毛澤東參加中國共產黨第一次黨員代表大會，很快就展開組織學習小組的活動，並以推動掃除文盲，作為招募黨員的手段。他在中國各行各業的人士中找到熱切的皈依者——譬如在現有制度下遭受欺壓的木匠、電工和鐵路工人——幫助他們組建工會、鼓勵罷工。其他的新黨員則根本沒有工作，只有滿懷怨恨。[21]三十出頭的毛澤東成為一名熟練的組織者和堅定的左翼份子。他在一九二五年末寫下：「我相信共產主義，擁護無產階級社會革命。」[22]

蘇聯共產主義將城市工人擺在其制度的中心，而毛澤東則看到中國農村農民的潛力。他愈來愈頻繁地下鄉，對這些地區的狀況提出詳盡的報告。[23]一九二七年，他完成對老家湖南省農民運動的研究，預言農民很快就會推翻中國的封建地主。他寫道：「目前農運的興起是一個極大的問題。很短的時間內，將有幾萬萬農民從中國中部、南部和北部各省起來，其勢如暴風驟雨，迅猛異常，無論什麼大的力量都將壓抑不住。」[24]

一開始，毛澤東同意在通往改革目標的路上和中國的城市資產階級合作。他默認共產國際的立場：任何成功的革命都需要結合中國商人階級和勞動階級成立統一陣線。[25]因此，有段時間，毛澤東實質上既是共產

毛澤東相信藉由激勵百姓，中國可以擺脫過去的恥辱。他說：「最偉大的力量，是人民群眾團結的力量。」（© AP Photo）

黨員，又是孫逸仙領導的國民黨黨員。[26]事實上，就是此一安排讓他得以建立未來游擊隊的核心。[27]毛澤東及其盟友很容易就接受到國民黨軍官團的軍事訓練。一九二〇年代中期，蔣介石及國民政府準備北伐時，毛澤東還從中國農村召募部隊支援其北伐行動。[28]

即使如此，共產黨和國民黨之間的衝突點仍迅速擴散。一九二七年春天，蔣介石在上海殘暴地肅清左翼勢力後，毛澤東及其盟友撤退到井岡山的根據地。毛澤東很早就預期可能挫敗。他曾經寫道：「革命不是請客吃飯，不是作文章，不是繪畫或繡花，不能那樣雅致，那樣從容不迫、文質彬彬，那樣『溫良恭儉讓』。革命是暴動，是一個階級推翻一個階級的暴烈行動。農村革命是農民階級推翻封建地主階級權力的革命。農民若不用極大的力量，絕不能推翻幾千年根深柢固的地主權力。」[29]隨著政治情勢變化，毛澤東現在將他所學到的關於吸收黨員、從事宣傳和軍事訓練的所有本事，都應用在強化其小型但充滿熱情的改革者隊伍。[30]

井岡山重巒環繞，猴群野豬齊聚於森林中景色優美環境中[31]，毛澤東從這個基地採取一種新的戰術——游擊戰[32]。他率領部屬搶奪鄰近地主的財產以維持生計，又經常把搶奪來的財物分配給當地農民。[33]在大型交戰時，叛軍精明地節省軍事資源，只在他們能夠集中火力時才攻打敵軍。毛澤東說明他的原則是：「敵進我退；敵駐我擾；敵疲我打；敵退我追。」[34]然而，事實上，動手追打敵軍的絕大部分是蔣介石的國軍部隊。毛澤東的共軍部隊一再閃躲退逃，直到一九三四年，共軍決定突圍逃到華北——這場作戰後來被稱為「長征」[35]。

毛澤東和共軍部隊花了一年時間向北行軍，忍受國軍的空襲和嚴峻的艱困環境，終於來到延安安頓下來。延安是華北黃土高原上挖出窯洞、塵土飛揚的城市。毛澤東的黨羽在這個階段是一群年輕、襤褸的群眾。美國記者艾德加．史諾（Edgar Snow）曾來到延安採訪毛澤東。史諾將這種經歷比喻為：「由於奇妙的歷史偶然，一群男學生參與了暴力的生活，彷彿這些事比起足球比賽、課本、愛情、或其他國家青少年關切的種種事物都更重要。」[36]

雖然此時毛澤東已年逾四旬，但仍保持孩子氣的魅力，經常豪邁地大笑，喜歡玩些幼稚的滑稽動作。史諾回想起有一回在熾熱的窯洞裡，毛澤東率性地脫下長褲，埋首研讀軍事地圖。[37]當時，他還未蛻變為後革命時期身材臃腫、自命不凡的人物。史諾形容一九三〇年代中期的毛澤東是個「容貌憔悴，近似林肯的人物」[38]，顴骨突出、相當機智。其實幽默是他偽裝的面具：當他的軍隊與國民政府部隊作戰時，毛澤東曾遭逢相當沉痛的個人悲劇。當他深入撤退到中國內地時，敵方逮捕他的妻子，將她槍斃。而在長征途中，已再婚的他被迫將剛出生的女嬰丟在農村裡。

然而，毛澤東來到延安，終於有理由感到樂觀。在一九三〇年代末期到四〇年代初期，中國和日本的衝突日益加劇，蔣介石的國民政府被迫忙於應付外敵，無暇追剿毛澤東的共軍部隊。毛澤東挑選延安為落腳地，一部分是因為它的地理位置接近蘇聯，盼望蘇聯能對中共伸出援手。[39]但是，第二次世界大戰爆發，戰事節節升高，史達林一再促請毛澤東走出農村根據地的安全環境，投入對日抗戰。[40]大部分時間毛澤東都拒絕照辦。毛澤東曾向史諾解釋：「我們當然不會為解放中國而戰，以便把中國交給莫斯科！唯有當中國群眾的利益與俄國群眾利益相符合時，才能談得上『遵從莫斯科的意志』。」[41]

毛澤東是個堅貞的馬克思主義者，認同階級鬥爭是歷史主流。[42]不過，他仍然日益設法使共產主義意識形態符應中國本土的條件。在某個程度上，這個轉變受到內部政治的影響：他在中國共產黨內部最強大的對手以親蘇聯的馬列主義知識份子自居。[43]毛澤東則把自己定位為土生土長、民粹的另類選擇，主張馬克思主義要「中國化」，也主張群眾參與政治制度。他認為中國社會不應倚賴蘇聯的支持；反而需要重新啟動自己的力量。同一時間，毛澤東和他的盟友心狠手辣地清算不忠份子的組織。[44]中國共產黨愈來愈以毛澤東為核心而運轉——個人崇拜的跡象在後來幾十年中全面生發。[45]

毛澤東試圖在蘇聯的勢力下維持相當程度的自主之同時，也重新考慮他和美國的關係。他雖厭惡資本主義，但在某些方面卻很佩服美國人。他曾支持威廉・麥金利總統（William McKinley）試圖阻止歐洲列強在東亞建立勢力範圍的門戶開放政策[46]，也尊敬狄奧多・羅斯福總統（Theodore Roosevelt）堅決的自律[47]，以及富蘭克林・德拉諾・羅斯福總統（Franklin Delano Roosevelt）的反法西斯主義[48]。不過當戰後美蘇之間齟齬加劇，毛澤東深怕自己會淪為冷戰的俎上肉。一九四六年，他接受美國記者安娜・路易絲・史特朗（Anna Louise Strong）的採訪時，拿出茶杯和酒杯擺在桌上，解說他對衝突的看法。毛澤東預言，在試圖與蘇聯直接對抗前，美國會先尋求在俄羅斯周邊征服一塊「廣大區域」——這部分也包括中國。[49]

毛澤東對美國的不信任升高，同年稍後，杜魯門總統設法調和毛蔣之爭，派馬歇爾進行調停。在類似的談判中，毛澤東一度試圖表達善意，高喊：「蔣委員長萬歲！」[50]然而，這時美國玩弄某種兩面手法——表面上美國是誠實的中間人，私底下卻在軍事上繼續支持蔣介石的國民政府，因此毛澤東很快就失去對杜魯門和馬歇爾的好感。毛澤東日後回憶：「這是我們第一次和美帝打交道。我們因為沒有太多經驗而上了當。有了這次經驗，我們再也不會上當了。」[51]

馬歇爾調停失敗，美國決策者別無選擇，只好繼續支持蔣介石——或乾脆撒手不管。國會仍然喜歡蔣委員長和他的夫人，樂於繼續撥款援助。不過，杜魯門逐漸對整個計畫失去熱情。杜魯門向他的顧問抱怨，美國的任何援助計畫都像是「對老鼠洞裡倒沙子」[52]。

★

一九四八年冬天，當宋美齡向華府求援，也向老天祈禱最後奇蹟時，美國大體上仍是這樣的態度：並非每個美國人都歡迎她，甚至有些敬佩她的人似乎也略有微詞。一位美國外交官回憶，有次在中國招待記者的茶會中，當電風扇吹起她淡藍色裙子衩口而有了節奏的波動時，在場的男士都色瞇瞇地盯著她的腿。(《紐約時報》的記者報導：「這是我許久以來見過最漂亮的一雙腿。」[53]）另一回，宋美齡坐在漆黑的劇院包廂裡看戲，當她看見一個年輕的美國軍人盯著自己，便慢慢轉過頭朝他看——向他眨眼睛。[54]

但要征服杜魯門不是那麼容易的事，蔣介石在電報中提醒夫人別操之太急。馬歇爾已表現出他的猶豫，委員長——「覺得身心都很不舒服」——再也不能承受另一個失敗，即使外交失敗也不行。[55]他敦促她，若見到杜魯門總統，只要向他簡報軍事情勢。她不該再像一九四三年那樣到國會演講；最好是保持她上次訪問時所贏得的「尊敬和愛」，別去招惹對國府最近節節失利不悅的質問。宋美齡回覆電文，勸告丈夫要放輕鬆，別理會報章雜誌上的閒言閒語。十二月九日，她拍發電報給蔣介石，向他報告已安排拜會杜魯門。蔣介石必須信任她。

一九四八年十二月十日，也就是第二天傍晚五點，國務院一輛轎車進入賓夕法尼亞大道一六五一號布萊爾賓館（Blair House）大門。白宮正在修繕，杜魯門暫時借住在賓館。宋美齡下了車，爬樓梯上了門廳。她和杜魯門總統及其夫人貝絲聊了半小時。總統千金瑪格麗特（Margaret）陪侍倒茶。客套寒暄後，杜魯門和宋美齡退到他的書房，繼續私下談話。當宋美齡告辭時，太陽已下山；她走出大門，背對著前庭的燈光。攝影記者擠了上來，閃光燈使她睜不開眼。宋美齡說：「拜託！我看不到台階！」有位記者提問：「妳成功了嗎？」她說：「抱歉，我無可置評。總統是唯一可以發言的人。」不久白宮發表聲明，宣稱宋美齡「說明狀況」，杜魯門「同情地聆聽」。[56]即使如此，至少有一位目擊宋美齡離開布萊爾賓館的人士提到她臉帶「嚴肅的微笑」[57]。

除了一小群中國事務的觀察家之外，並沒有太多美國人注意到這場外交交鋒。這年冬天，媒體比較喜歡報導一些喜事。路透社（Reuters）興奮地告訴那些緊盯英國皇家動態的群眾，剛滿月的英國王子查爾斯在白金漢宮受洗時，「舉止優雅」[58]，他身著一件精美的鑲蕾絲絲綢長衫。隨著聖誕節的來臨，紐約市豪華的柏格多夫顧德曼百貨公司（Bergdorf Goodman）努力推銷節日用品——鍍金梳子、真絲雪紡手帕、和紅寶石袖扣。[59]甚至關於中國的新聞也以一種愉快的過節幽默風格傳達出來。《匹茲堡郵報》（*Pittsburgh Post-Gazette*）刊登一幅漫畫，宋美齡坐在山姆大叔門口的大襪子旁邊。它的標題是「等待聖誕老人」[60]。

事實上，蔣委員長夫婦絕不是消極等待，他們積極地擘劃。假期即將到來，委員長思考著一個重大的新策略。他在聖誕夜和妻子通了國際電話；雖然他們的對話沒有留下正式官方紀錄，但國府一份報紙報導，宋美齡改變計畫，決定留在美國。[61]蔣介石對他的未來也做出更攸關命運的抉擇[62]——雖然他當時力圖隱密不宣。午夜將至，他坐上黑色的凱迪拉克轎車，前往南京紫金山的凱歌堂教會出席聖誕夜禮拜。教堂裡，信眾朗聲祈禱；唱詩班高唱讚美詩，委員長也以高亢的浙江腔跟著大家唱聖歌。[63]

# 第三章 惡魔

吟唱聖歌的男女緊裹著大衣和圍巾，在草坪上圍成新月般的弧形。燈光照亮了他們眼前這間密蘇里州獨立鎮北德拉瓦街拐角處白色的維多利亞式房屋。房子的長方形窗戶鑲著彩色玻璃，透過窗子，聖誕華燈在十英尺高的一棵雲杉上不停地閃爍。夜幕降臨，一位上了年歲的老人坐在他的鋼琴室一張小橋牌桌的銀色麥克風前。他把灰色頭髮整齊地梳到一邊，穿著一件大翻領的深色西服，左胸口袋塞了一條三角手帕。透過眼鏡的圓框，他細讀著桌上一個活頁夾中的資料。晚間六點過後不久，他伸手按下按鈕。

每年聖誕夜，杜魯門總統都會重複這個儀式：從他位於中西部的老家向全國民眾發表談話，同時從遠方為華府白宮的聖誕樹點燈。[1]雖然這些簡短的佳節致詞多半是老生長談，一九四八年十二月二十四日這場談話卻透露了許多訊息。杜魯門一開頭先讚揚美國人民，嘉許那些對二戰美國軍事和科技成就的勝利記憶猶新的同胞，稱頌他們展現「巨人的力量」，並表現出「英雄勇氣，控制大自然和科學元素」。但是，即使他讚許美國的國力，他也警告美國對世界仍負有道德責任。他提醒聽眾，「聖誕節的本意」就是「全體人類都是兄弟手足」——包括在遙遠地方的人。他引述〈使徒行傳〉（Acts of the Apostles）的一句話做為結尾：「祂是創造宇宙和其中萬有的神……祂從一本造出萬族的人。」

杜魯門演說時，密蘇里山區下了一場輕雪。到了聖誕日上午，他家門外的人行道上已經鋪上一層白色薄冰。當家人還在睡夢中，杜魯門起了大早走下樓。他先來到客廳的聖誕樹旁，打量他的聖誕禮物。他抓起一支米色的木拐杖，穿上深藍色大衣，套上一雙軍用作戰長筒靴，然後走進寒風中，例行每日上午的散步。在華氏二十度的冷冽空氣中踩著落雪，杜魯門顯得異常的輕鬆自在——《芝加哥論壇報》（*Chicago Tribune*）記者形容他「渾身舒暢」。一位記者問他，聖誕老人是否帶給他好東西，杜魯門答：「太棒了。」[2]

從某個層面來說，杜魯門有理由樂觀。與所有的總統一樣，他的第一任任期略有波折，但大體上政績是成功的。羅斯福總統在一九四五年四月初猝逝、由他繼任時，他曾說過，覺得自己像被雷擊一樣。即使他的高堂老母也承認她不看好前景。（她說：「哈利應該還可以勝任吧！」[3]但在短短幾年內，杜魯門不僅結束歐洲和亞洲戰事，還動員疲憊的美國人展開重建工作。一九四八年秋天，杜魯門更大爆冷門，擊敗共和黨對手湯瑪斯．杜威（Thomas Dewey），蟬聯總統。現在，離他宣誓展開第二任任期還有一個月，他顯得很有自信，甚至有些過度自信。一九四九年開年，他的民意支持度為百分之五十七。[4]

然而，從中國傳來的消息並不好。聖誕日上午的報紙形容國府處於崩潰的最後階段。根據《紐約時報》報導，毛澤東部隊在聖誕前夕已「完全掃除」[5]蔣介石七個師的兵力——使得能保衛北平的兵力驟減一半。在國府首都南京的上空，共產黨已包圍蔣介石飢寒交迫的部隊；由於濃密的風雪和灰濛濛的天空，已無法空投糧食補給。次日，愈來愈有自信的叛軍透過共產黨電台播放一份四十五人的「戰犯」名單；蔣介石夫婦名列榜首。廣播警告，一旦落網，這對夫婦將受到「正義的懲罰」，細節由眾人想像。[6]

這個冬天毛澤東節節勝利，讓杜魯門陷入泥淖。自從二戰結束以來，美國在黃海之濱，具有碼頭和尖頂教堂的美麗港口青島，維持著一支大型陸戰隊的守軍。羅斯福和杜魯門都曾希望中國能在戰後亞洲的安全

當毛澤東部隊進逼北平之時，國府徵募的新兵在故宮的陰影下集合待命。
（© Henri Cartier-Bresson / Magnum Photos）

上扮演重要的角色，與美、英、俄三強共同成為世界「四大警察」。青島基地現有三千六百名美軍陸戰隊；他們原來的任務是強化中國的安全，並協助訓練蔣介石的海軍。到了一九四八年底，共軍迅速穿過東北向沿海進軍，蔣介石下令部隊撤退到台灣和廈門等較為安全的港口。杜魯門在獨立鎮老家休假的空檔裡，必須對滯留中國的美軍之去留做出決定，因為他們即將面臨與中共直接交戰的可能性。當輕雪飄落在獨立鎮時，杜魯門下達了撤退的命令。[7]

杜魯門還有另一個問題逐漸浮現出來：他的內閣正在瓦解中。這個聖誕假期的星期天，各報普遍猜測那因腎臟手術，住院已近三個星期的馬歇爾，即將辭去國務卿職位。[8]馬歇爾是這個職位神來之筆的選擇——大戰結束後，馬歇爾聲名顯赫，連杜魯門都得將他的戰後歐洲經濟復興計畫冠上馬歇爾的大名。這時的馬歇爾似乎是唯一的黏著劑，把共和黨和民主黨糾合在一起，支持總統的外交政策。杜魯門更了解到，年近六十八歲的馬歇爾已無法勝任活躍的全職任務。馬歇爾待在華德里德醫院（Walter Reed Hospital）休養，醫院官員警告，猶抱病軀的將軍需要相當時日才能恢復體力。

杜魯門的國防部長身體也不適——不過，詹姆斯・佛瑞斯塔（James Forrestal）得的是心理疾病。佛瑞斯塔身材瘦削、沉默寡言、眉毛緊皺，承受不了公職的壓力，精神正在逐漸崩潰中：他因為一連串政策主張與總統相左而神經緊繃。佛瑞斯塔反對杜魯門試圖削減國防預算；他對總統決定從青島撤軍特別懊惱，認為這代表美國外交政策的重大失敗。然而，情況逐漸更加清楚，即佛瑞斯塔的問題不只是與政治有關。對話中，這位國防部長會陷入怪異的緘默，而且會向友人胡言亂語，聲稱遭到跟蹤。他每星期狂躁地打數十個電話給杜魯門，拿可以自己解決的小問題去煩擾總統。杜魯門不禁抱怨，他不能既當總統，又要兼任國防部長。[9]

十二月二十九日，杜魯門從堪薩斯城搭乘 DC-6 專機返回華府這個不愉快的環境。[10]專機在上午十一點過後不久起飛時，風雪大作。飛機上，杜魯門睡了午覺，對於習慣早起的人，這是真正的滋補。他需要休息；儘管他在老家獨立鎮似乎是輕鬆愉快地處理事務，他的身體並不舒適。他告訴助理，他從未像過去一個月的工作負荷如此之大；由於工作勞累，他開始胃痛。[11]總統專機在華府國家機場降落時也未能緩和這份緊張。專機飛近時，濃霧和大雨阻礙機場的能見度，迫使飛行員在空中盤旋了四十分鐘。杜魯門終於下機時，他戴著皮手套和灰色毛呢帽（fedora），打著深色細白條紋領帶，記者問他：「你擔心嗎？」總統笑著回答：「不，才不！」

★

一九四九年一月七日一大早，杜魯門離開布萊爾賓館，步行跨越賓夕凡尼亞大道，進入白宮辦公室。進入辦公室後，他要求電話接線生逐一連絡國會的資深領袖。當他找到八十歲的眾議院外交事務委員會元老議員查爾斯・伊頓（Charles Eaton）時，杜魯門先向大老拜年問好，然後透露：「我要告訴您，我即將任命狄恩・艾奇遜（Dean Acheson）為國務卿。我想您會樂於在報紙報導前先知道。」雖然各方已有揣測，艾奇遜是可能被提名接替馬歇爾的人選之一，但大家又覺得他不太可能雀屏中選。因此，《新聞週刊》（*Newsweek*）在報導此一人事案時，直呼這是「出乎意料之外」的人選。[12]

事實上，杜魯門考量提名艾奇遜已有一段時日。表面上，這兩人似乎柄鑿不合。杜魯門隨和，艾奇遜傲岸自負。總統生長在中西部農村；他的新任國務卿卻是康乃狄克州一位聖公會主教的兒子。[13]杜魯門講話帶著鄉土味；艾奇遜講話卻有著貴族腔[14]。可是，兩人也有共同的興趣：他們喜歡某些相同的作者，也都明顯地重視外表與服飾。杜魯門佩服艾奇遜精嫻於外交事務，艾奇遜在二戰期間及戰後於國務院服務時，練就一身本事。或許，更重要的是，艾奇遜雖矯揉做作，卻對總統執禮甚恭、忠心耿耿。杜魯門領導民主黨在

1949 年 1 月，杜魯門拔擢艾奇遜出任國務卿。艾奇遜日後說：「我到職時，及時趕上蔣介石撲倒在我身上。」
（© National Park Service, Abbie Rowe, Courtesy of Harry S. Truman Presidential Library）

一九四六年期中選舉遭受挫敗，當他回到華府時，艾奇遜是少許幾位親自到聯合火車站迎接氣餒總統的官員之一。杜魯門忘不了他這份支持的厚誼。

一九四九年一月，杜魯門也決定撤換情緒不穩定的佛瑞斯塔——不過，他需要更細膩地處理這項人事異動。新年伊始，佛瑞斯塔的精神狀況明顯惡化。他出現抽搐現象，不時緊張地搔抓頭部前方，有一處頭髮差點被他抓禿。[15]杜魯門需要一位能夠執行任務的國防部長輔翼，他召見佛瑞斯塔，顯然試圖要請他離職。但佛瑞斯塔極力抗議。杜魯門後來抱怨：這個「王八蛋」試圖「占我便宜，讓我難堪」[16]。總統答應讓佛瑞斯塔多留幾個月，因此，在公開場合刻意默不作聲。最後，可能是佛瑞斯塔自己無意間洩漏國防部長即將易人的消息。一月初有位記者問他是否將在杜魯門第二任任期的內閣留任，這位國防部長回答：「是的，我是華府舞台的受害人。」[17]

杜魯門後來選擇多年的政治盟友路易斯．強生（Louis Johnson）接替佛瑞斯塔，出任國防部長。粗壯的強生身高六英尺二英寸，體重兩百五十磅，大學時期是個拳擊選手和角力健將。一九四八年杜魯門競選連任時，強生全力為他奔走募款。不過，他本質上是個硬漢。強生本身也懷抱著有朝一日能問鼎白宮的野心，整個冬天都在華府新聞圈裡展開耳語行動，反對佛瑞斯塔；私底下更向杜魯門提出警告，指責佛瑞斯塔在大選季節時有過不忠的行為。[18]（強生說：「我只想告訴你，有時佛瑞斯塔想切斷你的喉嚨。」[19]）強生讓一群親信包圍著自己——某位和杜魯門相識的人指稱這些人是「禿鷹」[20]。這些禿鷹「腦滿腸肥、咬著雪茄、紅著臉孔，陰沉地散布在全國各地的法院和市政廳」。雖然強生在春天之前還不能正式接任——佛瑞斯塔稍後才會淡出，但杜魯門的新內閣已逐漸成形。

內閣任何的人事異動都可能擾亂華府的平衡。專欄作家史都華．艾索浦（Stewart Alsop）曾說，內閣人事任命「就像在複雜、纖細的平衡方程式中，注入全新、強大的化學元素」[21]。然而，其他人士卻認為國家外交

1949年，杜魯門（右）提名強生（左）出任國防部長。另一位杜魯門的核心親信稱呼強生為「Big Boy」及「Man of Heroic Mould」。（© AP Photo / Bill Allen）

事務領導人的重整是一種「自然的進展」——原本沒沒無聞卻意外坐上大位的杜魯門逐漸蛻變成為政治家。艾奇遜的地位絕對比不過類似馬歇爾這樣的戰爭英雄；除了選舉和募款，強生在其他方面也沒有重大功勳。一月時，報紙開始臆測杜魯門行動的背後真正目標是要控制美國的外交事務——一個長期以來未受到正視發展的領域。《華盛頓明星報》（*Washington Star*）有位作家寫道：「他第一次毫無爭議地自主決策。」該報的頭條新聞標題是「杜魯門緊收權柄」[22]。

★

杜魯門對於美國世界地位之意識，僅能說是斷斷續續發展出來的。幼年時杜魯門跟隨雙親住在獨立鎮，父親以飼養、販售家禽家畜為業，他根本沒有機會見識密蘇里州以外的世界。他喜歡閱讀有關歐洲和中東的冒險故事，但未曾出國。他在青年世代的觀點可說是個土包子。[23]與其他同時代同地域的人一樣，他說話時夾雜著「清客」（chink）[24]和「達狗」（dago）這類的歧視字眼。[25]全身上下毫無國際主義的蹤跡。他在二十七歲那年寫了一封信給未來的妻子貝絲（Bess），信中提到：「我認為一個人只要不是黑鬼（nigger）或中國佬（Chinaman），能誠實、正直，就和別人一樣好。威爾斯叔叔說，上帝用砂子造了白人，用泥巴造了黑鬼，把剩下的砂子和泥巴一攪和，造出中國佬。他痛恨中國人和日本佬（Jap），我也是。」[26]生長在浸信會教徒家庭的杜魯門，結合這股仇外意識和自以為是的基督教虔信。他從家傳聖經裡背誦並不時掛在嘴上的這段話，頗有傳教的味道：「你們的光也應當照耀在人前，使他們看見你們的美好工作，就榮耀你們在天上的父。」（Let your light so shine before men, that they may see your good works.）[27]在一九一八年三十三歲那一年以前，杜魯門不曾踏出國門一步。第一次世界大戰爆發，他志願從軍參戰。他對自己參戰抱有著羅曼蒂克的想法。日後他回憶：「我覺得我是追尋聖杯的加拉哈德（Galahad）。[28]我發自內心和靈魂受到威爾遜總統戰時文告的感召。」他說，由於拉法葉（Lafayette）在美國獨立戰爭時拔刀相助，他認為美國欠法國一份恩情。[29]他從受訓基地發了一封信給貝絲說：「我不願被排除在世界上所能遇到最偉大創造歷史的大時代之外。」[30]

杜魯門在愛爾蘭裔天主教徒的部隊中擔任砲兵連連長——對於出身密蘇里州新教徒家庭的他，這是個很不尋常的派令。但他不負上級期許。這個單位在西線戰場阿爾貢森林（Argonne Forest）附近打出漂亮的一仗。在前往戰場的長途行軍中，杜魯門和屬下在大雨和泥濘中拖著輜重前進；殘屍躺在樹葉落盡的斷樹殘枝中，地面也滿是砲彈打出的坑窪。德國軍機從上空投擲炸彈和大型榴彈。杜魯門的指揮動作頗獲下屬敬佩，不過他也承認這段經驗使他再也沒有胃口繼續未來的戰事——甚至對廣大的世界有興趣。[31]停戰後他寫信給一位表親：「我們大多數人根本不鳥俄羅斯究竟是赤色政府或根本是無政府，如果棒棒糖王國的國王要屠殺他自己的臣民或他的首相，對我們而言根本沒有差別。」[32]在另一個場合，他解釋，如果自由女神像[33]還想看到他，「她恐怕必須掉頭，轉個方向。」[34]往後十五年，他埋首在密蘇里經商和從政，完全沒有出國。

然而，隨著時間進展，杜魯門成為緬懷威爾遜及其自由派國際主義品牌的人士。杜魯門曾有第一手經驗，看到美國外交政策如何影響來自海外的觀點；他日後回憶，就在停戰後不久，法國部隊行軍經過他的帳篷時高呼：「威爾遜總統萬歲！」[35]更重要的是，杜魯門也和威爾遜一樣，注意到通訊和旅行方面的現代創新打破了距離。威爾遜曾說，地球已轉變為「一個街坊，彼此比鄰而居」[36]。杜魯門徹底吸收這個世界觀，接受以下的現實：小小的、原本只是地方性的威脅，現在卻有引爆全球衝突的危險。美國的商務也依賴美國領導人保護貿易通路，尤其是現在英國的國力逐漸式微。

隨著杜魯門政治地位的提升，他開始運用這些威爾遜信條。一九三四年杜魯門正值五十歲壯年，當選聯邦參議員。這時，除了一次大戰時期曾赴歐洲服役之外，他完全沒有實質的外交政策經驗可以誇耀。[37]即使如此，由於德國再次威脅到歐洲，日本也正突破蔣介石的防線，杜魯門迅速變身為擁護美國積極備戰。一九三八年三月，他在一項重要演說中強烈責備那些在凡爾賽和約後拒絕接受世界大國責任的美國人。美國在歐洲正方興未艾的衝突中，必須拋棄中立的姿態。他說：「朋友們，我們活在一個現實世界裡，我們是世界上最富有的國家……若不保護它，沒有人能保持住他的財富或防衛他的財富。」[38]珍珠港事變後，杜魯門的能見度如日中天，他一再發聲主張備戰，也擔任參議院負責監督作戰準備的重要委員會主席。[39]

一九四四年夏天，杜魯門的政治運氣大幅提高，而這是以民主黨另一位重量級人物亨利・華萊士（Henry Wallace）作為代價。[40]出身於愛荷華州，手不釋卷的華萊士，自一九四一年起即擔任羅斯福的副總統。華萊士和杜魯門都是國際主義者，明白最近原本相互串聯的世界已出現深刻的轉變。然而，華萊士不同於杜魯門，他並沒有那麼堅信美國實力會一直強大不衰。華萊士提出警告，「為美國的貪婪而效力的國際卡特爾（Cartel）」[41]威脅要壓迫世界各地的民眾。華萊士所屬政黨內的保守派，深怕這位副總統的左翼政治主張會危害到小羅斯福四連霸當選總統的機會，而主張不要再提名他搭配競選副總統。羅斯福意識到局勢暗潮洶湧，特派華萊士前往中國參訪五十一天，部分是因為希望他能暫時遠離國內政治的現場。到了一九四四年夏天，華萊士再也抑制不住批評他的人士。就在羅斯福告訴盟友他預備捨棄華萊士，改由杜魯門搭檔競選副總統時，杜魯門大喊一聲：「哇！狗屎！」[42]七月間，民主黨在芝加哥召開鬧哄哄的代表大會，派系分裂的民主黨以壓倒性差距推選杜魯門取代華萊士，成為副總統候選人。

杜魯門忠誠地到處替羅斯福助選演說，持續提出他的威爾遜式論述，主張這個時代需要美國出面進行道德指導。他相信唯有美國具備獨特的政治美德，才能拯救西方文明免於毀滅。競選期間他在某個城市演講時說道：「我認為全能的上帝有意讓這個國家承擔起領導世界事務、維持和平的任務。」[43]他擔心美國若不持續介入，歐洲和亞洲將再次陷入衝突。羅斯福當選四連任的當天夜裡，杜魯門發了一通簡潔有力的賀電給總統，電報結語是：「孤立主義已死。希望能很快與您會面。」[44]

事實上，杜魯門很少和羅斯福見面。重病在身的羅斯福在一九四五年四月十二日去世之前，僅曾經和杜魯門在兩個場合私下密談。[45]杜魯門上台頭一階段，似乎就被總統新職的工作壓得喘不過氣來。對於習慣羅斯福強勢領導的人而言，新總統顯得猶疑不決和不適任。有位助理說：「在長型的內閣廳裡，他坐在一張巨大的皮椅上等候著，使我覺得他很像一個小侏儒。」[46]事實上，杜魯門對於重要國安議題——包括美國研發核武器政策的細節——的掌握仍有巨大的落差。羅斯福去世將近兩週，杜魯門的陸軍部長亨利・史汀生（Henry Stimson）才向他報告曼哈坦計畫（Manhattan Project）的全貌。[47]

但在其他方面，杜魯門很快就進入狀況。他已深入思考過戰後世界的需要，也長期支持成立一個「新的和平機制」[48]——由大國支持的這個組織可以提供全世界的集體安全，以防止再次爆發另一次世界大戰。杜魯門怪罪四分之一個世紀之前，現實政治撲滅了他的英雄威爾遜對國際協定所懷抱的希望。現在杜魯門認為，解決之道是試圖完全消除大國政治。儘管羅斯福已過世，新總統誓言維持原議，在舊金山召開國際會議時，試圖成立威爾遜所提倡的「國際聯盟」（League of Nations）之後的繼任組織「聯合國」（United Nations）。[49]一九四五年六月，杜魯門在舊金山會議閉幕式中致詞：「讓我們不要錯失這個建立全球理性統治的最佳機會——在上帝的引導下創造永久和平。」[50]就杜魯門而言，這些都是舊夢想。數十年來，他身上揣著一首丁尼生（Alfred Tennyson）的詩〈洛克斯萊廳〉（Locksley Hall），這首詩預言日後將會成立「世界的聯盟」，透過「人類的議會」治理，維持全球的秩序。

杜魯門相信，美國的科技創新使這個目標比以前更可能達成。一九四五年八月，新總統沒什麼猶豫就下達決定命運的命令，相繼在廣島和長崎投擲原子彈，迅速結束太平洋戰爭。劇烈的爆炸殺死十多萬日本平民，將這兩座城市夷為廢墟。不過，在杜魯門心目中，這也證實了美國是千年大戲主角之觀點；他冥思這項新科技是否代表「在諾亞（Noah）及祂的神奇方舟之後的幼發拉底河流域時代（Euphrates Valley Era）曾預言的火焚滅絕」[51]。在這些恐怖的破壞之後，杜魯門欲扮演重新救贖的人物，尋求重建戰爭所摧毀的事物。日本已經毀於戰火，杜魯門相信東亞的安全需要有穩定、友好的中國。美國是唯一一個經歷第二次世界大戰煉獄，戰後反而比戰前更加強盛的國家，它必須在重建工作上擔任領導角色。[52]溫士頓・邱吉爾（Winston Churchill）觀察到，此刻站上「世界巔峰」[53]的是美國，而非它的昔日母國。戰爭結束後不久，美國海軍第七艦隊旗艦「洛磯山號」（USS Rocky Mount）駛進上海港口，取代英國船艦停泊在第一號碼頭。[54]隨著杜魯門開始對中國的未來押下更大的賭注，他也夢想利用原子的力量來改造中國，幫助它恢復繁榮。至少在目前，這些雄心勃勃的振興計畫似乎是可行的——也是必要的。杜魯門對戰後世界的大膽前瞻將依賴中國的大業是否成功。

★

但有個強大的文化暗潮，威脅著要阻滯杜魯門宏偉的國際主義浪潮。美國人已疲憊不堪，渴望正常生活的節奏。一位外交官說，絕大多數的人只盼望「能去看場電影、喝杯可樂」[55]。杜魯門了解對這種沉靜的渴盼，他從第一次世界大戰戰場解甲回國後就是這種感覺。即使是現在，雖然深知必須援助偏遠、景況艱鉅的國家，他也慢慢理解到他不能一蹴即成。這種緊張——存在於杜魯門想要做的和他覺得必須做的事兩者間的張力——最後將界定他初任總統的成敗功過。

歐洲的嚴峻情況特別會遮掩亞洲的危機。一部分是因為一九四〇年代末期制訂決策的美國人，幾乎全是歐洲背景的產物；他們往往傾向以歐洲事務為優先。[56]不過，由於蘇聯的行徑，也需要杜魯門把焦點集中在歐洲身上，有時甚至使得杜魯門的注意力必須從東亞移開。幾乎就在戰爭結束的當下，史達林開始設法掌握歐洲的東半部——這位蘇聯獨裁者認為這是對於他的國家為戰爭重大犧牲的公平補償。[57]杜魯門曾認為史達林是他可以合作的夥伴，也是個精於算計的談判對手。但是，到了一九四六年初，這位蘇聯領導人的言詞已愈來愈有挑釁意味。二月間，史達林發表一項重要演說，痛批資本主義制度天生的暴力性質——此評論使得許多美國知名人物開始有所警覺。美國聯邦最高法院大法官威廉・道格拉斯（William 0.Douglas）堅稱，史達林這篇演說幾近於「宣布第三次世界大戰」[58]。

不到幾天，更多美、英人士紛紛跳出來表示，過去盼望與史達林合作完全是看走眼。一九四六年二月底，派駐莫斯科的美國外交官喬治・肯楠（George Kennan）向華府發出一篇冗長、具影響力的電報。電文提醒，蘇聯領導人對於和美國成立「臨時協議」毫無興趣，他只對「力量的邏輯」做出反應。幾天後在杜魯門的觀禮下，邱吉爾在密蘇里州富爾頓（Fulton）發表一場演說，加強了上述的警告，並沉重地宣告：「鐵幕」已在歐洲落下。

由於擔心蘇聯的侵略將對杜魯門構成日益增大的政治威脅，一九四六年初加拿大當局逮捕二十二位涉嫌參與俄國原子武器間諜的祕密組織成員。[59]共和黨中的反共人士將這個題目當作武器，抨擊杜魯門與他的民主黨盟友，指控他們做得不夠，以致無法防堵蘇聯間諜在美國的活動。最後這個策略奏效。在這年秋天的期中選舉，共和黨一舉贏得參、眾兩院多數席位，造成杜魯門慘敗，甚至預告未來後患猶存。[60]這屆新進的議員包括兩名共和黨新星——理查・尼克森（Richard Nixon）和約瑟夫・麥卡錫（Joseph McCarthy），兩人的年紀都只有三十出頭。[61]

在選戰期間，尼克森和麥卡錫訴諸煽動的言詞，刺激選民的恐懼心理。而杜魯門也擔心蘇聯的影響力真的上升——特別是大英帝國持續瓦解中，戰爭雖結束，但倫敦卻無力支付負債，很快就變賣海外資產。[62]二月底，英國外交官照會美國國務院，英國再也無法支撐對希臘和土耳其的長期承諾。杜魯門擔心英國一旦撤退，這些戰略要地更抵擋不了蘇聯的影響力，因此勇敢地向美國國會要求，允許接管這個地區的防務。雖然這問題是個特定問題，杜魯門卻把它定調為普遍問題。一九四七年三月十二日，他發表談話，誓言「美國的政策就是支持自由人民，抵抗在武裝的少數派或外來壓力下企圖發動的征服行動」——這項聲明日後被稱為「杜魯門主義」（Truman Doctrine）。透過不斷交好強大的共和黨員，譬如原本是孤立主義者、此時擔任參議院外交關係委員會主席的亞瑟．范登堡（Arthur Vandenberg）等人，杜魯門和他的顧問說服國會通過一筆四億美元的援外法案。

北歐方面也迫切需要美國援助。邱吉爾宣稱，戰後的歐洲大陸仍然是「一座瓦礫堆，一間殯儀館，是瘟疫和仇恨的孳生地」[63]。杜魯門和他的助理再度依靠范登堡和其他共和黨議員的支持，制定一套方案，在未來幾年，提供數十億美元的重建資金給歐洲各國。這項後來被稱為「馬歇爾計畫」（The Marshall Plan）的方案復興了歐洲的經濟——也讓杜魯門聲譽鵲起。

然而，這些雄心勃勃的計畫也引來一些嚴厲的質疑。某些共和黨人質問，如果美國真的承諾支持各地自由人民，為什麼援助計畫僅限於歐洲？中國也是第二次世界大戰的盟友和受害者，但是它收到的援助卻遠不及馬歇爾計畫的受惠國。杜魯門並非對這個論述無感，但他的確對於紛至沓來的國外緊急求援應接不暇。除了歐洲和亞洲的危機，他也必須對在巴勒斯坦地區發生的衝突做出艱難的決定——猶太復國主義的屯墾居民正在當地尋求建立一個猶太人的祖國。杜魯門內閣高層人員和國務院都提出警告，若美國支持猶太人建國，將會惹惱一缸子的阿拉伯產油國家。然而，一則出於個人信念，再則基於國內政治的理由，最後還是決定承認新成立的以色列國。

就在如此全球紛擾不安的背景下，杜魯門展開一九四八年爭取蟬聯總統的選戰。一方面，總統的歐洲復興計畫持續贏得讚賞，被認為是大膽且具前瞻性，而維繫住國會內兩黨的支持。不過，共和黨議員也日益向杜魯門施壓，要他多關心亞洲局勢的發展，同時批評總統在破獲國內潛伏的共產黨間諜一事努力不足。同時，杜魯門所屬的民主黨分裂也在擴大中：黨內自由派支持亨利．華萊士另組進步黨（Progressive Party）競選總統；保守派前南方民主黨員也在史托姆．塞蒙（Strom Thurmond）的領導下，另外成立自己的政黨——迪西民主黨（Dixiecrats）。[64]於是，共和黨克萊兒．布斯．魯斯（Clare Boothe Luce）[65]分析民主黨的政治混亂，興高采烈地預測杜魯門將在十一月成為「一隻迷路的鵝」[66]。

但杜魯門卻不屈不撓，全力投入選戰，經常每天趕場，發表六場以上的演講。[67]（有時他必須喝一杯波本酒來提振精神）[68]。他的共和黨對手、紐約州州長湯瑪斯．杜威，不遺餘力地向那些認為杜魯門應該更大力支援蔣介石政權的人士提出訴求。[69]根據某些政府文件，蔣介石夫婦及其盟友可能曾實際出錢資助杜威，捐獻二百萬美元為他助選。[70]但是到頭來，無論他們可能花了不少錢，卻仍然無法成事。儘管一些重要報紙都預測杜威會贏，杜魯門卻大爆冷門，力挫杜威。同樣令人驚訝的是，民主黨又奪回國會兩院多數黨的優勢。選戰過後幾天，杜魯門回到華府，《華盛頓郵報》（*Washington Post*）——曾錯誤預測的報紙之一——的員工在報社大門掛出大型布條，歡迎杜魯門回到首都。布條上寫的是：「說錯話的烏鴉嘴，歡迎您回來。」[71]

★

一九四九年一月二十日——杜魯門第二任就職典禮當天——上午六點四十四分，他踏出布萊爾賓館大門，坐上轎車。天色仍暗，一輪明月高掛在無雲的天空。轎車駛向康乃狄克大道上五月花大飯店（Mayflower Hotel），杜魯門將在這裡主持就職日的第一個活動：與他曾在一戰期間率領過的砲兵D連同志重聚。[72]踏進旅館後，他和老戰友一道享用豐盛的早餐——火腿、粗麥和煎蛋。身穿灰色雙排扣西裝，配上條紋領帶，杜魯門輕鬆自在地恢復當年平易近人的連長角色；老部屬喊他「杜魯門上尉」。杜魯門命令他們保持清醒，在他完成就職演說前不准喝醉。（他說：「然後你們想要幹什麼，我都不會管。」）他誇讚賓客，即使許多人腰圍都加了一圈「橡膠輪胎」，他敢打賭他們還能保持每分鐘一百二十步的閱兵進行式步伐。

六十四歲的杜魯門現在的腰際也出現了大肥圈。他的體重增加好幾磅，尤其是和去年夏天相比，當時的競選活動壓力曾使他瘦下來，臉上也增添幾道黑色皺紋。[73]現在他的頸部和下顎出現脂肪肥腫，略顯癡肥。他的頭髮也開始掉色，從原本的胡椒灰色變成亮銀色。不過，他的大笑臉卻減少了衰弱的感覺。他和老戰友嬉笑喧鬧——不時露出已變色的門牙。他現在的身材似乎使他有種彈跳力量，這是他在第一任期內所欠缺的權威感。

早餐後，杜魯門換上正式禮服——黑色大衣外套、白色禮服襯衫和深色斑點領結和高大的絲綢禮帽，前往拉法葉廣場聖若望教堂（St. John's Church），與夫人貝絲、女兒瑪格麗特參加簡短禮拜。會眾唱著聖歌〈千古保障〉（Oh God, Our Help in Ages Past），為「你的僕人哈利，美國總統」祈禱。時近中午，杜魯門出發前往國會山莊，數萬民眾已聚集在國家廣場。[74]以一月的時令來說，這天天氣近乎完美：清新，但又如此明亮、晴朗，連太陽都炙熱到幾乎曬傷裸露的皮膚。[75]中午十二點二十九分——晚了半小時——杜魯門起身站在群眾前，舉起右手，二度宣誓「忠誠執行美國總統職權」。

在一月的太陽下，杜魯門脫下禮帽，大步走到國會大廈白色欄杆前方的一排麥克風前，它們正好位於一個裝飾有禿鷹、眾星和一九四九這個數字盾牌的上方。他在演講一開始就援引時代背景，預測「可能是我們的命運讓我們經歷、而且在相當大程度上促成人類長期歷史中的一大轉折」。總統說，這種蛻變需要對民主的原則具有堅定不移的信念。他拿美國價值和共產主義的「偽哲學」做對比。他把美國價值界定為一種「凡人皆生而平等」的信念，因為「他們皆依上帝的形象被創造出來」。以美國所領導的善行作為具體實例，他讚揚過去四年的重大政治和經濟成就：成立聯合國，以及推動馬歇爾計畫。他說，這些雄心勃勃的項目

1949 年杜魯門總統宣誓就職，痛批共產主義是「虛偽的哲學」。（© Getty Images）

成功地「為全人類帶來了新希望」。

事實上，這些作法主要的受益者是歐洲大陸。現在杜魯門建議擴大。他提議對開發中的世界推出一項「大膽新方案」——後來被俗稱為「四點計畫」（Point Four）——分享美國的前瞻科技，並鼓勵對外國投資。杜魯門主張，在相互連結的地表上，「低度開發地區」的辛苦掙扎已成為整個地球的「阻礙和威脅」。雖然他未在演講中明白提及東亞——或其他任何地區——他的評論卻有一部分意在針對中國的動亂作出回應。杜魯門認為，中國中央政府的崩潰又是一個明證，證明決策者不能疏忽太平洋事務。整篇就職演說表達出，要以清晰無誤的威爾遜式法則面對此一新挑戰。

一位記者報導，坐在外面的群眾非常喜愛他的演講，雙腳猛力踩跺座椅下方的木地板，「原木傳出的隆隆聲」[76]淹沒了其他所有聲音。雖然杜魯門描述了一個充滿潛在威脅的世界，但這也是一個充滿宏願的主題。它相當重要地呼應並擴充他在數週前聖誕夜的短講。最重要的是，這是信念的宣示，不僅呈現了他的施政觀點，也揭示他對人性的樂觀看法。他強調為了更好而改變的可能性。此外，他認為美國現在擁有實現這些改善所需要的巨大力量。

杜魯門在演講結束後的就職慶祝會上繼續重申這個主題。他坐上一輛黑色敞篷車，帶領遊行隊伍前進——沿著插滿旗幟的賓夕法尼亞大道進行三小時的盛會，包括銅管樂隊、鼓霸樂隊、穿著灰色斗篷的西點軍校學生大隊，以及由馬匹拉著的馬戲團演奏〈我為哈利瘋狂〉（I'm Just Wild About Harry）。杜魯門戴著大禮帽，穿上長大衣禮服，陶醉於歡欣鼓舞中。敞篷車一抵達白宮，杜魯門就移動到觀禮台，欣賞遊行隊伍的演出，他一邊喝著咖啡，一邊搖著腳取暖，因為太陽已漸西下。電影明星塔露拉・班克黑德（Tallulah Bankhead）成功地擠進包廂，接近總統；這一定會讓杜魯門相當激動，因為他曾自卑地認為自己是「一個戴眼鏡、有女生櫻桃小嘴的傢伙」[77]。就職慶祝會的高潮是空軍出動約七百架飛機——包括五架空軍巨型的

B-36轟炸機——隆隆作響、飛過晴空。專欄作家德魯．皮爾森（Drew Pearson）在日記中寫下：「我從未看過如此展現軍威。」[78]

然而，並非所有的美國人都歡迎杜魯門演講中所表露的情感，或隨後展示的盛大軍容。專欄作家華德．李普曼（Walter Lippmann）抱怨總統的言論過於野心勃勃和不切實際。他寫道：「從來沒有一位美國總統在如此莊嚴的場合向這麼多人承諾這麼多事項。」[79]不僅如此，李普曼對於杜魯門處理人類事務的整體方式也提出異議。是的，個人擁有獨特能力來重新打造他們的環境，根據他們的願望改變和重塑世界——這種力量僅受到意志力的限制。然而，即使在同盟之間，同樣的意念也保證會出現摩擦和詆毀。如果人類的想像力具有普世性，人類的慾望也是如此。李普曼警告要提防「我們內心和其他所有人心中的惡魔」。

★

當杜魯門準備他的宏偉計畫之際，他仍持續追蹤太平洋彼岸的局勢發展。中央情報局在過去幾週一直向杜魯門發出警訊，指出蔣介石可能在絕望下企圖使出絕招，放棄南京，撤退到更南方重整陣腳。[80]杜魯門的情報機關對於這位昔日盟友積極偵蒐情報，向他詳盡呈報宋美齡和她丈夫的通訊。來自中國的情報增強了一個印象：蔣委員長正在準備落跑。派駐南京的美國大使館報告，中國外交部官員已將檔案文件裝箱，也提報蔣委員長「把大量黃金、白銀和其他可移動資產都搬到台灣」——顯然企圖要建立一個「海島堡壘」。[81]

當蔣委員長進行這些準備工作時，宋美齡懇求他不要放棄作戰。雖然幾個星期以來她知道他在思考這項行動，但她盼望他不要這麼做。她的身分和國府的前途綁在一起；她不僅是中國的第一夫人，也是美國的盟友，現在這兩者都陷入困境。她告訴蔣委員長，她一直忙著遊說美國「各方人士」的支持。她認為在這個「關鍵時刻」——杜魯門剛改組內閣，並重新檢討其對華政策之際——放棄是不智之舉。[82]然而，委員長已愈來愈沮喪，他在日記裡抱怨妻子「一事無成」[83]。他推想，辭去總統職位或許能讓他「重整無能的黨政軍機器；打破政治僵局，以重整旗鼓，東山再起。」來到南京的訪客發現蔣介石沉默寡言、莫測高深。有位賓客在一月底報告，委員長未「表示任何肯定的想法」，他「沉默了相當長一段時間」。[84]

一月二十一日上午，蔣介石召集高階顧問和其他盟友到他位於國防部營區的寓邸開會。[85]一大群人緊張地聽著他以勉強可辨的腔調宣布他計畫引退。底下有些人開始啜泣——或許是在思索自己的命運，一旦共軍進城後不免會被逮捕，當作戰犯處決。但有其他人認為蔣介石是在以退為進。委員長過去曾有過利用這種撤退做為政治戰術的紀錄；他在一九二七年和一九三一年都曾宣布下野，但過了幾個月後又復出掌權。專心聆聽的人注意到他所用的字眼是「引退」[86]，而非更肯定的「辭職」——這個語意上的話術保留了他日復職的機會。

當天下午，蔣委員長離開南京寓邸，他坐上轎車前往機場，即將隱居老家溪口鎮。在停機坪上，他緩步走向以妻子的名字命名的美齡號C-47運輸機。他在寒風中眨了眨眼睛，向前來送行的僚屬揮手致意。然後，他步上飛機，機門在他背後關上。下午四點過後不久，機師發動美齡號的雙引擎。飛機沿著跑道滑行，逐漸加速，直到離開地面升空而去。[87]

# 第四章
# 臭蟲

一輛道奇吉普車沿著破爛的公路顛簸，駛向山區。車上坐著一位有雙黑色眼睛、蓄著濃厚黑鬍子、油腔滑調的瘦高個男子。雖然吉普車是美國製，但乘客卻是俄羅斯人；他化名安德瑞耶夫（Andreev）——當然，這是為了誤導。他這次旅行的夥伴包括延時爆炸炸彈專家和電子偵聽專家；他們的行李中帶著許多俄羅斯罐裝食品和釀造老酒。隨著吉普車愈來愈靠近西柏坡——位於太行山下河床盆地中一個偏遠聚落——沿路塵土飛揚。在這個荒涼的偏遠鄉村中，農民抽的是長管水煙，以扁擔挑水，穿越冬天的麥田。本地人用灰土混拌人糞做為肥料，臭氣薰天。大約下午一點，車隊到達滹沱河附近一排土色平房，這裡是毛澤東的農村大本營。[1]

毛澤東在他的平房門前迎接貴賓。訪客送給中國東道主一塊俄羅斯羊毛皮做為見面禮。安德瑞耶夫的真實姓名是安納斯塔薩・米高揚（Anastas Mikoyan），他奉史達林之命來見毛澤東。米高揚年紀比毛澤東略小幾歲，但權力之大不遜於他。這位資深的布爾什維克是史達林核心親信同志，甚至可以說是史達林的好友。有時候會與史達林一道看電影，他們兩家小孩也玩在一起。雖然史達林脾氣陰晴不定，不是容易親近的人，但米高揚在這方面卻比眾人更能體貼史達林的旨意。他被認為是少數幾位能夠（溫和地）不同意史達林的意見，而不虞被上級刑罰的顧問之一。米高揚可以逕呼史達林的小名索索（Soso）。史達林也帶著感情，但不乏幾分傲氣地稱呼米高揚為「小鴨」（duckling）。[2]

米高揚銜命來到華北見毛澤東，會商並協調革命進入最後階段的作法。過去幾個月以來，毛澤東在國共內戰勝券在握，他一直向史達林表態，希望允許他到莫斯科來訪問。在剛過去的夏天，毛澤東甚至連拜訪莫斯科該穿的大衣都特別裁製好，但是史達林在最後一分鐘取消見面計畫。[3]這位蘇聯獨裁者認為毛澤東應該留在國內，親自督導作戰直到完全竟事；他也認為此刻到訪莫斯科只會使毛澤東看起來更像是蘇聯的傀儡。史達林派米高揚出訪中國做為一種安慰獎：象徵在毛澤東最迫切需要的這一刻——也就是中共軍隊即將拿下中國若干最大城市之際——有直達克里姆林宮的高階溝通管道。

一九四九年一月三十日的第一次會談，大半是毛澤東滔滔不絕地說話。[4]米高揚靜靜聆聽，然後把對話內容一五一十詳細回報給史達林——電報中的史達林化名菲力波夫（Filippov）。毛澤東告訴米高揚，國共戰爭的軍事階段大體上已經結束，估計自己手下的兵力超過兩百萬人。在過去幾個月的交戰中，共軍殲滅國軍配備有美式裝備的精銳部隊，其兵力已超過蔣介石的國軍部隊。解放軍約九十萬的大軍現在兵臨北平城下。毛澤東告訴米高揚，他預計部分共軍將在明、後天輕易進城，完成對此古老帝都的征服。[5]

整個冬天，毛澤東的軍隊已團團包圍住北平。前一年秋天，當共軍控制東北後，他派出大隊精銳部隊入關，包圍北平。在城裡，北平市民躲在灰瓦屋頂下，靠著微弱的油燈，在很少或完全沒有自來水之情況下，勉強度日。數週以來，蔣介石的北平守城大將傅作義命令部屬堅守崗位。但同時，傅作義本人卻正慢慢崩潰。在共軍包圍之勢日益加強下，蔣介石在日記寫道，傅作義顯得「非常沮喪」，「似乎快要發瘋」。[6]另一位目擊者說，看到傅作義刮自己的耳光。[7]傅作義女兒擔心老爸可能會自殺；不過，她已祕密加入共產黨，希望父親向毛澤東部隊投降。[8]最後，在蔣介石宣布引退、逃離南京的同一天，傅作義開城向共軍投降。[9]

捷報連連，毛澤東位在西柏坡的總部充滿興奮的氣氛。據說毛澤東每天都以「幾近欣喜若狂的儀式」[10]開始他的一天，他把副手召集到地圖散落一地的平房中，檢視最近的戰績。一名保鑣回憶，共軍部隊橫掃華北時，毛澤東會用妻子從上海帶來的舊留聲機聽他鍾愛的京戲。[11]充滿信心和樂觀的毛澤東會跟著曲子哼唱起來。

隨著北平守將開城投降，毛澤東告訴米高揚他在等候國軍殘部退出，然後就會派出解放軍四個師進城。他不認為會遇到抵抗；事實上，毛澤東說，他預期在兵不血刃或只有少許對峙作戰下，就能拿下南京和上海。不過，要將國軍投降部隊整編進解放軍仍是個複雜的工作。蔣介石一定會留下間諜和顛覆份子。米高揚向史達林報告，毛澤東希望在發動下一個階段的革命行動前，「稍作喘息」[12]。米高揚解釋說，雖然毛澤東顯得意氣飛揚，但這位中共領導人仍做好了「最壞的打算」。

毛澤東在翌日下令共軍進入北平，完成接管。一月三十一日，部隊浩浩蕩蕩地進城，廣播車上不斷播報：「歡迎解放軍進城！」在一月的寒氣中，士兵雙頰通紅，跟著一長隊卡車，在樂隊演奏的軍歌下前進。當部隊抵達時，北平市民夾道歡呼，學生的遊行隊伍也高舉北平新主人毛澤東的大型肖像。[13]

★

一九四九年初的數天裡，米高揚和俄國代表團幾乎天天在西柏坡與毛澤東會談。閒暇之餘，他們一起吃飯喝酒，也到附近山上散步眺望。[14]米高揚是出了名的酒量大，毛澤東的一名保鑣形容他喝酒「像喝白開水一樣」[15]。這位俄國人恭維主人，告訴他們他想學做中國菜。更重要的是，毛澤東和米高揚都因為不信任美國而走得更近。

談到美國，毛澤東有兩大顧慮。[16]第一，他擔心杜魯門可能直接介入國共內戰，命令美軍占領中國沿海重要城市，以阻擋解放軍繼續前進。雖然杜魯門政府已公開宣布，美國決定把陸戰隊撤出青島，但部隊上船後，仍在外海徘徊，難保杜魯門不會在最後一刻又變卦。解放軍已持續證明他們主宰戰場，所以毛澤東認為美軍愈來愈不可能介入；然而，毛澤東還是交代手下不能不做「萬全的準備」[17]。第二個擔憂則更加切實，毛澤東擔心美方會企圖祕密破壞他的領導權威。毛澤東警告，美國正在陰謀「從內部破壞革命」[18]，也提醒大家，他們已在中國周邊地區進行干預行動。毛澤東也推論，美國有可能選擇給予中國共產黨政府外交承認。但是他認為這個動作用意大半有想監視中國的陰謀。他告訴米高揚，他打算讓駐中國的外國外交官沒好日子過。他會保護他們的安全，但會禁止他們使用無線電發報機——除非他有辦法攔截他們的通訊。[19]他說，中國一直被「帝國主義者所踐踏」[20]，充斥著「灰塵、跳蚤、臭蟲和蝨子」。現在，在與外國人進一步聯繫前，他的首要任務是要把這些危險的有害生物從中國清理乾淨。

當然，米高揚和俄國人也是外國人，與中國共產黨也有過關係緊張的歷史。毛澤東特別不放心蘇聯對新疆的野心，這個中國西北面積極大的省份有相當多的穆斯林居民，毛澤東擔心史達林會鼓動新疆脫離中國獨立，以獲取在本區域的影響力。[21]毛澤東告訴米高揚，他聽到謠傳蘇聯曾運送武器和設備到新疆，他追問對方此說法是否屬實。米高揚向毛澤東保證絕無此事。這位俄國人解釋，莫斯科要和新疆通商貿易，並不是支持他們獨立。

至少表面上毛澤東放心了，他努力展現他本人對於莫斯科的忠貞團結。他告訴米高揚，他認為自己徹底是個反帝國主義者。[22]但其實毛澤東別無選擇：他迫切需要蘇聯的援助。他預期在未來一年，中共將會陸續控制中國各大城市，這代表需要承擔極其艱鉅的經濟責任。因為幾乎中國所有的潛在經濟增長動能全都在對日抗戰期間嚴重受損。中國農村的穀物收成量比起十年前減少五分之一以上；中國的工業生產比起一九三六年降低了一半。[23]毛澤東向米高揚要求三億銀元貸款以及一萬噸的鈔券用紙，以便印行中共政權的新貨幣。[24]重印紙鈔絕對不是個小問題。蔣介石在一年前曾試圖改革幣制，推出金元券：下令全國老百姓交出黃金換取紙鈔，但隨之而來的通貨膨脹嚴重折損了人民對蔣委員長的支持度。[25]中國老百姓開始把不值錢的國民政府鈔幣稱為「濕柴火」[26]。蔣介石的兒子被迫採取丟臉的作法，下令中國電影製片公司不得再譏笑飛快貶值的紙鈔。[27]

至於武器，毛澤東覺得他已有夠多的武器；現在他的部隊幾乎每天都可擄獲蔣介石的美製器械。即使如此，他仍要求蘇聯提供三千輛非軍用汽車以及汽油——兩者可以幫助他的部隊迅速散布到中國廣大領土的各個角落。毛澤東能夠給米高揚做為回報的是宣誓效忠蘇聯。他向俄方擔保：「我們沒有中間路線。」[28]

★

在毛澤東和米高揚祕密強化中、蘇兩國共產黨團結之際，一份以紫紅色墨水印製、標明「最高機密：每日幕僚摘要」的報告，被送到華府美國國務院重要官員的桌上。[29]國務院的官僚完全不知道西柏坡正在進行的祕密談判——這樣的談判在未來一年內產生極為深遠的後果，相反地，他們對中蘇關係提出樂觀的評估。國務院的分析家很單純地歸納，認為蘇聯人「不信任所有的中國人」，對「中國共產黨的成功沒有表現得很熱切」。當毛澤東和米高揚正在愉快地交換請求和承諾時，國務院官員卻盲目地報告中蘇關係正「碰上暗礁」。

# 第五章
# 艾奇遜

艾奇遜的新辦公室位於國務院大樓五樓。一位報紙專欄作家形容這棟米色的建築物「極類似一家洛杉磯口香糖工廠的特色」[1]。穿過一間布置著藍色皮椅和桃花心木桌子的接待室，才能進入的國務卿辦公室，是一個令人驚豔的空間。牆上掛著幾幅油畫，一幅是前任國防部長史汀生的肖象畫，另一幅則是描繪《根特條約》（Treaty of Ghent）簽署的情景。[2]艾奇遜深色的桌上擺著一具地球儀，靠近一本大字典。他的紅色皮椅面朝著房間另一端的一個大型老爺鐘。這個房間非常壯觀，氣勢雄偉，艾奇遜進入時，感覺彷彿踏進跨大西洋郵輪的巨大餐廳。[3]

每天上午，艾奇遜一進辦公室，都會先翻開一本標明「最高機密」的牛皮精裝公文夾，裡面是第一線外交官員呈報回來的最新電文。在他召開幕僚晨報前，他會在記事本上先做好筆記。這位五十六歲的國務卿，根據他兒子大衛的描述，是個「徹頭徹尾的老派人物，服裝非常考究」[4]。他非常講究自己的西裝，以十分精確的方式指示裁縫師傅如何裁製。大衛回憶，在大多數日子裡，艾奇遜聞起來就像一家理髮店，在他的小鬍子抹些蠟，在頭髮也抹上一些乳液。他讓眉毛長得長而濃密，就像一簇簇軟草，但是他的小鬍子卻咄咄逼人。〔記者詹姆斯．芮斯頓（James Reston）將艾奇遜臉部毛髮形容為「政策規劃的勝利成績」[5]。根據大衛的說法，到了中年，艾奇遜「性格上也變得相當程度的強硬」。他的眼神收斂，菸草味和髮油味交雜。對艾奇遜來說，紅肉、馬汀尼酒、和對政敵尖酸苛評是美好一天必不可少的主食。

艾奇遜剛上任的頭幾個星期幾無寧日。這位新任國務卿每天追著報章頭條新聞跑，對一位地緣政治戰略的專家來說，這實在很洩氣。雖然艾奇遜對於歐洲事務充滿各種點子——不僅是突破歷史性地成立北大西洋國家安全同盟——但國會和新聞界卻追著亞洲局勢不放。艾奇遜到任的第一天，蔣介石逃出南京。《紐約時報》次日頭版三個欄題的新聞驚呼「蔣棄守陣地」[6]。內頁登出一張照片，艾奇遜舉起右手，在白宮宣誓就任。艾奇遜後來回憶上任頭幾個小時的混亂狀況，他在回憶錄中寫下：「蔣介石處於崩潰的最後階段。我的及時就職，讓他跌到我身上。」[7]

艾奇遜在國務院的顧問群對於如何處理太平洋彼岸的危機，意見不一，莫衷一是。某些資深的中國通——如美國駐華大使司徒雷登（John Leighton Stuart）——便認為，美國在中國有深遠長久的利益。事實上，至少可追溯自十九世紀末的「門戶開放」宣言，這是美國的主流立場。這一派主張認為，一個友好、獨立的中國將是美國商品的巨大市場，也是尋求宣揚美國價值的傳教沃土。司徒雷登喜歡開玩笑地說，有三大群選民涉及在中國的利益——石油公司、香菸公司和教會——而這三者的口號都是「讓當地發光」[8]。

司徒雷登也是傳教士出身，曾任基督教會在北平創辦的燕京大學校長，終生致力於增進美、中的友誼。他認為中、美雙方的文化相似性遠超過表象，孔子的「仁」就類似基督徒所謂「愛」的觀念，又說中國學者孟子經常鼓吹民主原則。[9]司徒雷登在艾奇遜就任後不久，以類似入門的教材，給國務卿呈上報告。他說，美國價值會「增強他們聖人對人際關係和社會正義的教誨」[10]。蔣介石可能會下台，國民黨可能會輸掉內戰，但司徒雷登力促艾奇遜不要完全放棄中國。

司徒雷登告訴艾奇遜，即使如果毛澤東部隊控制了大陸，美國仍有強大的武器可以用來長期對付中國共產黨。司徒雷登在一份電文中寫下：「中國人民對我們有極大的善意。」[11]美國傳教士過去數十年的努力，已在中國老百姓心目中產生對於美國持久的感情。司徒雷登預測，共產黨很快就會疏遠一大票人民，人民將會排斥新政治制度「令人難以忍受的專制」。可徒雷登寫道，經過一段時日後，中國將會出現「造反精神」，擺脫共產黨的桎梏。他認為，在這段期間，美國可以做很多事來加速反革命。杜魯門包羅廣泛的就職演說是好的開端。司徒雷登相信，總統的演講「宣示了當前政府堅守原則、活潑的外交政策，將會有深刻的效應」。

艾奇遜的其他副手則抱持晦暗的觀點。每到星期三下午，艾奇遜常會移駕到與他辦公室相鄰的政策計畫幕僚室（Policy Planning Staff）。[12]這是一個相當簡樸的斯巴達式房間，只擺了一張長桌子和幾張綠色皮椅。[13]把門關上後，艾奇遜就會向政策計畫幕僚室主任喬治·肯楠（George Kennan）請教；他的簡報經常能超越每日新聞的標題，更加策略性地思索最艱難的政策問題。（一九四七年馬歇爾為肯楠創立這個職位時，國務卿唯一簡潔的指示就是「避免枝節」[14]。）肯楠和艾奇遜一樣，關注的重點擺在歐洲，他在外交圈成名是因為寫了一長篇電文，分析蘇聯的行徑，就史達林的擴張主義目標提出警告。艾奇遜的這位政策計畫主任是個保守的現實主義者，不苟同羅斯福和杜魯門曾經有過的主張：認為中國注定要在戰後普世秩序扮演關鍵的角色。

肯楠認為中國太落後，像一灘死水。雖然中國人口極多，也仍在增長中，但它對美國構成不了太大威脅。肯楠手下準備的一份報告也說，即使蘇聯也認為中國是一個「巨大的破落戶」——一個「孱弱的盟國」和「無足輕重的敵人」，但中國的市場對美國經濟增長的重要性，從來沒有像擁護者所宣稱的那麼重要。美國在中國的資產總值只有一、兩億美元，在二戰後這幾年，美國對中國的出口從未超過整體總值的百分之五。[15]民主政治也還未曾在中國發生；更實際的可能因素，不外乎是「混亂和威權主義」。最重要的是，肯楠和他的手下相信，美國根本不具可以決定性地影響中國內戰結果的影響力。毛澤東勝利在望，是「本土力量巨大、深沉流動的結果，超乎我們的力量所能控制的」。[16]

★

艾奇遜出於天性和經驗，比較傾向於肯楠務實的觀點，而非司徒雷登宏偉的提議。身為親英派人士，艾奇遜具有傳統的英式作風，小心翼翼維持著均勢政治。另一方面，傳教士的推動力使他感到沮喪。雖然艾奇遜的父親是聖公會的主教，但是國務卿從未認為自己是一個特別虔誠的基督徒。他寧願星期日在馬里蘭州鄉村的住處打網球或清理雜草。[17]後來他解釋，他「對大多數宗教教誨的神祕主義感到困惑」[18]，他反而比較能接受中國儒家傳統的哲學方法，他認為儒家傳統強調倫理和正確行為，大於超自然現象。

然而，在大多數其他面向，艾奇遜鮮有時間關心亞洲。他一生仕途不曾培養他處理中國的危機。他這輩子僅短暫到過中國一次，那是一九一五年青年時代的事。他過去絕大部分在國務院任職的經驗都在處理歐洲事務：執行二戰期間的租借法案（Lend-Lease program），並協助設計戰後經濟架構。一些艾奇遜的同僚抱怨他的興趣太狹隘。在艾奇遜麾下任職於國務院的狄恩．魯斯克（Dean Rusk）形容他的上司是個「大西洋人」，「輕忽全世界的棕人、黑人和黃種人」[19]。艾奇遜有時很遲鈍——譬如，他喜歡用卡通人物式的假嗓子模仿一位中國舊識說話的樣子。[20]不過，他的歐洲中心主義主要是出於謹慎，而非不能容忍。艾奇遜認為美國根本沒有資源去改善戰後每個問題：混亂的世界需要分別處理。

拜他專橫的父親之賜，艾奇遜年輕時就了解自己的力量有限。根據他兒子的描述，蘇格蘭－愛爾蘭裔移民的愛德華．艾奇遜（Edward Acheson）具有「烏爾斯特人（Ulster）狂野的個性」[21]，星期天在講壇上可以劇力萬千地傳講福音。他在康乃狄克州密道敦（Middletown）教堂講道，大家都曉得他最愛在鼓聲響起時高唱「我相信上帝」[22]。在家裡，這位傳教士對子女十分嚴厲。艾奇遜後來將他父親的紀律要求形容為是一種必須躲避的「自然力量」[23]。艾奇遜回憶：「從樹上掉下來，你受到的懲罰就是受傷，和我父親頂嘴的懲罰很容易就是遭到一頓痛打。」[24]

艾奇遜一家人住在教堂的宿舍，這是一棟有著不透光彩色玻璃窗、宛如墳墓的建築物，艾奇遜後來說道，這間房子主要的建築理念似乎就是要「排除光線」[25]。但這並非十足悽慘的童年。艾奇遜回憶，雖然他父親的教養方式有時顯得十分苛刻，但並沒有留下「精神上的創傷」[26]。事實上，這種務實的紀律要求可能有助於他培養出一種有用的精神資產：在一個由強大的、通常是不可思議的力量所治理的星球上，需要堅忍不拔、奮戰不懈。艾奇遜後來回憶，他的父親相信人生有很大一部分是「不會受到影響或可以減輕，因此必須忍受，無怨無悔地忍受，因為對他人來說，抱怨是一種煩惱和滋擾，並破壞了忍耐所必需的平靜心靈」[27]。

堅持不懈也需要審時度勢和冒險精神。密道敦位於俯瞰康乃狄克河的一座山頂上，由一心向外發展、爭取財富的先人建造。榆樹夾道的高街（High Street）豎立著雄心勃勃的商人所興建的大宅邸，他們遠渡重洋，從中國輸入茶葉和絲綢而致富。[28]雖然在艾奇遜的童年時代，密道敦的經濟已多元化，但海洋仍令他著迷。晚餐後他會跑到碼頭，看著船隻出海去尋找更迷人的港口。艾奇遜後來回憶：「我想像自己在海上努力，有些晚上人在歐洲，有些晚上則到了中國，更有些晚上來到最黑暗的非洲。」[29]

高中時代，艾奇遜的父親將他送到格羅頓中學（Groton）——另一個似乎旨在扼殺獨立自主精神的嚴酷環境。這所由霸氣的牧師恩迪科特・皮博迪（Endicott Peabody）主持的麻薩諸塞州寄宿學校，其教育理念強調服從而非自主。嚴峻的紀律加強它所要求全員一致的文化。新生有時會被要求接受一種稱為「抽水」[30]的儀式——類似原始的水刑。像艾奇遜這樣的外來人，軟弱是一種危險的惡習。格羅頓接收許多美國工業巨子的富家子弟；雖然艾奇遜不是窮家子弟，但身為傳教士兒子的他，在格羅頓中學的社會地位排名並非居於前段。[31]

或許是為了防禦，艾奇遜採取傲岸自大的態度。艾奇遜從格羅頓畢業後，升上耶魯大學。他在耶魯大學的一位同學回憶：「他是典型的聖公會主教的兒子，快樂、優雅、勇敢。」[32]然而，艾奇遜「在社交方面也具有孤芳自賞和傲慢的特質」。在大學念書時，艾奇遜也接觸到他所謂的「愛恨情仇中屬於愛的部分，這些對日後我們的中國政策注入極大的感情」[33]。艾奇遜注意到類似「雅禮協會」（Yale-in-China）這樣的校園組織在籌集資金，幫助加強美國與中國之間的文化聯繫[34]。

雖然他很欣賞這些交流所培養的善意，但也發現其中所產生的保護色彩。他後來說：「我們對於這件事產生感情，把他們變成了寵物。」[35]艾奇遜從來就不是個浪漫的人，他寧可不要那麼熱情的追求。耶魯大學畢業後，艾奇遜進入哈佛大學法學院，成績優異，也接觸到美國最優秀的法學家，讓他首次意識到他後來所說的「這個奇妙的機制——大腦」[36]。

哈佛大學法學院畢業後，一九一九年艾奇遜搬遷至華府，擔任聯邦最高法院大法官路易・布蘭岱斯（Louis Brandeis）的實習生。在杜魯門陶醉在法國人親威爾遜的感情之際，艾奇遜卻站在完全不同的角度，看著威爾遜在凡爾賽的宏偉解決方案——以及威爾遜對於國際聯盟的夢想——正在國內政治的壓力下緩慢瓦解。艾奇遜後來回憶，當時數月籠罩首都的愁雲慘霧，有如「狼群撕裂和約的胴體，嚎叫著要吸吮政府的鮮血……勝利的野蠻人似乎肯定將會洗劫這座城市」[37]。艾奇遜感嘆，威爾遜「像路西弗（Lucifer）一樣墜落，再也沒有恢復希望」[38]。艾奇遜永遠不會忘記凡爾賽失敗的悲慘幽靈。然而，艾奇遜在華府也結交了一些聰明的政治家，這些人決心為此動盪變化的新世界重新詮釋美國價值。此時艾奇遜雖只有二十多歲，但不時出入奧利佛・溫德爾・霍姆斯（Oliver Wendell Holmes）在華府的寓邸，這位年逾七旬的聯邦最高法院大法官曾是參加南北戰爭的退役軍人，以務實重新詮釋美國案例法聞名。霍姆斯滿頭濃密的白髮和有如海象的鬍髭，因為「他的循循善誘」[39]——對年輕的律師提出啟示性的談話——而聞名華府。霍姆斯的風範讓艾奇遜永誌難忘：「他一進入房間，就帶進一股強大力量；他一走出房間，強烈光芒似乎就隨他而去。」[40]

更重要的是，霍姆斯傳授了完整的世界觀——要在現代世界生存，就必須兼具意志力和謙虛的心。霍姆斯強調不能缺少人為的努力；他認為一切都不應訴諸命運。在另一方面，霍姆斯的主張也強調人類努力的局限性：「在我們哲學的開端，我們採取至高無上的信念——即我們承認我們不是上帝。當我承認你的時候，我宣布我不是在夢想宇宙，而是以次於宇宙的形式存在其中。」[41]這個悖論告訴我們，艾奇遜身為國務卿所做的每一個重大決定——包括他對中國的態度——都是如此。

艾奇遜在華府有一流的人脈關係，一九二一年他加入著名的柯文頓暨鮑林（Covington and Burling）律師事務所。他發現執行律師業務就像在霍姆斯的「循循善誘」下接受務實主義的課程。艾奇遜解釋，從事法律的專業工作意味著「不斷意識到人類生活和人類制度的複雜、微妙和多樣性。在茂密的板栗樹下，農村鐵匠簡單的黑白、是非、善惡、對錯，必須經過相當複雜的闡釋，才能成為處理現代生活固有模糊性的有用判斷工具。」[42]

一九三〇年代初期，凡爾賽和約所訂定的解決方案持續崩壞，當時艾奇遜在財政部工作，置身於是否及如何對付重新武裝的德國及同樣黷武的日本此一激烈辯論的中心。艾奇遜站在干預派這邊，相信唯有美國可以成功支撐起現有的世界秩序；現有的世界秩序過去數十年都靠現在已經搖搖欲墜的大英帝國所建立的金融制度所支撐。艾奇遜認為這樣的前瞻姿態攸關國家安全。他說：「我認為，對一個國家而言，很明顯地就像拳擊手一樣，最大的安全保證之一就是增加我們的力量所能觸及之處。」[43]最後，艾奇遜因為反對小羅斯福總統的美元貶值政策，被迫辭去財政部的職位。不過，他在一九四一年又重新回到公職，出任國務院助理國務卿。在此新職位上，他支持凍結日本在美國的資產，並限制石油出口——這個影響命運的政策正是最後造成日本決定偷襲珍珠港的主因。

日軍偷襲珍珠港的消息令國務院大感意外。艾奇遜回憶，國務院「彷彿老太婆在尖峰時刻身陷忙碌不堪的十字路口車陣，不能呼吸、十分驚慌」[44]。艾奇遜在這種紊亂局面中最能發揮長才。到了一九四〇年代，他已贏得手腕靈活官僚戰士的聲名——一位受過他打擊的對手形容他是「非常惡毒的割喉殺手」[45]。晚年的艾奇遜喜歡引述莎士比亞對失寵於英王亨利八世的朝廷命官沃爾西大主教（Cardinal Wolsey）的描述。[46]其實艾奇遜更像湯瑪斯．克倫威爾（Thomas Cromwell）——亨利八世那位狡猾、無情、有效率的政治打手。艾奇遜相當擅長在制度中鑽縫隙。有位參議員曾開玩笑說，如果他在上午十點打電話給艾奇遜，要求他在今天就把華盛頓紀念碑搬到議會來，艾奇遜一定使命必達——而且認為這個「要求並無不當」[47]。佩服艾奇遜的人開始稱呼這位狡黠的行政高手為「狄恩」[48]。

羅斯福的猝逝使艾奇遜及整個華府頓失所依，不知未來的方向。艾奇遜覺得「彷彿整個城市消失了，居民驚慌亂竄，尋找熟悉的路標。大氣氛不見得是哀傷，而是發現自己陷於孤獨、迷失方向，而憂心不已」[49]。然而，真心地說，艾奇遜並不在乎羅斯福的領導風格。他認為羅斯福總統的決策太隨興，他的說話太滑溜。[50]另一方面，羅斯福的繼任者倒像是他可以合作共事的人。艾奇遜在杜魯門入主橢圓形辦公室後不久，寫信給兒子：新總統似乎是個「直率、果斷、單純、十分誠實的人」[51]。

杜魯門和艾奇遜在任何方面都不「速配」。杜魯門喜歡嘲諷國務院「那些穿條紋褲的傢伙」[52]；艾奇遜正是最典型的「穿條紋褲的傢伙」。更重要的是，艾奇遜也不像杜魯門對聯合國這類宏偉的普世計畫抱持十足的信心[53]；艾奇遜抱怨，即使世界渴望和睦，但仍充滿著許多爭吵的國家。艾奇遜在日記裡嘲笑杜魯門喜愛的詩人丁尼生（Tennyson）的〈洛克斯萊廳〉（Locksley Hall）這首詩所隱含的情感，拒絕暴力可能會「被理智取代」[54]的假設。這個世界過去是、也仍將是各種不同世界觀相互競爭的巴別塔。他認為，認定人類可能完全消滅「武力和暴力」是徒勞無功的——而且是危險的想法。

即使如此，談到中國，艾奇遜和杜魯門卻保有共同的策略——至少一開始是如此。兩人都支持馬歇爾使華調停，希望這位傳奇的將軍和國務卿或許可贏得必要的讓步，促成國共兩黨的和平。然而，日後艾奇遜承認他誤判雙方仇恨之深。美國的目標是想要同時促成國共和談及支持蔣介石，「其心可敬」，但這是「相互排斥，而且各自都無法達成」[55]。艾奇遜後來承認，他和華府幾乎每個人都誤判此一動態關係。

儘管遭逢此一挫敗，杜魯門和艾奇遜仍深深地相互尊重。一九四八年大選之夜，開票結果顯示杜威州長節節領先且顯然即將當選，艾奇遜灌足了老酒，醉意益深——直到最後，杜魯門才在眾人驚訝中脫穎而出。興奮的艾奇遜在早餐又滿飲一大杯酒，以示慶祝。[56]當月稍晚，馬歇爾繼續和病魔纏鬥，杜魯門邀請艾奇遜到布萊爾賓館密商。[57]滿臉笑容的杜魯門請艾奇遜坐下，然後表示邀請他出任國務卿。艾奇遜謙稱還有更多適合人選。杜魯門也同意此一說法，他說：「是啊，有二十個人比你更適合擔任國務卿，但是我不認識他們。我認識你。」[58]

儘管表達異議，其實艾奇遜很興奮。他後來寫道，這個高階職位為他提供深度自我實現機會；他像癮君子一樣地渴望它。他引用一個最受歡迎的希臘古典的幸福定義來解釋：「沿著卓越的線條行使生命力，在賦予它們範圍的生活中。」他寫道，公共服務為「生活的平坦性」提供解藥。[59]從一個不協調的面向來看，艾奇遜與毛澤東都有某種世俗感性，毛澤東曾欽佩地引用了一位哲學家的話，將生命的意義定義為「將所有人類的體力和智力毫無例外地發展到最高境界，而且毫無抱憾地如此作為」[60]。儘管艾奇遜是一個較為謙遜的人，但他們都認為，培養強大的意志是身處這個的危險世界中得以生存的先決條件。

★

一九四九年二月三日，解放軍全面控制北平，毛澤東的部隊在北平舉行大規模遊行，這是對任何仍存有疑心的人所發出的訊息。[61]根據一位目擊者的報導，在本季第一次沙塵暴塵埃落定時，北平迎來了一場「嘉年華會」[62]。音樂家敲打著鼓聲和鑼鼓，舞者在表演傳統種植舞蹈秧歌時搖搖擺擺。雖然陣風強烈的冬季空氣撕裂了毛澤東的深紅色橫幅和肖像，但整體意義很明確：其力量可以迅速達致。在北平的一個街區中，共產黨人掛著木刻海報，描繪蔣介石腳下有一堆頭骨：他手持一把標有美國頭個字母縮寫的劍，隨著閱兵炫耀一大堆被虜獲的美國機器，再次強化這個微妙的主題——杜魯門政府浪費了對國民黨的軍事援助。

同一天稍晚，杜魯門在華府白宮召開國家安全會議，討論這個新的現實。國家安全會議在一九四九年時還在襁褓時期；成立不到兩年之前，意在協調美國日益擴大的國家安全機構。[63]現在，艾奇遜坐在牆上掛著威爾遜總統油畫肖像的內閣室裡，身旁是肯楠，宣告中國應該被當作戰後世界中「優先秩序較低的地域」。[64]艾奇遜告訴出席人士，國府「似乎大廈將傾」，又說「在它傾覆前，沒有太多動作可做」。他提醒大家不要採取任何「倉促的積極行動」，以致美國承諾了它無法長期支撐的政策。他指出，唯一的好消息是毛澤東現在掌握大局：使中國經歷多年戰亂後又統一起來，但是，對於共產黨而言，經濟上和行政上都將面臨極大困難。艾奇遜聲稱，所謂中國的國族認同大體上是「虛構的」；如果毛澤東希望維持這個幻象，他需要先從廢墟中「建立某些東西」。

有了這些不屑一顧的姿態做為起點，艾奇遜促請國家安全會議就兩個明確問題做出決定：一是台灣的前途，目前台灣持續在抵抗共產黨的進軍；二是目前仍在進行中對國府軍事與經濟的援助計畫。就台灣問題而言，艾奇遜贊成悄悄地強化「以本地自治團體」為首的第三勢力，他們對毛澤東或蔣介石都不感激。中央情報局局長、海軍上將羅斯柯・希倫科特（Roscoe Hillenkoetter）喜歡這個主意，根據會議紀錄，他說：「如果想要的話，我們在一個星期內就可以在當地促成革命。」但是艾奇遜要求大家把問題徹底考慮清楚：如果蔣介石的部隊或地方反抗運動的部隊都無法抵擋毛澤東占領台灣，該怎麼辦？台灣的重要性是否大到足以需要美國軍事的介入？艾奇遜對此抱持懷疑。國家安全會議決定請參謀首長聯席會議就台灣的戰略價值提出想法，並向國家安全會議提報一些軍事選擇的方案。

國家安全會議也在考慮如何處理美國軍用器械留給國軍的問題。艾奇遜希望切斷軍援。北平的遊行已表現得十分明顯，美國的器械迅速地直接從國軍的手中交到毛澤東部隊的手裡。艾奇遜承認，他對援助問題沒有好辦法；無論政府如何決定，批評者都會抨擊政府。最後國務卿的觀點勝出，國家安全會議建議杜魯門停止大部分的武器交運——這個決定若付諸實行，將會終結多年來美國對中國的軍事援助。

杜魯門在翌日的內閣會議表示支持國家安全會議的提議。[65]但他得先說服可能產生的政治反響。終止大部分的武器交運此一決定，一定會大大激怒核准援助計畫的國會。杜魯門在第一任任期內，對於杜魯門主義和馬歇爾計畫等外交政策，都努力在民主黨和共和黨議員中建立共識。現在杜魯門謹慎行事，考慮是否要邀請幾個關鍵委員會到白宮，就中國問題進行形式上的諮詢。他的新任副總統艾爾本・巴克萊（Alben Barkley）認為：參與討論成員最好不要太多，或許只邀請各委員會主席和少數重量級議員就好。總統同意並安排次日上午在白宮開會。這時，艾奇遜也命令手下將他提出的主張所需要的研究數據準備妥當，包括美國交給中國、最後卻落到毛澤東手裡的武器和裝備清單。

杜魯門和艾奇遜已準備好要讓國會失望，但在星期六上午這場不做記錄的會議上，諸位議員表現出來的憤怒卻讓兩人嚇了一跳。[66]參議院外交關係委員會的兩位重量級議員亞瑟・范登堡和湯姆・康納萊（Tom Connally）告訴總統，國會領導人一致反對正式停止交送軍援。反對力道之強，迫使杜魯門必須發揮創意。

杜魯門在會後告訴艾奇遜，不變更動向才是明智的政治舉動，至少表面上要維持援助計畫。杜魯門說，如果他們想要遲緩運送軍援，他們必須悄悄、非正式地執行。

國會的反彈又延續了好幾個星期。即使杜魯門的某些盟友也開始轉身反對他。一位年僅三十一歲、來自麻薩諸塞州的紳士，國會眾議員約翰．甘迺迪（John F. Kennedy），便採取行動，抨擊政府的對華政策。他在老家選區發表尖銳的演講，痛批杜魯門扣住援助，不交運給國府。他又責備白宮「若非輕視、至少是漠視」對待宋美齡及她的要求。甘迺迪說，美國曾和日本作戰，以維護中國主權完整；現在，杜魯門卻揮霍掉這項勝利。甘迺迪說：「我們在中國的政策只是一陣旋風。我們的年輕人拯救了我們的外交官，而我們的總統卻已半路掙脫。」[67]雖然新聞界多半沒人理睬甘迺迪的演講，卻至少引起一個人的注意——一位活力充沛、意志堅決的明尼蘇達州共和黨國會眾議員周以德（Walter Judd）。

# 第六章
# 全副王牌

夜幕低垂，眾議員仍伏案振筆疾書。周以德利用華府大多數人皆已入睡的時刻回覆各方來信——這是一份無休止的苦差事。有時他必須思考，腦子不停地轉動。今晚他煞費心思地和來自《明尼亞波利斯市論壇明星報》（*Minneapolis Tribune and Star*）的一位記者，就他喜愛的主題——中國——打起筆戰。他把青年甘迺迪的演講稿內容剪報塞進信封，告訴他的通信對象，他認為甘迺迪膽敢頂撞同為民主黨籍的總統，「實在非常勇敢」。他發現自己必須聽著「前往中國的旅行者」抱怨目前在當地的悽慘情況，實在太過乏味。他寫道，從另一方面來看，甘迺迪的大膽演說就是「真正人咬狗的故事」。[1]他不能理解為何這麼多新聞媒體卻忽略了它。

周以德是來自明尼蘇達州第五選區的眾議員，他以善於辯理這類中國政策的悲歌而聲譽鵲起，雖然他乍看之下貌不驚人。體格上，周以德在每一部分都顯得弱不禁風：薄薄的嘴唇、狹窄的小眼與稀疏的頭髮。由於小時候得過暗瘡，診治不當，他的臉上布滿條紋傷痕。即使如此，五十歲的周以德已歷練成熟，成為一位穩健的領袖和雄辯滔滔的演說家。他說話時熱情洋溢、信念堅定；如果有任何自我懷疑，他都掩飾得非常好。站上講台，他會細火慢熬，然後逐漸升上沸騰，把雙臂高舉過頭，達到最高潮。[2]有位舊識把周以德眾議員狂熱的自信比擬為如同希伯來的先知。[3]

杜魯門企圖讓美國從中國脫身，燃起周以德的憤慨。當總統與國會領袖會面洽談，周以德卻向國會山莊同僚們散發嚴峻的抗議書，爭取連署。[4]這封信經過五十一名議員連署，共同宣布國會因為中國大陸發生的種種事件，「深感困擾」[5]。這封信又寫道：「今天，中國共產黨軍隊顯然已近乎全面勝利、壓倒我們戰時盟友，也正追索這位支持我們、反對他們的中國領導人的項上頭顱。」這些眾議員力爭，自由、統一的中國攸關美國的安全；他們堅信沒有了它，美國將面臨捲入另一場戰爭的風險。這封信力促杜魯門指派一個特設委員會，來修正美國的對華政策。

對杜魯門而言，部分問題出在他個人的舉棋不定。和周以德一樣，他仍衷心希望能夠補救、療癒中國。一星期後的二月十四日，他在橢圓形辦公室裡召見了原子能委員會主席大衛・李列恩鐸（David Lilienthal）。杜魯門揮著手，指著辦公室另一隅的大型地球儀，告訴李列恩鐸，他希望在中國長江流域建立一個類似田納西流域管理局（Tennessee Valley Authority）的組織——這是羅斯福總統推行新政（New Deal）時期成立的一個政府機構。杜魯門說：「這種事是辦得到的，別聽信別人說辦不到。當這些事情都做到了，數千萬人不再飢餓、不再被欺負和騷擾，戰爭的起因就會大大降低。」數小時後李列恩鐸在日記本寫下，總統「以極大的自信和熱忱說出這些話，令我大受感動，久久不能自已。」[6]

然而，即使杜魯門還在幻想如何使中國興盛，他在國務院的顧問卻正準備著背道而馳的作法。杜魯門會見李列恩鐸的同一天，肯楠在達特茅斯學院（Dartmouth College）演講，宣稱：「我們還未真正準備好領導全世界獲得拯救。我們必須先拯救自己。」[7]艾奇遜處理中國問題，包括周以德號召的這封議員聯署書，更加小心翼翼。在同一天中午過後不久，他也去見杜魯門，針對國會的反彈向總統提出三個可行的處理方案。

第一個方案是艾奇遜所謂對抗議信「不置可否的回答」。這可讓杜魯門有些彈性空間，但是肯定會招致更劇烈的批評，議員們會公開表達他們的不滿。第二個方案是杜魯門可以「強烈地回答，說清楚講明白」。[8]然而，其危險是，一旦公開列舉美國對國府的疑慮，杜魯門肯定會造成國府完全崩潰——它本來就有可能崩潰，但還不是千真萬確地肯定。艾奇遜又建議了另一個辦法：他可直接找連署信的簽名者會面，私下就他們所關切的徹底談清楚。杜魯門告訴艾奇遜，他認為第三案值得一試——這是在各種不佳的選擇中勉強稱上好的一案。但事實上，這個方案保證了高傲的艾奇遜和火爆的周以德在會面時將當面爭吵起來。

★

即使在小學時期，成長於內布拉斯加州平原的周以德[9]，在學業及品性考評單上所謂「行為舉止」這項的分數就不高。[10]他過於躁動、精力充沛，無法取悅疲於招架的老師。他父親是個伐木工人，也是公理會（Congregationalist）主日學的老師，育有七名子女。周以德似乎總是不停地活動。[11]他年輕時一心嚮往的事物反映出他對環遊世界的嗜好。他欣羨地讀著蘇格蘭探險家兼醫生傳教士大衛・李文斯頓（David Livingstone）的生平事蹟。[12]在主日學裡，他喜歡盯著牆上一幅描繪著聖保羅（Saint Paul）行跡路線的地圖。周以德日後回憶：「第一次旅行是紅色，第二次是黃色，第三次是藍色，最後一次前往羅馬則是另一種顏色；我認為是紫色。我猜它對我產生了影響——農村小鎮的一個小男孩夢想著有朝一日會去的地方，那裡的需求很大。」[13]

一九一六年，周以德進入內布拉斯加大學（University of Nebraska）就讀。當第一次世界大戰爆發時，他輟學從軍，和杜魯門一樣擔任砲兵。退伍回國重回校園後，他愈來愈積極參與「海外傳道學生志願者運動」（Student Volunteer Movement for Foreign Mission, S. V.M.），這是培訓未來基督教傳教士的組織。[14]到了一九二三年，他從醫學院畢業那年，已在該組織中晉升到有影響力的地位。當年十二月在「海外傳道學生志願者運動」大會上演講時，周以德鼓勵聽眾關注世界的事務，並發揮基督的精神來補救地球上的問題。他敦促有志傳福音的人「讓世界看到以耶穌之道走出今日世界的麻煩」[15]。

周以德以身作則，搬到中國東南部福建省邵武這個偏遠鄉村。這位內布拉斯加青年在當地是一名醫療傳道士，不時穿梭於蜿蜒的泥路上，治療染上瘧疾和痲瘋病的病人。[16] 翌年，一群武裝分子抓住他，將他雙臂反剪押到鄰近河邊，準備處決。[17] 後來周以德總喜歡說，那些抓住他的人是共產黨，但其他證據卻顯示他們可能只是一般的土匪。[18] 無論他們是誰，周以德發揮了說服力，消除他們的敵意。他向這夥人求情，說明他是美國人，不是英國帝國主義者，他們終於釋放他。[19]

周以德來到中國時，正是毛澤東和蔣介石的鬥爭正在擴大之時。這位年輕的傳教士與共產黨人和國民黨人都打過交道。聽到左派抱怨「你是資本家」[20]，讓他覺得很有趣；周以德年薪區區五百元。另一方面，國民黨卻讓他印象深刻。周以德認為蔣介石是「一個巨人」，堪與亞伯拉罕・林肯及其他旋乾轉坤人物媲美。周以德寫道：「人類史上沒有其他任何政治領袖處理事務之規模、困難度和複雜度，堪與他比擬。」他也認為蔣介石是一位現代摩西，「從一個民族建造國家。」[21]

周以德因罹患瘧疾，於一九三一年回到美國。但不到幾年，他又回到中國大陸——這次是來到華北的汾陽。他抵達時日軍正日益深入中國。日本軍隊的殘暴不仁嚇壞了他。周以德治療那些遭到日本軍人強暴的婦人和女孩，他也醫治染上性病的士兵。[22] 他從陷身兩軍交火的婦孺身上移除彈片。他對日本人用美國廢鐵製造許多造成傷天害理行徑的砲彈感到非常氣憤。[23] 周以德是深信美國文明開化的人，認為這充分代表著令人噁心的偽善。

一九三七年夏天日軍占領北平後，周以德回到美國。他在跨越太平洋的途中，決心好好教育美國人關於中國危機的真相。他以家裡的存款進行巡迴演講，走遍全國講述他的經驗。[24]他在一九三九年出席國會聽證會時說：「我自己曾一再遭到美製飛機的轟炸和空襲，想知道它們是從何而來，但那根本沒有意義。飛機投擲下來殺人、破壞的東西，三分之一是來自我們國家的廢鐵廠和鋼鐵廠……在我入睡前無法不去想：美國老家的同胞知道這件事嗎？」[25]

隨著四處旅行演講，周以德的地位日益提高——尤其是在一九四一年十一月之後，他似乎已預測到珍珠港將遭受攻擊。[26]珍珠港被襲當天上午，他正在明尼亞波利斯市五月花公理會教堂演講，向聽眾提出警告，日本可能很快就會對美國發動攻擊。不久，即傳來珍珠港事變的消息。周以德的先見之明以及他演講技巧的日益成熟，受到明尼蘇達州權力掮客的注意。他在翌年秋天投入國會眾議員選舉，順利勝出，一九四三年一月就職。[27]

這年夏天周以德結識了杜魯門，兩人結伴同行，跑遍中西部地區，號召選民支持日後被稱為「聯合國」的國際組織。[28]這時杜魯門仍是聯邦參議員，不過，不到兩年後，他將肩負起領導國家的重任。周以德也和杜魯門有一樣的信念，認為美國需要在戰後世界扮演積極的角色。周以德認為，美國正在迅速成為世界的金主，需要好好保護它的債務人。況且交通運輸和通訊的進步已能克服距離。他們所到之處，都由能言善道的周以德率先發言，替未來的國際組織描繪前景。杜魯門再補充各種事實和數據。周以德回憶，杜魯門的「口才不太好」[29]。兩人相敬相惜，他們走遍美國核心內地，有時在同一家旅館房間同床共眠。周以德永遠忘不了，每晚在旅館房間裡，杜魯門與夫人貝絲通電話時的款款深情。

然而，當杜魯門遞補羅斯福入主白宮後，讓周以德大失所望。周以德欽佩馬歇爾計畫和杜魯門主義，兩者都勇敢地承諾要支持全世界的自由政府。但他不能理解為何杜魯門似乎只把這些構想運用在歐洲——依照周以德的想法，亞洲同等重要。他不明白，如果美國只想把一大片東亞地區交給蘇聯，為何還要在太平

1943 年夏天，杜魯門（中）和周以德（右二）連袂在中西部巡迴演講，鼓吹民眾支持日後稱為聯合國的國際組織。日後兩人因對華政策意見分歧而失和。（© Walter Henry Judd Papers, Envelope B, Hoover Institution Archives）

洋浴血苦戰、打敗日本？他相信美國需要「讓中國留在圈子內」[30]，以便讓史達林必須分心在其東側。周以德說，如果美國失去東亞，「我們最後也將失去歐洲」[31]。周以德精明地以戰略術語表達他的反對。他問道：「如果中國被共產黨占領，印尼、馬來西亞、東印度群島，甚至菲律賓，還能抵擋壓力多久？」[32]然而，從根本而言，他主要不是出自地緣政治，而是道德意識——美國有責任傳播其價值，他將它界定為「基督教民主」[33]的深刻信念。按照周以德的觀點，美國的國力是達成目標的手段。他不能理解，為什麼全世界最強大的國家——用周以德的話來說，美國總統握有「全副王牌」[34]——卻從其責任退縮。

周以德相信，杜魯門的內心和他一樣具有全球的宏偉野心。但是他責怪國務院把總統引導到另一條路上。他認為馬歇爾和艾奇遜都自私自利、目光如豆；他認為，政府以歐洲為中心的政策有一部分是種族主義作祟。[35]艾奇遜傲慢的言行舉止特別讓周以德不悅。一九四七年，有一次在眾議院外交事務委員會的聽證會上，周以德就他所見到的杜魯門對華政策之矛盾，強力質詢艾奇遜。艾奇遜從容不迫、不太遮掩地高傲回答：「你比我還了解，因為你是這方面的專家。」[36]但在周以德心裡，艾奇遜的自我中心和傲慢不能解釋他為什麼決心放棄蔣介石和國府。到了一九四九年，周以德開始責怪國務院裡有股「隱藏的邪惡勢力」[37]在助長毛澤東的崛起。

★

艾奇遜將他向杜魯門建議與周以德及其他國會領袖會談的日子，安排在二月二十四日。急著要拷問國務卿對華政策的三十位國會眾議員，來到眾議院籌款委員會的會議室。日後艾奇遜無論如何都想不通，自己是哪根筋不對了，竟會建議總統和議員們會面：他發牢騷說，外交工作的第一守則是絕不主動提議。[38]他曉得和這些豺狼虎豹在房裡無論說了什麼，事後他們一定會陰魂不散地跟著他。其次是艾奇遜生病了。他染上嚴重風寒，雖然看了醫生，醫生診斷只是染上「X病毒」[39]。才上任一個月，艾奇遜就覺得疲憊不堪，快要垮了。

通常在國會山莊這種祕密會議上，艾奇遜都能保持冷靜。他一向喜怒不形於色。相機快門朝著他卡卡作響時，他都能夠詭異地文風不動，讓雜誌社攝影記者大感驚訝。[40]在嚴密的質詢下，他慢條斯理地思索答覆。一位熟識的朋友形容他，小小翼翼地停頓後，才以「嚴肅、緩慢、仔細的方式」[41]回答。不過，周以德從過去的經驗知道如何激怒這位新任國務卿。他後來解釋：「有時你再稍加刺激他，他就會氣紅了臉。」[42]

艾奇遜為了出席這場會議，以他粗獷的草書寫下一些筆記。他寫道，長期以來美國的對華政策一直沒有改變：美國會維持二十世紀以來繼續支持一個統一、獨立的中國之政策，至少目前的政府不會有任何舉動公開讓蔣介石難堪。不過，按照國務卿的說法，國府的掙扎是個「非常無能的故事」。艾奇遜一一列舉美國在第二次世界大戰結束後給予國府的種種援助，然後縷述國府種種浪費援助的事跡。[43]

艾奇遜的結語是，美國現在已經無從援助蔣委員長，而且美方相信，他仍然躲在幕後悄悄地操縱國府。他推論：「無論有沒有軍事顧問的建議，再大量的財務援助也救不了這樣一個信譽掃地、效率不彰的政府。」艾奇遜認為毛澤東得勝，對美國政策來說將是「嚴重的逆轉」。但他也像肯楠一樣，指出中國在國際舞台上是個相對荏弱的角色。毛澤東不會把中國改造成為「進攻的跳板」。坦白說，艾奇遜也不曉得在中國大陸可能會出現什麼：「直到這場災禍的某些煙硝沙塵清理乾淨，讓我們能夠看到還剩下什麼基礎能在它上面建設之前，我們無法說下一步是什麼。」

艾奇遜的報告惹惱周以德和當天在場的許多人士。他們主張，蔣介石和國府不是問題；真正的罪魁禍首是美國的無能。周以德反對艾奇遜暗示蔣介石的左右手貪瀆自肥的說法，他抱怨美國政府本身的策略前後不一致。周以德說：「美國的政策幾乎可以四個英文字一言以蔽之：第一，援助中國『不必要』

（unnecessary），其次『不可取』（undesirable），再來是『太遲了』（too late）。我們做了什麼？我們還要怎麼做？」[44]

艾奇遜終於按捺不住脾氣了。根據中國駐美大使所取得關於這項會議的記載，當憤怒的議員七嘴八舌之時，國務卿的臉漲紅，然後轉為鐵青。[45]最後艾奇遜口吐怨言：「我們這樣根本談不下去！」[46]便匆匆收拾文件，抓起大衣和帽子，走出會議室。長期來看，讓艾奇遜陷入最大麻煩的是他那一句「煙硝沙塵」的話。反對杜魯門政府政策的人士開始說，這是消極「等候塵埃落定」[47]的作法。如此諷刺也不無幾分道理；長久以來艾奇遜就欣賞節制戰略。（他喜歡斥責過份熱心的部屬：「別只是做事；先站好！」[48]）然而，在這個案上，他覺得他的話遭到扭曲，只是為了抹黑政府。他日後寫道：「任何棍子能打狗就行。若要套用引喻，這正是我不幸的能力之實例——必須拿出一根棍子。」[49]

報紙報導艾奇遜在國會山莊與議員們不歡而散，但大部分對華政策辯論的細節仍未向民眾公開。此時美國讀者仍只顧著瑣碎的八卦新聞（譬如電影明星羅伯・米契（Robert Mitchum）[50]和莉拉・李茲（Lila Leeds）因持有大麻菸，被判徒刑六十天），或宏大的野心[51]（《紐約時報》的頭版新聞報導，政府科學家正祕密開發「太空船」[52]，它「有天可能成為全球軍事稱霸的關鍵」。）即使在這種國勢蒸蒸日上的氛圍中，也存在著對於任何反擊的疑慮。作家亞瑟・米勒（Arthur Miller）在他的劇本《推銷員之死》（*Death of a Salesman*, 1949）掌握到這股焦慮；一九四九年二月初，這齣戲在百老匯首演，劇情是與美式野心的黑暗甚至致命的後果纏鬥。電影院、劇場在一九四九年時仍是美國人徘徊流連的娛樂場所。但此時出現的另一種新科技——電視機——也開始爭奪觀眾。[53]雖然電視節目提供觀眾休憩娛樂的新方式，但也使得觀眾更難刻意不理睬發生在地球另一端棘手的事件。日子一天天過去，工人串起更多的同軸電纜——只有大約一枝鉛筆寬的細長電線——將城市與城市、國家與國家串聯起來。電子商品製造商拚命打廣告，推銷最新款的電視機——在一九四九年，所謂的「大螢幕」電視機只有十二英寸半的螢幕。

在這個日益全球化的世界，美國人開始挑戰過去對待外交關係的陳舊假設。從建國以來，美國政治家竭盡全力與歐洲事務保持距離。湯瑪斯．傑佛遜曾批評大陸型的外交為「世界和平的蛀蟲」[54]。但二戰之後，歐洲一片殘破，英國的影響力也正在式微，艾奇遜及其團隊設法採取史無前例的作法，努力協助穩定歐洲。艾奇遜的計畫——美國和十一個歐洲國家正式締結軍事同盟——引來許多人的反對，傳統派人士認為美國應該任由歐洲人自己去作戰。但是，杜魯門和艾奇遜聲稱組建中的這個新機構「北大西洋公約組織」（North Atlantic Treaty Organization, NATO）可以為這個危險的戰後世界提供迫切需要的穩定。杜魯門總統第二任期開始時，報紙和電視對此條約曾進行激烈的辯論。就在這些重大變化的事件中，中國的危機繼續蔓延。雖然報紙每天都在報導國共內戰的戰事，但公眾卻多半視若無睹，被歐洲事務和日常生活的煩瑣小事所掩蓋。根據一九四九年初一項蓋洛普民意調查，將近五分之一美國人說他們不介意中國的情況，整整百分之十五的美國人表示，他們從未聽說國共內戰。[55]

這時宋美齡仍滯留美國，思考著下一步。對她來說，這種漠不關心既是挑戰、也是機會。如果她還抱持希望，要對杜魯門和艾奇遜施加壓力，逼他們採取激烈的動作，那麼她更需努力刺激美國一般民眾。然而，民意還未傾於一尊也有好處；尚未定調的民意讓宋美齡有空間幫忙界定它。甚至，民眾的心有旁鶩也可使她有條不紊地在哈德遜河（Hudson River）旁緩丘上一棟宏偉石屋裡運作著這項任務。[56]

# 第七章 里弗代爾

又大又濕的雪花飄落，危危顫顫地積在電線和樹枝上。雖然這個二月份是近六十年來最暖和的，但在三月的第一天，氣溫驟降至冰點以下，整個紐約市冰封了。[1]宋美齡決定留在美國後，很快就搬到布朗克斯（Bronx）里弗代爾（Riverdale）[2]這棟冷冽的高級山坡宅邸。這棟哥德式建築有著石板屋頂、鏤空的牆壁，大門上方也有大片彩色玻璃——這是大姐的房產，宋美齡很快就在此建立起她的指揮所。中國大使館官員提到宋美齡時，都將這位前第一夫人和其愈來愈龐大的美國行動中心簡稱為里弗代爾。

在這傍著哈德遜河旁灰色岩崖的巍岸堡壘[3]裡，宋美齡竭盡全力組織在美親蔣勢力。她定期召集最親密的盟友在這座華廈裡舉行策略會議，試圖團結四分五裂、同情國府的各方人士。她邀請立場相似的名記者、作家和出版界主管一起晚餐，企圖投射一種信心滿滿和泰然自若的感覺。[4]有位賓客日後說，在某次聚會中，這位中國前第一夫人結合她「基督徒之剛毅和東方之宿命論」[5]，讓賓客人留下深刻的印象。雖然她在華府與杜魯門的交涉沒有任何進展，但她似乎仍懷抱希望，盼望總統回心轉意。她相信，隨著美國人民逐漸了解毛澤東獲勝的規模，會讓杜魯門別無選擇，而只能與她丈夫重新接觸。

然而，艾奇遜卻是個問題。她和馬歇爾國務卿交情不壞——即使她不同意他的政策，但她對杜魯門這位新任國務卿卻完全不熟悉。蔣介石在艾奇遜獲得任命後不久發電報給她，請她提供接替馬歇爾的這位新人的概略資料。宋美齡回報，艾奇遜對中國未曾有太多「明確的表示」，不過證據顯示他「過去曾和左翼人士接近」。[6]然而，隨著冬天逐漸過去，艾奇遜開始和周以德及其他議員衝突，她的評語轉趨嚴厲。里弗代爾的會談也愈來愈集中在企圖阻礙或推翻杜魯門這名的首席外交官。[7]

首先宋美齡試圖藉由讓美國公眾輿論傾向於她，來限制艾奇遜的運作空間。她發電報給委員長，要他撥款二十萬美元，資助一個遊說重要記者和議員的公關組織。[8]她想要效法英國在華府有影響力的遊說工作。國府已聘請一位公關專家，安排中國外交官和美國政治人物在大都會俱樂部等高級場所進行小型餐會。[9]現在，宋美齡想要擴大這類活動，例如出資贊助天主教樞機主教于斌等宗教人物的活動。蔣介石批准某些經費，但他仍提醒她，避免在電報中討論細節。[10]

宋美齡也企圖利用美國官僚體制的內部衝突，更直接地破壞艾奇遜的政策。三月初，里弗代爾冰封難行之際，杜魯門終於甩掉佛瑞斯塔，宣布將提名路易斯・強生為新任國防部長。這項人事異動令宋美齡大為振奮，她在電文中告訴丈夫，強生是「很好的朋友」[11]。強生是堅強的反共人士，和宋美齡一樣不喜歡艾奇遜，也同情她爭取增強國軍殘部實力的努力。隨著新年開始，這位美國國防部長和中國前任第一夫人在策略上愈來愈分進合擊。

然而，她仍需說服一個人相信這項工作的好處，此人無他，就是蔣委員長本人。蔣介石逃出南京後，退隱到上海南方的老家溪口鎮。此地景色如畫，有懸崖、洞穴和瀑布，是自幼成長的老家。他對國軍一再戰敗頗為失望，因此志氣消沉，他告訴妻子他需要休息——或許休息好幾年。[12]他促請她不要讓新聞界鼓動他復出掌權的消息；他說，他需要更多的時間思考和休養。蔣介石在日記中寫下，他認為中國進入「過渡時期」：「舊制度已廢，新制度猶待建立。」[13]他懇請妻子回國，和他一起在溪口相伴，共商未來大計。[14]但宋美齡拒絕了。[15]她的電報語帶同情——她告訴他，很高興他能夠休息，也訴說她想念他——但拒絕要她回國的要求。她覺得，到現在美國人才開始了解共產黨威脅規模之大。或許是為了強化她滯留美國的理由，她告訴丈夫，她一直生病，需要繼續治療。雖然她有可能真的生病——她過去即經常生病——但一些證據顯示，這可能是她避免回國的託辭。哥倫比亞長老會醫院曾為她治病的一位醫師後來回憶，他認為宋美齡在滯美期間「常假裝不舒服」[16]。

由於丈夫陷於自艾自憐的狀況，宋美齡轉而依賴近親。里弗代爾大宅邸的主人是大姊宋靄齡和姊夫孔祥熙。這位胖嘟嘟的中華民國前任財政部長、中央銀行總裁，在近親好友圈子中被稱為「老爹」。自稱孔子第七十五代後裔的孔祥熙，曾任職美商美孚石油公司（Standard Oil），後來經商致富；只是美國官員都認為他財富部分是來自於炒作外匯和內線消息。不過，作為一個政府官員，他卻非常失敗，允許貨幣升值到危險的地步。[17]雖然乍看之下，他像一個大善人——喬・艾索普（Joe Alsop）曾描述他「外表像一個大塊頭、滑溜、肥胖的基督教青年會祕書」[18]——他的精明呼之欲出。美國新聞記者瑪莎・姬兒虹（Martha Gellhorn）[19]回憶，孔祥熙曾送她一盒巧克力——可是打開一看，他喜歡的部分已全被先拿走了。[20]

孔祥熙的妻子宋靄齡是宋美齡的大姊，和她丈夫一樣世故——但稜角更銳利。姬兒虹寫道，孔夫人讓她想起「在邁阿密海灘旅館中粗壯、富有的粗鄙婦人」；她「擅長挑選衣飾」，喜愛鑲有鑽石、紅寶石和翠玉扣飾的華服。[21]艾索浦則認為孔夫人讓他想起「相貌較平庸、但更強悍的宋美齡」[22]。孔夫人主宰里弗代爾宅邸——包括丈夫都得乖乖聽話。她弟弟曾說過，如果孔夫人生來是個男孩，「委員長早就沒命，而她在十五年前就會統治中國了」[23]。

宋美齡也請孔家精力充沛的二十七歲兒子孔令傑幫忙。孔令傑畢業於著名的英國桑德霍斯特皇家軍校

（Royal Military Academy Sandhurst, RMAS），根據一篇消息靈通的雜誌報導，孔令傑有如孔宋家族的「發餉官」（paymaster）。

雖然美國政府調查人員從來沒能掌握充分證據，證明孔令傑或孔家其他成員行賄國會議員和外交官，多年來，華府卻充滿孔家送錢給美國人的傳說，包括至少有一次以「委員長夫婦」名義送錢。[24] 甚至一九四九年初宋美齡發給她丈夫的電文顯示，她積極地——但依據她的說法，也「祕密地」——爭取同情國府的國會議員和軍事官員發表支持聲明。她懇求委員長「趕快」再送來幾十萬美元，讓她完成工作。[25]

沒有證據顯示周以德是受到宋美齡及其家族收買的人士之一——雖然他們維持密切的聯繫。孔祥熙曾用中國銀行（Bank of China）的高級信紙寫信給周以德說：「但願我是美國公民，就可以為你助選。」[26] 國民黨當局可能沒有必要收買周以德；他在中國傳教、行醫的經驗已使他信服國府的正當性。即使如此，宋美齡及其盟友竭盡全力與這位明尼蘇達州國會眾議員協調他們出擊的砲火。根據中國駐美大使的筆記，三月初，孔祥熙突然到華府拜訪周以德，策劃他們最新攻勢的作法。[27]

★

即使國會努力推動遏制毛澤東的捷報，艾奇遜卻致力於鞏固他自己那套需要更有耐心的作法。三月三日，國家安全會議在華府開會，便想要通過此作法。艾奇遜主張，杜魯門政府需要接受毛澤東已掌握全局的現實。他在會上所討論的政策文件中做出以下結論：「主宰的力量現在已清楚地傳遞到共產黨手裡。」面對此一艱鉅事實，持續武裝蔣介石「已被粉碎的」國軍部隊，只會把中國人民驅趕投向莫斯科。[28]

因此，艾奇遜主張美國應試圖在史達林和毛澤東之間作梗，善加利用兩人之間天生的不和。前一年，史達林和南斯拉夫共產政權總理狄托（Josip Broz Tito）的爭論，便是個很有用的先例。史達林曾企圖對南斯拉夫政府掌握更大的權力，但遭到狄托抵抗，史達林的反應是把南斯拉夫趕出共產黨的大傘組織「共產主義情報局」（Cominform）。鑒於毛澤東與史達林對抗的歷史，艾奇遜確信美國可以發展出類似的中、蘇裂縫。

第一步是，艾奇遜設法阻止五角大廈欲強化蔣介石在台灣殘部實力的計畫——他認為這個動作只會刺激大陸中國人的民族主義。艾奇遜提問：為什麼美國要引領中國共產黨不再注意他們在華北省份和蘇聯既有的邊境爭議呢？他告訴與會人士說：「我們最擔心的是，在我們尋求利用蘇聯在滿洲和（新疆）製造真正的統一問題的時候，要避免引起美國是製造統一問題幽靈的印象。」[29]即使如此，艾奇遜再次要求參謀首長聯席會議研究若干保衛台灣的軍事選項——這是讓他們也有事可做的聰明官僚伎倆。[30]

其次，艾奇遜設法利用美國貿易來刺激毛澤東和史達林之間的嫉妒心。某些支持蔣介石的人士一定會喜歡美國切斷與共產中國的經濟關係，但艾奇遜提議美國應繼續允許美商出口非戰略商品——以這個財務誘因吸引共產中國和西方走得更近。甚至，還有一個附加好處，這個政策使得美國占領下的日本得以進口中國的原物料做為二次大戰後經濟重建之用。艾奇遜認為，沒有中國做為政治盟友，美國仍可以存活，但美國不能聽任日本經濟崩盤，或是甚至更慘地，以至於出現共產黨革命。[31]

對於杜魯門而言，艾奇遜此一有節制的對華政策是一種辛辣的藥物。總統仍懷抱翻轉毛澤東推進的幻想。他不能相信，接受這麼多年美國善意援助的中國人會默默接受共產黨的統治。他持續夢想運用美國的資金資助中國經濟的發展：一種東亞區域的新政（New Deal for East Asia）。他相信只有在中國繁榮與安全之後，才能完成他揣在懷裡的丁尼生詩作的偉大前景，實現和平、沉靜世界之詩情畫意景象，「徜徉在普世法則中」。雖然，目前並沒有一條實際的路可以通往此一烏托邦。杜魯門總統在三月三日的會議上，批准了國務卿務實的藍圖。

杜魯門持續盼望，在未來某一天，中國人將推翻毛澤東，另立一個更親善的統治者。但總統也知道，暫時不作決定的風險很大。毛澤東的成功似乎已振奮整個亞洲地區與他心志相同的革命派——特別是法國控制的印度支那，即今天越南、柬埔寨和寮國地區。

過去一個世紀，法國人在東南亞逐漸增加他們的影響力。這個進程開始時相當緩慢，由商人和傳教士打頭陣。然而，一八八〇年代中期，法國殖民軍隊占領整個中南半島。[32]法國人也重新改造地方經濟，建立農莊制度，使得一部分在地人士暴發致富，但同時也有許多人淪為赤貧。[33]本地人源生的民族主義反抗運動快速崛起，挑戰法國人的統治。最著名的叛黨是越南民族主義者、共產黨人胡志明。擁抱源自西方哲學家和美國政治家威爾遜、小羅斯福等人的自決主張，胡志明的地位逐漸上升。[34]

胡志明把二次大戰掀起的混亂視為他推動革命的大好機會。[35]雖然大戰期間，法國官員仍然維持殖民統治，然而，一九四五年初，日軍重擊法國控制的政府，迫使歐洲人放棄控制，並將反法的本地人士拔擢到重要的職位。[36]日本的主宰雖為時短暫，但它向越南人證明，法國並不是無懈可擊。[37]一九四五年九月二日，日本於第二次世界大戰正式投降的當天，胡志明宣布越南脫離法國獨立。[38]接下來幾年，法國竭盡全力維護主權。但胡志明和其他人領導的游擊戰，愈演愈烈，終於爆發為全面戰爭。一九四〇年代末期，共產黨領導的越盟（Viet Minh）控制了大片領土，而為了讓法國人治理的西貢深刻感受到它的力量，他們頻頻在城內咖啡館及其他公共場合發動攻擊，製造不安。[39]

經年下來，越南的革命愈來愈讓杜魯門不堪負荷。若是杜魯門希望達成在歐洲恢復穩定的目標，他需要與法國領導人有好的合作關係；但另一方面，他在中南半島及其他地方也仍需維持尊重自決的原則。[40]隨著東南亞的游擊戰加劇，開始暴露出杜魯門立場的矛盾。一九四九年三月四日——也就是杜魯門及其團隊在國家安全會議核定對華策略的第二天——西貢某個忙碌的巴士站集結了一大批人。當眾人等候時，一位死意堅決的人緩緩走向群眾，拉開手中手榴彈的插鞘。[41]

★

# 第二部分

# PART★2

# 第八章 等等，再看看

三月七日上午八點，杜魯門總統被砲聲吵醒。通常五點半就起床的他，今天可以說是睡得太過頭了。他在床上迷迷糊糊地眨了眨眼。四周是深藍色的牆，加上白色的窗戶。天花板懸掛著一具白色電風扇。外面，大雨落在路面上。杜魯門躺在床上聽著，還在半睡半醒的狀態。砰！砰！砰！砰！共十七響，然後靜止。大雨繼續傾瀉而下。杜魯門翻身又繼續睡覺。[1]

杜魯門正在佛羅里達州西礁島（Key West）的別墅度假，這是一個曼妙仙境，賓客穿著花襯衫，總統則喜歡戴輕質太陽帽，穿上白色鞋子。來自附近海軍基地三英寸砲的砲聲是這個地點少數缺點之一，否則它可說是伊甸園：杜魯門在此午睡、釣魚、下海游泳。他偶爾需要處理公務、簽署文件和寫點筆記。世界的危機似乎永無休止，但他至少快要處理好其中的一個。蔣介石節節敗退之下，幾個月來華府的政策始終舉棋不定，現在杜魯門終於批准對華策略。

然而，總統仍然擔心。多年來，美國人已習慣於被期許對中國應抱持同情的態度。但習慣是他的敵人。雖然美國對中國的安全從未像對歐洲一樣，曾做出堅強支持的承諾，但有些美國人長久以來就是大力主張美國應該更積極地有所作為。美國有些議員、記者和社運人士已在周以德、宋美齡等人的啟發和組織下，組成一個鬆散團體，試圖推銷美國人加強干預的政策。二月底，內華達州聯邦參議員派特．麥卡蘭（Pat McCarran）已在國會提出一項法案，要求提供十五億美元的新貸款給蔣介石的政府——等於是恢復長期以來美國對中國的補助方案。

當杜魯門在西礁島度假之際，艾奇遜卻在煩惱如何打破這個頑強的循環。三月八日上午九點三十分，艾奇遜召集部屬在他的辦公室進行每日幕僚會議。艾奇遜坐在紅色皮椅上，一邊做著筆記。他通常都會利用此內部會議，分配工作和檢討當天最緊迫的議題。他的部屬稱之為「禱告會」。[2]

今天，艾奇遜抱怨親蔣介石的美國人士拒絕接受新的事實。他大聲問道，是否該在媒體上發動攻勢為自己的政策辯護。他知道他的敵人會在報紙上極力宣揚他們的主張。但艾奇遜和杜魯門卻一直試圖隱瞞他們對蔣介石的疑慮；他們不希望當蔣介石大戰毛澤東時，被認為遭到他們的中傷。艾奇遜告訴與會部屬，他現在也不確定是否仍有必要公開聲明表明支持蔣介石政權。相反地，他認為他們應該考慮某位部屬所提出的「把整個問題（在報紙上）攤開來」的可能性。

然而，在向媒體揭露前，艾奇遜決定先在國會召開閉門聽證會來測試這個作法。參議院外交事務委員會已召喚他回應最近援助蔣介石的提案之籲求。艾奇遜認為這個邀請可能是親蔣集團試圖讓他難堪的詭計，但他將其視為挑戰。艾奇遜的好朋友、聯邦最高法院大法官費力克斯．法蘭克福特（Felix Frankfurter）喜歡這樣說：一個「沮喪的教員」[3]潛藏在國務卿身上。下午兩點，艾奇遜來到會議室，準備好好教育議員們。

艾奇遜的證詞企圖重塑美國與中國關係的來龍去脈，甚至回溯到這個衝突的根源。當艾奇遜被問到毛澤東是否對史達林百依百順、唯命是從時，他試圖提出一個脈絡全貌。雖然他確實相信毛澤東和史達林很可能在短期內就會合作，但他仍認為，若只從這個角度來觀察國共衝突，將會大大失真。他反駁說，中國共產黨只不過是上溯十九世紀革命熱潮的最新產品。艾奇遜說：「幾乎一百年了，中國一直面臨類似今天這樣的動盪不安局面。」[4]他把這股熱潮歸因於中國大體上只有農業經濟，可是人口迅速增長帶來極大壓力——現代學者也認同他這個評斷。

艾奇遜認為一八五〇年代太平天國之亂就是今天毛澤東造反的前身。當年，頗有魅力的革命家洪秀全，打著耶穌基督弟弟的旗號，領導民眾起義，反抗滿清統治者。從許多方面來看，太平天國的革新計畫和追求社會正義的熱情，都預告著毛澤東的改造主張。在太平天國控制的地區——包括其首都南京——他們禁止賭博、販奴、賣娼，也主張共有財產權和平等對待婦女。太平天國勢力最盛時擁兵百萬以上。然而，到了一八六〇年代，滿清在英、美冒險家所領導的部隊協助下，設法擋下太平軍的攻勢，洪秀全自殺身亡。不過，即使到了二十世紀，太平軍起義的遺跡依然流傳於民間，成為日後革命黨的典範。[5]

現在，艾奇遜在聽證會上描述十九、二十世紀之交，孫逸仙及其盟友（譬如宋美齡的父親）如何拾起太平軍革命造反的大旗。孫逸仙在一九二五年去世後，蔣介石和國民黨成為革命勢力的先鋒。根據艾奇遜的說法，隨著時間演進，國民黨的士氣渙散：「新革命黨失去動力、失去主動性，安於官職、安於奢華，最後出現動亂，反對此其領導體制。」[6]艾奇遜暗示，中國共產黨挑戰蔣介石的領導，根本不是源自莫斯科，而是中國國內的政治。

即使如此，艾奇遜仍堅稱，在第二次世界大戰期間，美國自始至終支持蔣介石的政府。他回憶，美國政府在戰爭期間提供中國十五億美元以上的租借法案援助——其中極大多數是由美國飛行員從印度飛越駝峰送進中國大後方。日本投降後，美援有增無減。艾奇遜提到美軍陸戰隊在戰爭結束時如何接管港口，然後展開「艱鉅的工作」[7]，把滯留中國大陸約三百萬名日本軍民遣送回國。艾奇遜說：「必須把他們集中起來，送到鐵路車站和港口；我們從太平洋各地美國海軍部隊調集各種船隻，包括登陸艇等林林總總的運輸工具，再把這三百萬集中起來的日本人送上船，載往日本上岸。」[8]

艾奇遜說，戰後那幾年，美國政府又挹注國府二十億美元，美軍也負責訓練國軍三十九個師的兵力。他回憶，當時馬歇爾及其代表團嘗試調停國共戰事，但國民黨內的「極端份子」卻促請蔣介石繼續剿共作戰，尋求「以武力解決」。[9]艾奇遜說：

馬歇爾將軍月復一月地向委員長指出，這是自殺行為，因為他沒有足夠的部隊，他的軍隊沒有技術能力也沒有補給，足以執行如此困難的作戰。共軍部隊則完全不同的一回事。他們是游擊戰專家。國軍部隊若要攻打共軍的，需要很長的交通運輸路線。這些交通運輸路線不僅長，而且到處是很容易遭到破壞的隧道和橋梁，隨時會被切斷……共產黨絕不會和他交戰，除非他們掌握優勢；他們十分機動，讓大部分國軍部隊疲於奔命，然後逐一出擊。[10]

雖然如此，蔣介石沒有理睬馬歇爾的警告，逕對共軍發動攻擊。艾奇遜回憶：「這些作戰很快就碰上馬歇爾將軍所預測的所有災難，在中國國軍難以想像的無能之下發生了。」[11]由於蔣介石發動全面攻勢，到了一九四七年年中，委員長已折損一百多萬大軍，大都數是變節投共。艾奇遜估計，毛澤東部隊現在已虜獲百分之九十美國交運給中國的物資。

委員會主席康納萊插嘴問道：「這些物資有哪些是我們供應的？」

艾奇遜回答：「全是我們供應的。整個都由我們供應，而共產黨搶走它們……誠如我說的，這個禍害極大。」[12]

艾奇遜版本的故事故意要留下蔣介石的部隊平白浪費掉美國大方援助的印象。蔣介石的確犯了戰略錯誤，在東北對共軍發動大戰，而且他的國民黨也因許多組織上的問題而而行動困難。蔣介石曾責備自己的部隊是「沒有生命的空殼」[13]，失去了靈魂。

然而，真相遠比艾奇遜所描述的來得複雜。二戰期間，美國軍事指揮官從未將中國視為重要到必須派遣大量軍隊作戰的戰場。[14]相反地，美國相當依賴蔣介石的部隊在東線打陸戰。有一次，羅斯福強力恫嚇蔣介石，逼他派兵增援緬甸戰場，把委員長都逼哭了。[15]從頭到尾，毛澤東的部隊都躲在華北窯洞裡，試圖避開抗日戰爭。直到戰爭結束，中國已失去經濟快速復原的任何希望。由於這些因素，使得蔣介石在抗日戰爭結束後，特別難以統一中國。

艾奇遜也對一些美國的中國事務專家多年前所提出的警告避而不談；這些專家早就提到，戰後援助計畫將不足以阻止毛澤東的勝勢。一九四七年，在二戰期間及戰後擔任蔣介石的參謀長的美軍將領魏德邁（Albert Wedemeyer）寫了一份報告，詳細列舉出蔣介石陣營的混亂情形。雖然魏德邁坦誠指出國府的各項缺失，但他也力促杜魯門要增強支持委員長的政府。可是，馬歇爾和杜魯門都無心增加美國對中國的支援。他們阻擋這份報告的發表，因此引爆了親蔣集團的怒火。

此時在聽證會上，艾奇遜試圖輕描淡寫地說到這段尷尬的歷史。他說：「我不想被理解為試圖讓自己合理化，以開脫我們曾經歷非常嚴重災難的事實。我也不想對於死得一塌胡塗的事項故作樂觀，但我認為這裡總是有一種想要把災難視為世界末日的傾向。」[16]

然後他重申他的立場——杜魯門和國家安全會議的幕僚都能倒背如流——中國局勢需要有耐心的對策。艾奇遜說，他毫無幻想，不認為中國游擊隊很快就會和莫斯科決裂。「我個人認為，當中國游擊隊控制中國時，他們將全力展現對俄國人同情、合作的態度。相反地，我認為他們將對我們和西方表現出極大的敵意。」[17]不過，艾奇遜也重申，他相信中國太弱，即使它往莫斯科靠攏，也不會構成真正的威脅。他說，中國比較可能會成為史達林的「戰略泥淖」[18]。

來自密西根州的共和黨籍參議員范登堡是外交委員會前主席，他一向支持杜魯門許多國際主義的立場。他提問：「國務卿先生，根據你所說的，我猜你的意思是：目前我們的政策就是等等再看看的政策。我這麼說正確嗎？」

艾奇遜回答：「我們正要如此建議。」

「為了向中國在美國的許多熱心的朋友證明這一點，你必須坦白告訴他們一些逆耳之言，而這時你發現自己陷入兩難境地，是嗎？」

「是的，這正是困難之處。」

其他參議員紛紛發言，轉移了主題，但范登堡很快就搶回發言權，又問：「你的對話沒有切中我的問題。我要知道，針對我的問題，你的回答是什麼。」

艾奇遜回答：「是的，確實如此。我很高興看到它在漂移。我認為確實必須要說一些話。我認為我們必須非常坦誠地承認問題在哪裡。」

「你的意思是，我們必須在這裡或其他地方坦率地說？」

「在這裡當然一定是要坦誠地報告……但是，如果我們可以選擇告訴美國人我向諸位報告的內容，或是根本不告訴他們，我想我們最好是坦誠以告。雖然我不喜歡這樣做。我認為它有缺點，但如果現在必須做，我願意。」[19]

# 第九章 新世界

三月二十三日上午，毛澤東吃了早飯配酸泡黃瓜後，坐上一輛美製吉普車，出發前往北平。[1]當解放軍鞏固北平，毛澤東擇定作為新首都的控制時，他一直駐守在尖聳的太行山區的西柏坡總部，直到現在。北平淪陷兩個月後，毛澤東和他的高階助手終於準備把總部遷移到這個古都的外圍。當車隊顛簸往北，走在高低不平的泥土路上時，毛澤東和一位副手開玩笑說，他們就像是要「赴京趕考」[2]——早年中國的儒生若想出任公職，服侍皇上，都得通過科舉考試。毛澤東的旅伴周恩來回答，他希望他們不會因落榜而被送回家。

北平確實是在測試毛澤東。過去二十多年來，毛澤東把大城市讓給蔣介石，卻在中國偏遠地區倖存下來，藉以保存實力。史達林非常重視城市的勞動階級，毛澤東卻不然，他長久以來的信條就是「農村至上、城市為次」[3]。打從年輕時，毛澤東便自認是一股叛逆的力量，尋求消滅帝制的殘餘。但現在，當解放軍準備攻克南京和上海之際，毛澤東明白他需要翻轉他的舊策略，重建中國大城市，並試圖改寫過時的論述。毛澤東現在解釋說：「我們不僅善於摧毀古老的世界，我們也擅長建設新的。」[4]

三月二十五日凌晨兩點，為了不讓可能的刺客得逞，毛澤東等一行人決定捨下吉普車，改搭火車專列，完成進京的最後一段路程。[5]太陽冉冉升起，照亮四周備受衝突蹂躪的景觀。一大圈貧瘠的土地上綴著一堆又一堆的瓦礫，環繞著城牆，國軍部隊就在這夷平建築物內，造出一個防守邊線。北平城內，蔣介石的部隊挖掘的舊戰壕旁堆滿許多磚石泥土。雖然解放軍在過去的兩個月裡已有相當的進展：拖走垃圾並重新開放城門，准許行人通行。不過，毛澤東必然已經很清楚，未來的任務將會十分艱鉅。[6]

當天傍晚，沙塵暴來臨，毛澤東啟程前往靠近昔日夏宮頤和園的西苑機場，他將在那裡慶祝他的進城。他穿著一襲過大的冬大衣，雙排扣、毛皮領，看起來有如滿洲皇帝的厚重衣物。他站在敞篷吉普車上，沒戴手套的雙手抓緊擋風玻璃上的鐵條；吉普車駛過砲兵部隊昂首朝天的細長砲管。毛澤東戴著一頂柔軟軍帽，像頑童般笑著，向部隊揮手致敬。樂隊奏著〈義勇兵進行曲〉[7]。日落後，解放軍的砲兵朝西山上方的空中投射了五百顆煙火砲彈。毛澤東的宣傳單位以興奮的標題報導主席進城的消息：「今天是最快樂的一天！」[8]

毛澤東遷進北平西北方香山的一棟小房子。為了不惹人注意，這棟房子對外號稱是「勞動大學」[9]。香山雖離市區不遠，卻儼然是另一個世界。空氣更加清新，還有鳥兒在樹叢間歌唱。毛澤東的別墅位於一座雄偉佛廟蔭下，他整個春天都窩居在裡頭，策畫鞏固和擴大他的征服之舉的最有效方式。

當毛澤東想方設法為戰後中國帶來秩序之時，他也要處理私生活的混亂。他窩居延安曠野時期，結識了上海演員出身的第四任妻子江青。她個頭矮小、非常消瘦，有一雙緊張閃爍眼睛，在一九三九年嫁給了毛澤東。她有時嬌媚活潑、機智靈敏、舉止雍容，但也很容易樹敵，把同樣直率的智慧運用在對付政敵。[10]（多年之後，尼克森有機會結識她，提出了他的觀察：「我從未見過比她更冷酷、更不親善的人。」[11]）毛澤東深知妻子的缺點和長處，曾向一名保鑣吐露：「我死後一星期，人們就會殺了她。」[12]

毛澤東從西柏坡搬到香山時，江青前往莫斯科治病。雖然她似乎真的有病——一位俄國目擊者回憶，看

1949年春天，毛澤東遷入北平西北郊香山的一棟小房子。為了掩人耳目，這棟建築物的代號為「勞動大學」。（© Imaginechina via AP Images）

到她抵達莫斯科，是躺在擔架上被抬下飛機[13]——但治病恐怕不是此行的唯一原因。毛澤東的保鑣日後回憶，夫妻倆為了女兒的十七歲保姆大吵。根據這個保鑣的說法，江青罵這個女孩「笨」，而毛澤東則反唇相譏她丟不開「資產階級的自我中心」。[14]兩人之間可能還另有未爆彈。毛澤東是出了名的好色，身邊常有年輕女子，他喜歡從舞者群中挑選臨幸的對象，也會在麻將牌桌底下勾腳戲弄。[15]

即使妻子暫時從家裡消失，另一個女子卻進入他的生活——他的十二歲女兒李敏。李敏原本和生母賀子珍（毛澤東的第三任妻子）住在蘇聯，但是當毛澤東部隊節節勝利時，她便回到中國。當香山安頓好後，毛澤東即邀請女兒前來同住。女兒的陪伴讓他的生活情趣大增。雖然這個春天毛澤東特別忙碌——幾乎每天下午進城，半夜才回來——但他仍盡量撥出時間和如今才有機會認識的女兒相處。李敏日後回憶父女倆如何在住家附近山林裡散步，她的父親踏著輕快的腳步走著，雙手盤在背後，她則快樂地在後頭追著他。[16]

儘管有這些愉快的家居情趣，毛澤東心裡還是惦記著潛在的威脅。美國人宣布將放棄在青島的據點，但美軍陸戰隊仍留守在外海的船艦上。蔣介石的繼任人、代總統李宗仁要求杜魯門政府維持駐守在本地區的美軍部隊，另一方面，他也在今年早些時候積極和中共談判。[17]毛澤東擔心陸戰隊可能會作為美軍未來反攻的前鋒部隊。他的情報單位向史達林的代表報告，他們手下一名間諜掌握到美軍計劃在東亞發動戰爭的一份祕密計畫。根據這個間諜的報告，美方的策略是以核子彈先攻擊在東北滿洲及該地區其他地方一百個目標。然後，再派遣兩、三百萬美軍發動地面進攻，並以重新組建的國軍部隊做為後援。[18]

我們不清楚毛澤東是否相信這個如天方夜譚的劇本，或只是用它來嚇唬史達林，讓蘇聯提供更多援助。[19]這位蘇聯領導人後來答覆，表示他不以為美國準備再打一場大規模的戰爭。但從另一方面來看，史達林又說，歷史上充滿了領導人採取不理性行動的例子——他指出，譬如佛瑞斯塔個人的怪異行為。[20]不管毛澤東是否相信他的手下向史達林所報告的末日情節之可能性，這位中國共產黨領袖一定考量到美國干預的可能性。毛澤東提醒沿海各省的共軍指揮官，要提防「帝國主義者及（國民黨）攻擊或騷擾我們大後方的可能性」[21]。

然而，毛澤東害怕內部出亂子，遠大於外敵入侵。他下令部隊——現已超過兩百萬人——遍布占領地區，協助制伏其政權內部的敵人。他認為解放軍的首要任務就是剷除民眾中的反革命份子，如有可能，就再教育，不行，就逕予以整肅。他最近在共產黨領導人的會議上提出警告：「剷除有槍砲的敵人後，還需要對付沒有槍砲的敵人。」[22]

同樣重要的是，毛澤東設法迅速重建中國的政治和經濟架構。他說：「軍隊不只是作戰的力量，它主要也是工作的力量。」[23]他想把龐大的軍隊轉化為專業的部隊：他稱之為一所「巨大的學校」[24]。這位共產黨領導人要求他的部隊不能因勝利而鬆懈，必須要學習，然後教導如何治理中國各主要城市，維持其經濟活力。他注意到，中國大約九成的經濟陷入「古代」[25]狀態，復興城市的任務遠比只在農村餵飽肚子困難得多。他提醒中共的領導幹部必須對付地方上的資產階級，同時還要對抗「帝國主義者及其走狗」[26]。

然而，毛澤東和他的高級助手也知道，「帝國主義者」並非堅實的團體。艾奇遜想在中國和蘇聯之間設法作梗，周恩來也想要鼓動西方列強之間的不和。周恩來觀察到，他們之間存在緊張，特別是美國和英國之間有著矛盾。[27]美國對中國的興趣則略顯無定形，比較關心精神面，而非物質面。英國人關切的重點則是金錢和地域。英國的投資人在中國的資產大約有八億四千萬美元[28]，而且英國政治家決心防止香港落入毛澤東部隊的手裡[29]。邱吉爾曾說：「唯有跨過我屍體，香港才會從大英帝國消失。」[30]

★

三月底，邱吉爾湊巧赴美國巡迴演講，他呼籲跨大西洋兩大盟國加強團結。雖然，在二戰結束時，因輸掉選戰而下台，他仍是世界舞台上動見觀瞻的重要人物，經常就共產黨的威脅發出警告。他來到布萊爾賓館拜會杜魯門，而杜魯門在日記中寫道，他認為這位英國前任首相老態龍鍾。[31]然後在三月二十五日，也就是毛澤東進北平那天，邱吉爾在紐約市出席《時代》雜誌發行人亨利・魯斯（Henry Luce）為他在麗池飯店（Ritz Carlton）舉辦的紳士晚宴。白色細高的蠟燭在白色玫瑰和康乃馨旁的燭台上閃爍發光，圍坐在桌子四周、打著黑領結的男士，個個吞雲吐霧。一向堅定支持蔣介石的魯斯站上講台，他的下巴堅毅地揚起，介紹邱吉爾這位貴賓：他揮著一支長雪茄，然後戴上黑框眼鏡開始宣讀他的講稿。[32]

邱吉爾首先恭維美、英之間的文化關係，稱之為「安格魯撒克遜、英美之間偉大理想的結合，光憑它，就使人類有了更加前進的機會」。這位英國前首相長期以來摒斥普世秩序烏托邦的前景，而主張以跨大西洋同盟來制衡蘇聯的力量。現在，他在魯斯作東的晚宴上讚揚英美合作的最新進展。邱吉爾告訴麗池飯店裡的聽眾，再過幾天美、英和其他十個國家代表將簽署《北大西洋公約》，建立北大西洋公約組織（North Atlantic Treaty Organisation, NATO），他認為這將是「人類大部分社群所簽署的最重要文件之一」。

然而，邱吉爾也暗示盟國之間為了中國問題，仍存在著某種程度的緊張關係。這位前任首相從來不能理解，為何美國人那麼執迷於要按照自己的形貌來塑造中國。他相信中國在二次大戰期間的角色相當不足為道。他說：「當我在珍珠港事變後來到此地，非常驚訝地發現美國的高層圈子——甚至最高層——對中國價值的高估。某些人認為中國對贏得勝戰的貢獻，將與整個大英帝國的貢獻相當。啊，這可真令我驚訝。」聽眾紛紛對邱吉爾如此友善的譏訕竊竊私笑。邱吉爾又說；「我在事後所發現的一切，並未讓我覺得我的驚訝沒有道理。」聽眾又再次竊竊私笑。

雖然邱吉爾對毛澤東的勝利有所警覺，也認為美國人不應掉以輕心，但他又說他相信杜魯門政府停著看看再說的政策「相當正確」。採取激烈的軍事行動激怒毛澤東，只會促使中國共產黨向香港下手。相反地，邱吉爾建議悄悄地增強中國周邊國家的力量。邱吉爾說：「依我個人的看法，很自然地，在不久之後，就會有《太平洋公約》跟進《大西洋公約》，前者可處理地球這一大片廣袤地區的事務。」然後他很快地補充：「我說的是太平洋（Pacific），並不是和平主義（pacifist）。不，不，我說的是太平洋這個大洋的名字喔。」聽眾又笑了起來。

邱吉爾從不閃躲鎂光燈，當現任英國政府官員抵達美國簽署成立北約組織時，他卻刻意保持低調。三月三十日上午五點三十分，英國郵輪瑪麗皇后號緩緩駛入紐約港，英國外相厄尼斯特．貝文（Ernest Bevin）踏上碼頭。[33]多年來，貝文因為喝多了威士忌蘇打水而大腹便便，沒有典型英國政治家優雅身材的外貌。艾奇遜日後回憶：「他走路的姿態像個胖子在滾動；他的衣服給人特別寬大的感覺。他最大的特點就是他的眼睛，即使在厚重的眼鏡後面，也能照亮他的臉，而他嘴唇上方有個異常寬闊平坦的鼻子。」[34]碼頭上，抗議貝文的以色列－巴勒斯坦政策的示威民眾朝他的座車投擲蔬果，他的座車便逕自開往賓夕法尼亞火車總站，他很快就從那裡轉搭臥鋪列車前往華府。

其實杜魯門不怎麼理睬貝文，認為他是個大老粗，但艾奇遜喜歡他。[35]這位英國外相的確個性火爆，有時還有點好高騖遠、不切實際。艾奇遜解釋：「他很容易錯過一個提示，然後在由此產生的混亂中，不知道如何接上話。」[36]貝文生氣時就像個卡通人物，會揮舞雙臂叫罵。不過，艾奇遜發現貝文十分務實，對於如何施展權力很有經驗。雖然貝文有時候「強悍，且經常很頑固」[37]，艾奇遜發覺他「一向很開放，能接受強力、誠實推動的主張」。或許最可愛的是，他知道貝文「沒有能力抵抗幽默」[38]。艾奇遜後來能直呼貝文的小名「厄尼」，貝文也喊艾奇遜為「老哥」[39]。

這兩人在中國政策上面意見相通是件好事。艾奇遜是個親英派，認同貝文（和邱吉爾）基本上對毛澤東革命所抱持的自由放任立場。當四月二日下午三點他們在華府碰面時，貝文承認國府顯然大勢已去，但他似乎並不太介意。[40]根據一位美國外交官對於這次會談所作的筆記，貝文說，沒有中國，「我們也可以過得不錯」。這位英國外相指出：「許多中國人仍然會站在我們這一邊，畢竟早先英國曾讓美國自行其事，也一樣過得不錯。」被記者問到英國是否將支持邱吉爾所號召的《太平洋公約》時，貝文回答：「一件一件來，不要急。」[41]四月四日各國外長在儀式中簽署成立北約組織，貝文想先看看美國國會是否會核准通過北約組織條約。[42]幾個世代以來，美國人對於能夠避免成立軍事同盟感到很自豪，現在他們需要更多能夠信服的說法。簽署儀式是在國務院禮堂舉行，為此一重要的推銷努力帶來不祥的起步。陸戰隊軍樂隊不協調地演奏歌劇《波吉和貝絲》（*Porgy and Bess*）的曲調[43]，而艾奇遜的手下竟然未邀請幾位重要的聯邦參議員出席簽署儀式。（參議院外交委員會主席康納萊抱怨「品味差……又不知分寸」。）一位目擊者說，儀式上艾奇遜顯得「慌慌張張」，在好幾個地方搞砸了。比利時總理以法語發言後，還來不得及翻譯，艾奇遜卻已開始介紹下一位講者上台。經過一系列沉悶的演講之後，艾奇遜終於介紹杜魯門——比預定的時間提前好幾分鐘。麥克風還未打開，總統卻已說了整整一分鐘的話，在艾奇遜的手下恢復播音前，禮堂裡的聽眾和在家裡聽收音機的民眾完全沒聽到總統的談話。

果真如貝文所預測的，《大西洋公約》在美國重燃對於美國在世界事務中角色的辯論。即使艾奇遜和批評者周以德對於歐洲和亞洲孰為優先已有辯論，但他們也都得和強力反對條約的人士激辯，譬如共和黨聯邦參議員羅伯・塔虎脫（Robert A. Taft）。雖然辯論很激烈，但沒有清晰的立場；這條約也招致左翼人士的批評。《北大西洋公約》簽署當天，周以德發現自己在眾議院與維多・馬坎托尼歐（Vito Marcantonio）陷入激辯。[44]這位紐約州選出的眾議員馬坎托尼歐既反對援助蔣介石，也反對援助歐洲國家。這天他穿著筆挺的三件式西裝，抱怨馬歇爾計畫和對華外援方案都源自相同的帝國主義，是華爾街大亨領導的「主宰全球」[45]計畫。馬坎托尼歐提出警告，這些雄心勃勃的外援計畫最後勢必癱瘓美國的經濟。他說：「災禍與帝國伴隨而來。」[46]

馬坎托尼歐堅稱毛澤東的革命是正當的解放運動，這個說法立刻招來周以德的反擊。周以德在眾議院議場上發言：

毛澤東「在中國的目標」並非「解放」所謂被壓迫的農民，為他們帶來真正的民主；他們的目標一直都是團結，首先團結起中國人，然後團結起東亞數十億人民，共同致力於與美國以及其他自由國家的作戰。我很震驚地聽到，來自紐約的先生主張我們不再繼續提供援助給這些雖筋疲力竭，但仍有意志抵抗共產黨動員整個亞洲、對抗我國的人士……中國目前處於最大的危機。中國最好的朋友——美國——不能棄之不顧，尤其是當下這一刻。[47]

周以德私底下抱怨，他一生中從未像這一刻對世界局勢如此沮喪。[48]

毛澤東對於美國等政府內部辯論的內情毫不在意。他認為《大西洋公約》才是直接的威脅。中共的電台廣播警告，如果北約組織盟國傷害莫斯科，毛澤東的中國共產黨將與蘇聯「攜手並進」[49]，最終「推翻整個帝國主義體系」。根據一位居住在北平的美國人的說法，共產黨所控制的報紙不斷以「奸險」[50]這樣的字眼來描述北約組織。毛澤東所控制的新華通訊社則緊抓著下列事實大做文章——北約的特殊主義破壞了聯合國的普世使命——這一點倒是公允的批評。[51]不過，毛澤東也意識到史達林在北約組織成立後充滿不安全感，對他有利。[52]《大西洋公約》使得史達林更敏感於沿著蘇聯周邊的危險；故毛澤東清楚地看到，北約組織成立後，中國在新疆和東北與蘇聯的共同邊界可以使他在史達林面前更有用處——使他更有影響力。

隨著四月到來，中央情報局提出警告，指出莫斯科和北平關係日益密切。雖然中央情報局同意艾奇遜的評估，也認為史達林「在相當困難下」[53]才能指揮得動毛澤東，但是它的最新報告也注意到，中國共產黨領導人「堅實地認同莫斯科所頒布的國際共產主義」[54]。就史達林而言，與毛澤東結盟的地緣政治利益十分明顯。中央情報局的結論是，這位蘇聯領導人決心把「中國廣大的領土和人民」[55]納入他的領域。同時，當毛澤東的部隊準備好對中國沿海城市發動最後攻勢之際，共產黨控制的領域也日益擴大。周以德指出：「春天將是中國展開大戰的時候。」[56]

# 第十章
# 天堂與地獄

這週是以四月十日的棕櫚主日（Palm Sunday）[1]開始，根據一位美國外交官的說法，它帶來「風雨將至、危機即將爆發的感覺」[2]。對迷信的人而言，大似乎自然本身就充滿了令人不安的預兆。四月十一日晚間，航空公司飛行員報告，他們看到一個巨大的藍白色火球——一顆具有兩英里長尾焰的流星在美國東部海岸的大氣層上空掠過。[3]隔天晚上，又出現幾世紀來首見的「黑色月蝕」[4]，月球掩映於地球的陰影下，蒼白的圓球變成深紅色調。接著，翌日清晨又發生一場巨大的地震，這是襲擊濱臨太平洋的西北部地區最強大的地震，磚塊掉落到停放的汽車上，海灘上緊張的母親驚惶失措，擔心浪潮會吞噬他們的孩子。[5]加州大學一位地震學家指出，這場地震比兩百五十枚原子彈的威力還要巨大。[6]

這是相當強有力的比喻：以大自然的力量與人的力量做對比。一個人如何看待這兩股力量之間的關係，在一九四九年這場外交政策的戰爭中大致揭露出來。美國人的立場日趨分為兩派。具壓倒性多數的美國人仍然尊重那些超乎人類控制以外的力量：譬如天體運動、地形構造的板塊移動，以及眾神的變化無常。《紐約時報》在太平洋地震後提到，即使在偉大的科技創新時代，地震活動仍無法預測，是「大自然的奧祕之一」[7]。然而，隨著時間推移，這些態度迅速演變。雖然大自然的破壞力量仍使人類自身的破壞力量相形見絀，但人們拿事實來相比較這件事似乎意味著時代正在變化。

沒有比復活節假期更能生動地展現天堂與世俗權威的並列對比了。戰後美國人蜂擁進入教會；新教的聖公會誇稱其成員人數創歷史新高，而這數字持續上升，直到一九六〇年代。[8]在復活節的這個星期天，全國各地和全世界的信徒都參加了晨禱儀式。三萬名觀眾聚集在科羅拉多泉的「眾神之庭」（Garden of the Gods, in Colorado Springs），觀看鮮紅的太陽緩緩爬升到地平線上方，照亮雄偉的紅岩山峰。[9][10]在上海，即使面臨毛澤東的軍隊已在準備進行最後的攻擊，外僑仍然在晨曦中於黃浦江和蘇州河匯合處的外灘那座優雅的英國領事館的草坪上聚集，舉行一年一度的儀式。[11]

然而，其他更現代化的力量同時也在破壞這些古老的傳統。譬如，作家喬瑟夫．坎伯（Joseph Campbell）在一九四九年出版《千面英雄》（*The Hero with a Thousand Faces*）一書，引用精神分析的手法，論證許多不同文化的神話都具有相似的元素——包括會有一個英雄中心人物尋求救贖其民族。雖然過去已有學者研究過比較神話，但根據某位評論家的說法，坎伯的創新之處在於將基督教納入有待解構的論述之一。坎伯和啟發他的精神分析學家一樣，顛倒人與上帝之間的關係：後者成為前者的投影。根據此一邏輯的結論，坎伯的作品把人類視為他們的神和神話的積極生產者，而不僅僅是消極的消費者。[12]

關於人類力量的應許和局限此一持續的文化論證，為中國政策的辯論提供背景，並有助於我們更深入了解問題的來龍去脈。主要人物很少清晰地歸屬於其中某一項類別；他們往往是在兩者之間切換，或是同時體現兩者。蔣夫人和周以德都認為自己是虔誠的基督徒，也堅定相信人類的意志力，他們也都有千禧年的信念，相信他們可以通過努力改善世界。另一方面，艾奇遜——不是一個特別虔誠的基督徒——則相信世界上許多環境仍然抗拒著人類的控制。在這些重要的主角當中，或許毛澤東是唯一一個高舉人類意志力量的人物。他曾在他的一本哲學書的邊緣寫下：「你就是上帝，除了你自己，還有上帝嗎？」[13]

即使身陷矛盾之中難以解脫，但杜魯門總統起初乃屬於認為不需要區分這兩種世界觀的一員。復活節主日當天上午，他去了兩次教堂——先從布萊爾賓館步行到附近的聖公會聖若望教堂，這是他的妻子和女兒做禮拜的教會；然後，隨即前往他通常做禮拜的第一浸信會教堂。總統穿著灰色西裝，與家人坐在第八排，前面的聖壇裝飾著一排排白色的百合花。他靜靜聽著牧師愛德華・休斯・普魯登（Reverend Edward Hughes Pruden）宣稱，基督徒的虔誠是「我們這個困擾、困惑、危險的世界」種種問題的唯一解答。牧師說，這些動盪提供充分的證據，證明人類「不知道如何以聰明和建設性的方式生活」。他總結說，人類必須向上帝尋求救贖。[14]

然而，杜魯門在其四年的總統任期中已習慣俗世的力量。在全球舞台上，推敲經文並不能取代大膽的行動。當他認為原子彈可以結束戰爭時，便毫不猶豫地使用原子彈。現在他意識到，若他不採取行動來減緩毛澤東的進展，沒有其他人能辦得到。杜魯門總統在慶祝聖週時，解放軍已在北平集結大批部隊，準備南下進攻。他們穿著橄欖色的新制服行軍，路旁的民眾揮舞著繡著金色字體的紅綢布旗，夾道相送。不到幾天，毛澤東的軍隊已兵臨蔣介石政府的首都。[15]

★

毛澤東的目標是南京，這個數百年來中國最重要的城市之一。明朝肇建於一三六八年，國祚近三百年，以南京為南方京城。（另一個重要都會北京，意即北方京城。）仍沿著本市如明鏡般清澈的湖泊——位於首都最著名地標紫金山的陰影下，皇帝們建築了一道巨大的城牆，圍住南京。明朝覆亡兩百多年後，太平天國也選中南京做為總部。在蔣介石選擇南京為國民政府的首都時，它已是長達四千年之久的人口中心。[16]

然而，到了一九四九年，南京大致已失去光彩。蔣介石刻意改造它，他拆除精緻的胡同，擴建為寬敞的林蔭大道[17]，也建造巍峨的政府官署，有位觀察家形容它們「有如擱淺的大船」[18]。奉派出使國民政府的外交官都視此城為艱困地區。根據菲律賓大使的說法，南京是座落於沼澤河道邊的三流村莊[19]，除了那沉悶、雜草叢生的湖泊，崩塌的明陵和宮殿，以及位於紫金山頂的中山陵外，其實乏善可陳。其街道寬闊，但垃圾散落，乏人照料；建築物都是一個個難看的建築群，平淡無奇；居民則土裡土氣。

天氣也異常可怕。冬天酷寒，夏天濕悶。[20]停滯的空氣中瀰漫著人類糞便的氣味。[21]隨著內戰愈打愈激烈，情況益加惡化。飢餓的難民擠在明朝即興建的城牆底[22]，嘴巴因吃草充飢而染成綠色[23]。還有些人躺在街道邊用紙板箱或帆布塊搭起來的臨時棲身處。[24]來到這個城市的訪客常會注意到大多數居民的貧窮與國民黨官員和外交使團的富裕之間所形成的強烈對比。因為美國軍官的妻子們「為了排遣無聊，渾然沒有意識到不妥地」[25]，坐著亮麗的汽車四處閒逛，「炫耀她們的經濟優勢」，讓美國大使感到十分過意不去。加拿大大使的女兒奧黛麗・朗寧・陶平（Audrey Ronning Topping）回憶，她參加了由蔣委員長夫婦主持的奢侈國慶招待會，外交官們在豐盛的晚宴上，歡聚一堂。她說：「外交官享受這些盛宴派對。然後，你走到大街上，卻又回到了地獄。天堂與地獄，判若兩個世界！」[26]

到了四月底，還留在南京的居民已在準備圍城保衛戰。[27]身穿黃色制服的國軍士兵在全城及沿著長江的南岸挖掘壕溝，立起鋼筋水泥的防禦工事[28]——長江形成南京和集結在其北岸的兩百萬共軍部隊之天險阻障[29]。美國人一度對守衛南京相當樂觀；魏德邁還曾誇口，用掃把就可守住長江。[30]可是，現在毛澤東的大砲開始攻打南岸，全城陷入恐慌。一位外交官在日記寫下，「狂暴但有系統地打劫」[31]，他們洗劫政府官員的住家，「搶水管、電器品，拆卸門窗、地板和木器，當柴火燒」。

在北方，毛澤東部隊在過去幾週全力向長江挺進[32]：他們穿越田間和樟樹林間的泥濘小路，推著推車、拉著水牛，肩上扛著槍砲。在江北一條河流上，他們徵召各式各樣的小漁船和竹筏，練習渡江作戰。[33]共軍搖搖晃晃地在船上試圖保持平衡，練習如何把武器扛上船。他們甚至朝自己船上開火，測試如何承受國軍的砲火。天氣穩定，渡江就容易；若是刮風，就會十分困難。即使如此，毛澤東還是下達渡江令。解放軍士兵在長江以北的村莊裡組裝裝飾用的拱門，在樹上掛出紅旗和毛澤東的肖像，預示即將進軍。[34]

共軍蓄勢待發、即將發動攻擊之際，中央情報局向杜魯門總統提出警告，國府已改變作戰計畫。中情局長、海軍上將羅斯柯・希倫科特寫道，原本國軍預備允許共軍「在南岸建立橋頭堡，然後再以協調一致的陸海空火力殲滅共軍橋頭堡」。共軍要渡江只有九個可行的地點，都是「容易防守的」。他寫道，如果國軍能夠摧毀解放軍的船隻，便可以遲滯毛澤東的推進達數個月之久。但希倫科特現在警告，蔣介石已「完全放棄」這個計畫，而把他最重要的部隊調到上海和台灣。根據最新情報，希倫科特警告杜魯門總統，「政府軍抵抗的能力實質為零」。[35]

但在共軍部隊開始進攻南京之前，他們差點和依然派出軍艦巡邏長江的英國爆發戰爭。四月二十日上午，一千五百噸的英國護衛艦「紫石英號」（HMS Amethyst）駛向南京上游，執行運補和保護英國僑民的任務。上午八點過後不久，江北的共軍砲兵——或許是怕英國人會阻礙渡江行動——朝它開砲，命中紫石英號的輪機房和艦橋，打死十多名英國士兵。上午九點三十分左右，紫石英號因無法逃避共軍的砲火，而擱淺在長江中的一個小島，等候英軍救援。[36]紫石英號以無線電發出簡潔的求救訊息：「遭遇強烈砲火攻擊。擱淺。傷亡慘重。」[37]此時，又一發砲彈打中無線電，使得紫石英號完全和外界斷訊。

英方派「伴侶號」（HMS Consort）率隊前往救援，但伴侶號也遭到共軍砲火攻擊。砲彈在伴侶號的四周爆開，把長江棕色的江水灑在這艘護衛艦上。[38]一名負傷的水兵回憶：「他們從約一英里之外朝我們發射三、四英寸的砲彈。我們看得到大砲，它們大約三、四門一組。」[39]戰事初起，共軍一枚砲彈打中伴侶號前方的輪機室、打死舵手，使英艦一度偏離航道。最後，一百多枚砲彈擊中伴侶號，鋼板裂片打傷它的領航員，也差點炸斷另一名船員的腳。伴侶號憤怒之下反擊，朝北岸稻田發射用罄了砲彈，但仍無法抵達已擱淺的紫石英號。英國又派出其他船隻試圖施救都未成功，因此不得不放棄——但在與解放軍交火時，英方已有五十名士兵陣亡。[40]

毛澤東起初批准此一攻擊，並交代他的指揮官，他們應該把出現在戰場的任何不明船隻都當成國軍的船隻，即使懸掛著外國國旗。[41]雖然在軍事上挑戰可惡的英國人令人相當爽快，毛澤東並不想冒挑起更大的戰爭風險。他立刻修正原先的評估，下令部屬只要英軍「不妨礙」他們進軍南京，就別去招惹他們。[42]

毛澤東的部隊終於在四月二十一日凌晨開始渡江。寂靜中，他們把各式各樣的船隻——舢舨、小帆船、竹筏——扛到岸邊，悄悄放進水裡。共軍日後回憶，起先，夜色沉寂，他們只能聽到蚊子聲和划槳濺起的水聲。然後，解放軍砲火齊放，伴著高聲喊殺。當共軍靠近南岸時，國軍的機關槍開始掃射，共軍跳下船隻，奮勇搶登上岸。[43]當解放軍終於搶下灘頭堡時，他們發射兩枚綠色的閃光彈——代表他們已成功渡江。[44]

尚滯留南京的外交使節團知道首都隨時會淪陷。加拿大大使在日記中寫下：當解放軍一路推進，國軍的海軍驅逐艦「砲火齊發、閃閃發亮，撼動全城」[45]。他爬上屋頂看到「壯觀的煙火伴隨著雷鳴般的迴響」。他寫道，槍聲「持續整夜，偶爾的爆炸也使房子嘎嘎作響。整個江面到處都是大火，隨著機關槍射擊的聲音向前推進，人們可以判斷共軍正穩步地邁進」。[46]槍聲作響直到上午九點鐘。

解放軍大隊人馬終於在四月二十四日上午四點前開進南京城。士兵從西北門進城時，起火的國府官署之火光照亮全城。解放軍雖疲憊，但很平靜，帶著武器和睡袋坐在人行道歇息時，還一邊唱軍歌。還在城裡的美國記者薛謨・陶平（Seymour Topping）回憶共軍如何迅速占領「已被搬空的國府前官員房舍，把他們毛茸茸的小馬帶進屋內，或放牠們在庭院任意吃草」。[47]未來的中國政治家、當時是解放軍政委的鄧小平，來到國府的總統府，得意洋洋地坐上蔣介石的座椅。[48]

毛澤東要如何對待留在南京城的外國外交官員以及替他們工作的中國雇員，是個大問題。雖然他曾說過願意與西方國家建立外交關係，但他也曾發表強烈反帝國主義的言論。外交官及其助理擔心家人的安危，早已把妻小疏散到上海及其他地方。傅鐸若當時只有十九歲，父親是在美國大使館任職的中國雇員。她記得父親（譯按：傅涇波）曾告訴她：「拿個小包包——裝好妳的衣服、書本和聖經。」[49]傅鐸若是生長在北平的滿洲貴族世家，但毛澤東的革命無可逆轉地改變了舊中國。傅鐸若的父親帶著她逃到上海，把她安頓好後再回南京。稍後不久，當解放軍持續向南推進之際，有位她父親好友的國軍將領來探望她，告訴她和她年輕的丈夫，他們必須立刻逃離中國。這位將軍問她：「妳想到台灣、還是東京？」小夫妻倆當下倉皇做出決定，選擇東京。此後三十多年，他們再也沒有回到中國。

至少起初如此倉促逃走是對的。美國大使司徒雷登和進城的解放軍初次遭遇就讓他十分氣餒。四月二十五日上午七時不到，十二名武裝的共產黨軍人說服司徒雷登官邸的守衛，逕自上樓，衝進他臥房。[50]司徒雷登正經八百地在發給艾奇遜的電文報告寫道：「大使當時還未睡醒，他們出現在他的臥室裡讓他吃了一驚。」[51]接下來，士兵搜查他的房間，以「高亢、憤怒的語調」講話。他們一度以槍口押著一位美國經濟分析官回他的臥房。雖然士兵整隊下樓時並沒有帶走任何東西，但有人聽到他們說：「所有這一切最終都應該交回它應該歸屬的人民手裡。」同時，解放軍也警告司徒雷登應該留在大使館裡，不要任意走動。

毛澤東聽到這件事時，相當憤怒。他對副手表示，他覺得整件事「違背紀律」[52]，應該「儘速調查」。他承認南京有可能充滿「敵人的特務」和「外國間諜」。但他命令解放軍要保護南京的外僑，禁止對他們的住所任意搜查。毛澤東指示：「未經請示，不得有任何動作。」

解放軍撲向南京，國府難民紛紛逃亡。有些人從此離開中國故土，事隔數十年才又返鄉。
（© Henri Cartier-Bresson / Magnum Photos）

1949 年 4 月，解放軍渡過長江，進入國府首都南京。毛澤東警告群眾，南京充滿「外國特務」。（© Henri Cartier-Bresson / Magnum Photos）

司徒雷登一定不清楚毛澤東對此事的真正看法——他決定小心地測試解放軍要他留在大使館、不得任意走動的命令，是否真正得到上級核准。雖然共軍士兵禁止大使館的人員把任何東西帶出大使館——包括衣服和自行車這類無害的物品——但如果十分堅持，他們偶爾也會允許某些人員來來去去。這種不一致致使司徒雷登相信，這些共軍幹部是自訂規矩，他把它歸因為「輕率……無知、對美國人的敵意，以及渴望顯顯威風」[53]。慢慢地，司徒雷登開始在大使館附近稍作散步，測試他究竟能夠走得多遠。

★

雖然南京失守是早已預料得到的事，但一旦淪陷，就充分顯示國府的驚慌失措。隨著毛澤東的部隊衝進南京，國民黨領袖彼此也鬥爭不已。從太平洋彼岸、華府的會議室看來，國民黨是一個堅實巨大的集團。實際上，國民黨的領導階層因昔日紛爭而深刻分裂之影響。代總統李宗仁長久以來就和蔣委員長爭奪政治的影響力；前一年，李宗仁還是在蔣介石的激烈反對下當選副總統。因此，李宗仁極力逼宮，要求委員長下台。地區的權力鬥爭是這些爭端的核心。蔣介石在浙江省——上海南方——的勢力最盛，李宗仁則在更西南的廣西地區擁有強大的後盾。[54]

四月最後一週，艾奇遜的辦公室收到一位線民密報，指稱代總統李宗仁因氣憤蔣介石不肯挹注資源守衛南京，威脅要撤退回到老地盤廣西。[55]也許這正中蔣介石下懷，因為他已經開始後悔公開引退是否明智。這兩位國府的領袖繼續爭吵什麼才是阻滯共軍推進的最佳策略。由於國軍部隊節節敗退，李宗仁希望調動精銳部隊增強西南的防衛。另一方面，蔣介石卻希望這些部隊同樣可用來強化中國東南沿海的「戰略三角」[56]——包括福建、廣東和台灣。為此目標，委員長已在浙江海岸興建一座機場和一個港口。[57]在此同時，他從上海的銀行挪出數億元來資助抵抗行動[58]——雖然至少在一次運送行動中，代總統李宗仁的盟友已設法吸走數百萬銀元來支付他們自己的活動[59]。

蔣介石試圖復出，拿回國府的領導權，他向妻子解釋，現在他已決定離開溪口。雖然他還不能說他要到哪裡，但他向蔣夫人暗示，聲稱「我們將堅決保衛上海」[60]。不久後，蔣介石帶著兒子到溪口家祠祭拜，然後父子倆走向象山附近的碼頭。當他們的軍艦駛出外海時，委員長的兒子問他，他們要到哪裡去。委員長回答：「上海！」[61]

我們很難相信蔣介石真心認為他可以守住上海。南京淪陷後，杜魯門的情報首長向他提出警告，毛澤東很快就要獲致勝利的高潮。中央情報局局長希倫科特向杜魯門解釋：蔣委員長和代總統李宗仁的「公開分裂」[62]愈來愈明顯。同時，他們都沒辦法成功守住上海。希倫科特告訴杜魯門：「不論是真的或只是形式上的防守，上海都撐不過五天以上。」[63]

# 第十一章 一個龐大又微妙的計畫

當毛澤東正在鞏固他最近的勝利成果時，北平也在大肆慶祝。有位居民在日記中描述「街頭不時出現勝利遊行——高舉火炬、敲鑼打鼓、樂隊鳴奏、士兵和學生遊行高呼口號：『活捉蔣介石！』和『前進台灣！』」[1]攻克南京後一個星期，毛澤東從香山住所乘車進北平，前往當年在第二次鴉片戰爭中遭英軍燒毀的夏宮（圓明園）。毛澤東和著名詩人柳亞子坐上一艘小船，駛進昆明湖。船隻開過龍王廟、徜徉十七拱橋時，兩人輕鬆地談到毛澤東的戰爭策略。毛澤東仍然神經緊繃和睡眠不足，即使勝券在握，但他仍擔心會犯錯。[2]不過，當他們偷閒泛舟時，毛澤東的同伴請他放心地說：「我們贏了。」[3]

毛澤東指示他的軍事指揮官不要急著攻打上海。[4]即使他聽到美國艦艇正在撤退僑民，但他還是要在冒著和美軍對抗的危險——這是他一直擔心的可能性——先查證這些報告。他告訴部隊要做好一切準備；如果國軍倉皇撤退，毛澤東的部隊可能需要進入上海，填補真空。不過，毛澤東現在命令解放軍保持距離。他喜歡由自己決定推進的時間表。

毛澤東相信，或許他可兵不血刃地接管上海。他告訴部屬，上海強大的企業界並不真的想要交戰。史達林曾指導毛澤東如何與上海的財金菁英交往。[5]這位蘇聯領導人解釋，就是允許他們繼續和香港商人和「其他外國資本家」[6]做生意。毛澤東也同意，英國尤其「渴望和我們做生意」[7]。他觀察到，即使美國也似乎已承認蔣委員長的戰敗，現在顯得更趨向於給予中國共產黨外交承認。[8]毛澤東告訴助手，他們應該考慮來自美國的任何提議——假如杜魯門政府認真考慮與蔣介石政府斷交的話。

然而，毛澤東誤判了美國的意圖。杜魯門和艾奇遜並不想承認共產黨控制的中國——至少目前還不想。一方面，艾奇遜是經驗老到的外交官，了解無限期扣住外交承認是有違傳統的作法。除非是極端的情況，只要一般民眾接受統治權力具有正當性，美國對控制和管理領土的一方是會給予外交承認的。可是，艾奇遜認為此時考量承認中國共產黨，為時太早；他的部屬指出，共產黨都還未正式成立政府！國務卿深怕的是，即使只是提出實質承認都只會使毛澤東更加囂張。艾奇遜拍電報給南京的司徒雷登，主張「我們應該強烈反對匆促承認共產黨，無論它是實質政權或法理政權」[9]。他決心說服英國人和其他大國在這個問題上保持「共同陣線」[10]。

毛澤東也似乎誤解美國外交決策有混亂的特質。即使在帝制總統時代，杜魯門的國務卿也不能隨意發布命令做決定。[11]美國的輿論強烈反對承認中國共產黨：美國人反對和贊成承認中國共產黨的比例是二比一。[12]官僚也針對這個議題意見相左。杜魯門的高階官員無法對美國在中國的國家利益有一致的見解。政府的每一派系都有自己的議論與支持者。隨著一九四九年的到來，這些政治戰士包括外交官、軍事將領、議員、專欄作家——以及間諜。

★

雖然三月杜魯門在國家安全會議開會時，已批准艾奇遜對中國大致上採取袖手旁觀姿態的戰略，但同一份政策方針裡還包括了一段祕密文字——這段文字在正式發表的版本中被刪除了。這段文字反映了杜魯門認為中國人民最後會挺身推翻共產黨統治的信念，它指示美國決策者在破壞毛澤東的影響力時，要依賴「中國本土人士」[13]，然後又指示：「由於我們背負著干預主義的夢魘，我們官方對於支持這些人士——這是一個龐大又微妙的計畫——的任何興趣，都不應太過明顯，而應通過適當的祕密管道來推動。」[14]

政策協調處（Office of Policy Coordination, OPC）處長佛蘭克・魏斯納（Frank Wisner）注意到這段話。政策協調處是戰後美國情報機關新成立的祕密行動單位。出生於密西西比州的魏斯納，是個精力充沛、貴族世家出身的前任華爾街律師，二戰期間在中央情報局的前身戰略服務處（Office of Strategic Services, OSS）任職，杜魯門政府在一九四八年成立政策協調處時，旋即出任處長。[15]現在，毛澤東即將完成征服整個中國大陸的作戰，魏斯納希望明確地知道國家安全會議對於「一個龐大又微妙的計畫」的定義是什麼。新的策略只是准許他進行宣傳戰，還是也授權他進行更有野心的祕密作業，譬如武裝那些仍與毛澤東部隊作戰的各路將領？魏斯納送了備忘錄給當時督導政策協調處的國務院，請求明白指示。[16]

然而，艾奇遜的回答卻是含含糊糊。國務卿的顧問告訴魏斯納，目前政策協調處應專注於宣傳工作：散發傳單、在報上設法發布文章等這類的事。[17]不過，艾奇遜的顧問也沒有排除稍後會採取更積極行動的可能性。外交官員向魏斯納解釋，國務院原則上並不反對「大規模的祕密物資支援」[18]，但是目前條件還不成熟：「在這種可能性具體化前，中國局勢和我們在當地作業的這兩種情況還有待相當的發展。」[19]

在此同時，魏斯納盡力了解自己能夠掌握的各種選擇方案，以便一旦杜魯門批准更詳盡的祕密援助計畫時，可以立刻拿出來。五月九日，魏斯納前往華盛頓飯店（Hotel Washington）拜會陳納德將軍。[20]陳納德是二戰期間在中、緬戰場與日軍交戰的美國飛虎航空隊司令官。一連幾個月，陳納德逢人就抱怨杜魯門的對華政策太過消極。一月間，這位退役將領出版了一本書《戰士之道》（*Way of a Fighter*），開頭寫道：「美國正在輸掉太平洋戰爭。」[21]周以德鍾愛這本書，在國會及任何能夠找到機會的場合中，都對它稱讚不已。[22]

陳納德在華盛頓飯店他的辦公室裡，向魏斯納闡述他的構想。陳納德並不認同某些國府友人的想法，他不認為有可能在沿海城市輕易搶回毛澤東既有的勝利成果。另一方面，他認為如果美國只是維持艾奇遜的觀望政策，那麼共產革命很快就會散布到更大的區域，從中南半島到菲律賓、到日本，引爆「連鎖反應」[23]，進而使得美國的西海岸暴露在敵人潛艇和長程轟炸機的潛在攻擊之下。因此，陳納德提出折衷之道：他希望把毛澤東凍結在原地，透過武裝各省的領導人，在共產黨控制的地區周圍建立一個「抵抗地帶」[24]，來擋住解放軍的推進——也就是以一個「防疫走廊」[25]把毛澤東的共產中國和暹羅、緬甸以及本區域其他可能同情他的盟友隔離開來。

陳納德認為整個計畫可在花費不太大的情況下完成。他已物色一些他認為是堅定盟友的各省領導人；其中有好幾位是「強悍的山地民族」[26]，領導騎兵部隊。他對中國西北地區的穆斯林領袖特別抱持樂觀的態度。甚且，他們要求的武器也不算過分——只要輕型武器、火箭筒、迫擊砲等。陳納德指出，美國有許多剩餘器械仍在亞洲各地如菲律賓和太平洋島嶼流通。他估計，美國每年大約要花費兩億至三億五千萬美元來金援整個作業計畫。[27]

或許陳納德最大的障礙是要說服心存疑慮的美國決策者，這些援助會被妥善地運用。儘管愈來愈多人認為蔣介石不善管理，陳納德還是認為不能捨棄蔣委員長。他在國會聽證會上說：「今天在中國只有一個人可以指揮所有這些領袖，他就是蔣介石。」[28]不過，為了防止貪瀆，陳納德認為可以透過一個美國顧問的網絡交付美援。毫無疑問地，陳納德也在盤算他自己的利益：這位退休將領現在經營「民航空運公司」（Civil Air Transport），它會因為與政策協調處配合而獲得好處。魏斯納喜歡陳納德的計畫。[29]當他告辭出來時，已決心向上級進言，爭取核准此一計畫。

★

然而，當華府的祕密作戰人員正討論如何制止毛澤東的推進，其他的高級官員卻希望與共產黨領導人接觸。在南京方面，美國大使館官員報告，解放軍已經「大為放鬆」[30]不准使館人員外出走動的禁令。現在，司徒雷登想要測試南京新的領導班子究竟有多務實。幾個月來，他一直遊說艾奇遜准許他和共產黨開啟聯繫——以他的說法，以便建立「更好的相互了解」[31]。多年來，司徒雷登在中國結交各方人士，他自認處於非常優勢的地位：「我希望不只是以美國政府官方代表的身分接觸中國共產黨，也透過我長年居住此地，在這裡，眾所周知我一直主張中國的國家獨立和民主進步，以及更緊密的美中關係——主要是因為它們將帶給中國人民好處。」[32]

南京淪陷後不久，毛澤東當局指派青年外交官黃華擔任新成立的南京外事局局長；司徒雷登認為是幸運之神眷顧。司徒雷登在擔任燕京大學校長時，聰明、和氣的黃華是他的學生[33]。多年來，司徒雷登和他的幕僚與黃華仍保持聯繫。前幾年，馬歇爾來華調處期間，司徒雷登又見到黃華，發現昔日這位學生「徹底共產化」，但「對我個人仍然很友善」[34]。現在，與南京新當局的緊張關係開始緩和，司徒雷登派他的助理傅涇波——黃華在燕京大學的同學——去和黃華接觸；黃華的辦公室位於原來的國府外交部大樓[35]。

黃華起初表示他「不方便」[36]到大使館拜訪司徒雷登。不過，黃華邀請傅涇波到他辦公室見面。兩位老同學雖然小心翼翼，但還是很客氣地聊了一個小時。黃華問候「老校長」[37]，但顯然忌諱提到司徒雷登是美國大使這個正式官銜。傅涇波提到解放軍剛進入南京，硬闖司徒雷登臥房的問題，黃華「間接承認這件事」，又說中共高級官員對此事件「感到抱歉」[38]。司徒雷登向艾奇遜報告，黃華和傅涇波會面時「非常友善」[39]。會面後還親自送傅涇波走出大門，並承諾有後續回應。[40]

黃華小心地向毛澤東報告和美方的這些初步接觸，也向蘇聯外交官簡報會面的經過。[41]毛澤東准許黃華親自去拜會司徒雷登，但也給黃華下達一連串明確的指示。毛澤東指示黃華不得向美方要求任何援助。[42]他說，他的主要目標是讓美國切斷和蔣介石政府的所有關係。毛澤東也認為在解放軍準備包圍上海之際，這次會面是蒐集情報、試探美國意圖的好機會。黃華應「多聽少說」[43]，了解美國人的意圖。毛澤東寫道：「如果司徒態度親切，黃華也應該友善，但不要太熱切。」[44]他應該先不置可否。毛澤東告訴黃華，如果司徒雷登想以大使的身分留在南京，談判進一步的商務關係，他「不應該拒絕」[45]這個提議。

司徒雷登和黃華終於在五月十三日晚間於大使官邸碰面。他們的討論持續約兩個小時，後來司徒向艾奇遜報告，雙方談話「友好、非正式」[46]。司徒雷登一開頭就試圖說服黃華，他個人對中國人民的善意。司徒雷登告訴他昔日的學生，「雖然不是全部，但目前大部分存在的緊張都源自於誤解、恐懼和猜疑，這些都可以因相互坦誠而解除」[47]。黃華也很友善，他告訴司徒雷登，共產黨真心地想尋求與西方國家建立外交關係和商務關係。先前的打嗝，譬如解放軍闖進司徒雷登的臥室，這並不是毛澤東所指示的。這位美國大使回報國內，向艾奇遜說明，黃華「答應盡他能力所及，持續將情勢轉向追緝國府人士這班罪犯。他又說第一批進城的共軍部隊還沒準備好，也沒有得到妥當的指示要如何對待外國人。」[48]

儘管雙方相互做友善的保證，毛澤東仍從對話中摸索出一些有用的情報。司徒雷登向黃華透露，他獲准短期留在南京，但很快就會奉召回美國會商。司徒雷登也說明，駐在上海的美軍陸戰隊只是為了保護美國公民，不是作為攻擊的軍力。（司徒雷登告訴艾奇遜，黃華對這句話「明顯動容」[49]。）這位美國大使也解釋，美國之所以仍未承認中共，是因為毛澤東還沒成立正式的政府。司徒雷登說，現在美國和其他大國「沒有辦法，只能等候中國的發展」[50]。如果毛澤東想尋求美國保證不會阻止他征服整個大陸，司徒雷登這席話可以說是給了他希望。

★

究竟要交好毛澤東，還是與他對抗？其實杜魯門兩者都不想。五月初大衛・李列恩鐸（David Lilienthal）和總統會面，發現杜魯門出乎預料地很關注中國問題。一方面，杜魯門堅決反對國會共和黨人催促他將效忠蔣介石的各地勢力予以武裝，並試圖阻止毛澤東的節節進逼。杜魯門告訴李列恩鐸：「除非情勢塵埃落定，我們實在對中國無能為力。」[51]總統似乎堅守艾奇遜的袖手旁觀作法。杜魯門說：「前幾天，我邀了幾位強硬派共和黨參議員過來，我狠狠地潑了他們一盆冷水，然後再也沒聽到他們放屁。」[52]

但是，杜魯門也不急著擁抱毛澤東。總統仍認為毛澤東是個篡位者，輕蔑地稱呼他的追隨者是「所謂的共產黨」[53]。杜魯門仍然相信，中國人民在某個時點就會起來推翻共產黨政府。杜魯門告訴李列恩鐸：「史達林說華北人民永遠不會成為共產黨，他大致沒錯。巨龍會翻身，然後呢，或許也會有些進展。」[54]總統對共產黨長期的前景所抱持的輕蔑態度，強化了他對承認毛澤東政權的戒慎小心。

可是，杜魯門也覺得在中國沒有可靠的夥伴來領導反共作戰。他向李列恩鐸抱怨，「貪官汙吏和騙子歹徒」[55]已偷走美國政府送給中國的大筆金援助。他說：「我敢打賭，其中至少有十億美元是存在紐約的銀行裡。」[56]總統非常關切資金雄厚的遊說者——譬如宋美齡及其家族——的危害效果，因此，指示聯邦調查局局長艾德加・胡佛（J. Edgar Hoover）啟動調查，看看國府在美國究竟有多少資產。[57]

杜魯門說對了一件事：當毛澤東部隊進逼上海時，宋美齡和她的盟友已經開始增強他們影響杜魯門政府政策的力道。經過相對平靜的春天之後，五月間宋美齡開始用電報向她的丈夫請求經費和指示。她顯然把她最大的希望寄託在國防部長強生的身上；現在強生開始強勢地表現出他是杜魯門內閣重要閣員的姿態。宋美齡告訴她丈夫，強生問起有什麼確切地區是委員長認為可以防止落入毛澤東之手？他還需要多少額外的武器才能完成此一任務？[58]隨著五月到來，她繼續向委員長追問有關國軍殘部部署的細節，以及他們在戰場上獲勝的前景。[59]

與此同時，宋美齡促請她丈夫不要愚蠢地浪費他們既有的資源。一連幾個星期，宋美齡一直勸蔣委員長從上海撤出中國銀行的資產和人員。[60]如果委員長不認為他可以成功地守住上海，他應該「盡早做安全撤離」的準備。[61]宋美齡在電文中似乎並沒有信心她丈夫可以守住中國沿岸的商業中心。她提醒他，國軍殘部可能會遇上難以克服的糧食短缺的問題。[62]她也告誡他，避免讓國軍的武器落到解放軍手中——這個情況日後會使美國人不願再交付武器給國軍。

當蔣介石夫婦拚命找出最佳防禦線的同時，也要忙著防止西方國家承認中共新政權。宋美齡把最近謠言盛傳華府可能和北平接觸的訊息傳回國內。她警告她丈夫，她聽說在美、英企業界激勵下，杜魯門政府計畫進行「祕密談判」[63]。她寫道，「局勢很緊張。」[64]「可靠人士」[65]告訴她，尤其是英國人，最近正在背後慫恿承認中共的新政權。她告訴委員長，她在說服國會友好人士抗拒承認上有些進展。不過，她仍然需要經費和更好的組織。她再次促請她的丈夫核准成立「全國宣傳機構」[66]，擊退鴿派人士。

同一時間，委員長繼續和國內政敵作戰。國軍部隊一再撤退，蔣介石發現特別難以辨識誰可以信任。每個舊部屬都可能成為政變的陰謀者。五月十二日當他在舟山群島逗留時，十位國軍空軍將校來到委員長下榻處門口，要求他把台灣交給空軍掌控。[67]雖然蔣中正最終設法抗拒住他們的逼宮，但他在日記裡抱怨，他愈來愈覺得無力感。

在種種威脅的背景下，作業安全仍是蔣委員長夫婦最關切的問題。宋美齡在發出一封密電敘述她和國會議員接觸的情形後，她告訴委員長，她要銷毀他們的密碼本。[68]蔣委員長顯然對妻子——他在電報中稱她為「小妹」——習慣在電報裡發送敏感資訊有相當大的挫折感。他寫道：「小妹實在不該透過電報傳送關於宣傳工作這個問題及國會議員的姓氏，她應該知道密碼很容易被偷竊和破解。」[69]

即使如此，蔣氏夫婦和盟友似乎確實成功地把中國問題推上杜魯門議程的首要位置。中國問題現在是杜魯門總統內閣會議的主要議題。副總統巴克萊在五月中旬的一次內閣會議上，要求了解陳納德計畫的更多細節。[70]艾奇遜貶抑陳納德及其救援計畫，認為它「不切題」(misguided)[71]，又尖銳地說，他認為陳納德「是個優秀的軍人、但不是高明的政治人物」[72]。國務卿又抱怨，陳納德與國府「統治家族」[73]關係太密切。不過，杜魯門的高級顧問發現他們愈來愈擺脫不開這個問題。

事實上，五月底專欄作家約瑟夫·艾索浦曾撰文寫道，杜魯門的對華政策已經走到「一個重大的轉折點」[74]。艾索浦稱許強生把內閣推向採取更積極的方向。艾索浦寫道：「在過去四年長而可惜的時間裡，說白了，美國的遠東政策就像一塊浮木飄浮在停滯不動的陰溝裡。」[75]現在新任的國防部長要求「積極界定我們的遠東利益和計畫」[76]。艾索浦並不認為強生、陳納德和其他鷹派人士能夠說服杜魯門對中國採取堅定的政策。不過，艾索浦從他的消息來源聽到，現在杜魯門總統決心反擊，對付共產主義在東亞蔓延。這位專欄作家寫道，必須在某個地方「畫下界線」[77]。

# 第十二章 夢幻世界

一九四九年那時出國旅行仍不是一件尋常的事，即使國家最高外交官也不例外。五月二十日，艾奇遜準備出發赴巴黎出席外交部長理事會議，杜魯門總統和其他重要名流都親自到華府國家機場（National Airport）為他送行。在機場方正航廈的背景下，英國大使奧立佛．法蘭克斯（Oliver Franks）擠向前，送給艾奇遜夫人一束玫瑰。杜魯門身穿一襲大翻領、雙排扣西裝，胸前口袋塞著手絹，就站在旁邊，手裡拿著一頂白色圓頂帽，陽光從他的眼鏡折射出來。[1]艾奇遜緩步走向舷梯，預備登上銀藍色飛機時，杜魯門總統伸出手握住國務卿，很戲劇化地對著攝影機說：「一路順風，狄恩。」[2]

列強召開這次外交部長會議，主要是要討論歐洲問題，而非亞洲問題。艾奇遜希望和蘇聯就德國的未來取得共識。過去一年多，華府為了柏林而與莫斯科槓上。二戰結束到此時，柏林依然分割為二。當同盟國開始整合他們的占領區時，蘇聯卻封鎖西柏林，使它陷於孤立。美國透過空運糧食和補給來因應——這是一項戲劇性、成功的回應。就在艾奇遜啟程前往巴黎前幾天，蘇聯解除了封鎖行動。

艾奇遜向各國外長大力保證，中國及亞洲區域問題不會出現在這次會議議程。[3]不過，他深知在這種高階閉門會議中什麼事情都有可能發生。英國外相貝文在啟程前往巴黎時就說了一句話：「一切都擺在上帝的膝前。」[4]

然而，艾奇遜愈來愈不願意把重要的決定交給命運。即使在巴黎峰會之前，他的中國政策已開始演變。雖然他的核心立場沒變——他反對以劇烈的行動翻轉毛澤東的勝利——他擔心他的政策會引起輿論效應。艾奇遜的對手成功地把他描繪成消極的「肉腳」。無論謹慎行事有什麼好處，這位美國國務卿禁不起被外界視為無所作為。因為外國政治家都在注目，以他的作為或不作為來評斷他。基於這點，艾奇遜至少和強生看法一致，認為杜魯門政府需要訂出某種「積極」的政策。

艾奇遜開始重新搬出肯楠的舊點子。這位國務院政策計畫室主任長久以來抱怨他所謂的「民眾對我們的對華政策感到混亂和慌張」[5]。多年來，杜魯門和艾奇遜都認為，若對蔣介石政府有任何公開批評，將會傷害到美國的利益。但肯楠卻主張：該是公開譴責蔣介石的時候了。他說：「現在掩飾中國政府的無能，沒有比重建美國民眾理解的信心來得重要了。」[6]肯楠希望國務院整理並公布一份文件，來說明導致今日僵局的歷史背景。

艾奇遜接受這個計畫，下令他的部屬起草日後被稱為《中國白皮書》（*China White Paper*）的文件。國務卿的幕僚為了該列入什麼，該略掉什麼而奮戰了好幾個月。任何一份這樣的報告都一定會讓艾奇遜樹下新的政敵，因為它必須納入原本列為機密的外交電文和其他敏感的材料。不過，國務卿認為匯編《中國白皮書》是邁向重新整合美國民意極重要的一步。

艾奇遜的幕僚在匯編《中國白皮書》時，面臨其中一個關鍵的兩難，亦即是否納入魏德邁將軍寫於一九四七年的報告，當時馬歇爾把它扣住不公布。雖然魏德邁的報告增強了艾奇遜的論點，印證蔣介石的部隊組織散漫，他的領導統御有缺陷，但魏德邁的報告也促請杜魯門投入更多資源給中國——這個建議未獲得總統採納。現在，杜魯門和艾奇遜在這個春天再度辯論是否要納入魏德邁的報告。[7]雖然杜魯門宣稱，他仍不願意從國府「腳底下抽走地毯」[8]，但最後還是同意納入魏德邁的報告，只要求它不能被斷章取義。

然而，杜魯門和艾奇遜仍未採行某些拯救中國困境更積極的作法。自從北約組織簽署成立以來，東亞地區某些國家曾促請杜魯門支持成立一個《太平洋公約》，以便和大西洋同盟分進合擊。雖然這個主張在西方也獲得某些支持——譬如邱吉爾就是支持者之一——但艾奇遜認為整個構想「十分不健全」[9]。艾奇遜主張，歐洲的情況和亞洲的完全不同。在歐洲，同盟是經年下來有機長成的。可是在東亞，美國缺乏同樣「堅實的基礎」[10]得以在其上建立同盟。艾奇遜認為，亞洲國家需先解決本身「內部的衝突」[11]，美國才可能考慮組建正式的同盟。

艾奇遜飛抵巴黎時，報紙上充滿了對中國情勢的臆測。記者們熱切討論成立太平洋同盟的論據，還思索外交承認中共是否明智。五月二十三日，艾奇遜和其他外交部長抵達玫瑰宮（Palais Rose）[12]，這是泰勒朗公爵夫人（Duchesse de Talleyrand）借給各國代表舉行會議的一棟粉色大理石華廈。在綠呢桌檯和水晶吊燈下，艾奇遜和貝文穿梭於各國代表之間。這棟華廈的牆柱是科林斯式（Corinthian）建築風格——《紐約時報》形容它們像是「急性曬傷的色調」[13]。天花板上，山神追逐仙女的壁畫讓外交官們有了會心的微笑。[14]雖然艾奇遜決定要討論德國問題，蘇聯外交部長安德烈・維辛斯基（Andrei Vishinsky）卻幾乎立即提起亞洲問題。[15]有位報紙特派員注意到：「遠東問題是討論德國未來會場上的不速之客。」[16]

此外，又出現其他令人分心的事件。艾奇遜抵達巴黎次日，傳來前任國防部長佛瑞斯塔從治療精神疾病的馬里蘭州比塞大醫院跳窗自殺身亡的消息。[17]當佛瑞斯塔被免職、換上強生之後，他再也沒有真正從精神病症復原。他抄錄索福克里斯（Sophocles）[18]的一首詩，走出房間到旁邊的小廚房，然後從窗戶縱身一跳，跌落十三層以下的地元，當場死亡。杜魯門宣布這個新聞讓他「震驚和悲痛」[19]，又說，他認為佛瑞斯塔是

「戰爭的真正傷亡者，彷彿死在火線上」。

可是，真正轉移巴黎會議焦點的是上海的命運。會議之前，天天有消息傳來解放軍又向中國這個金融中心逼近。砲彈落在上海西區，威脅到河岸上英、美石油公司的油品供應。[20]巴黎會議開幕時，共產黨似乎仍對是否全力攻進市中心，舉棋不定。[21]但是五月二十五日，毛澤東的部隊終於開始進攻。《紐約時報》頭版赫然以跨三欄標題呈現：「赤軍進入上海。」[22]

★

在中文裡，「上海」的意思是位於「在海面之上」[23]——對這個座落在僅比海平線高出幾英尺的泥灘上的城市而言，這個描述稍微誇大事實。上海位於華中沿海的長江口，過去一個世紀以來成為重要的貿易轉口港。十九世紀中葉的鴉片戰爭之後，歐洲列強要求在上海成立租界，外資流入上海，推動了建築熱潮。[24]英國商人僱用苦力將泥漿曬成泥土塊，大舉興建西式建築。[25]上海西側的法租界冒出各式各樣的外商豪宅。外灘也出現砂岩外牆、厚重新古典主義風格的銀行大樓。

和中國其他城市一樣，上海的洋人發展出與華人世界隔絕的文化。艾德諾・史諾（*Edgar Snow*）曾描述，生活在北平的西方人是居住在「他們自己的夢幻之境，享受威士忌和蘇打水、馬球和網球，以及八卦新聞，快樂地完全不知覺在這座大城市寂靜、絕緣的大牆下居民的脈動」[26]。在上海，這片夢幻之境也慢慢擴散到這個城市的廣大地區。大腹便便的西方商人——本地人口中的「大班」[27]——在外灘的上海俱樂部裡喝著粉紅色琴酒[28]，在國際運動俱樂部中練習他們的草地保齡球技[29]。俄羅斯大革命後，白俄難民湧入上海，許多人淪落到酒廊和青樓賣藝為生。[30]幫派與黑道的勢力強大。數以千計的舞女[31]在夜總會伴舞，甚至賣身。到了國共內戰爆發前，有位外國大使曾觀察，上海已變成「可能是全世界最不符基督教義的城市」[32]。

一九四九年五月，解放軍逼近之際，國軍部隊已把這姦邪放蕩的城市改造成一座堡壘。戴鋼盔、持步槍的士兵在原本繁忙的十字路口建造鋼筋水泥碉堡、拉起鐵絲網，並以竹竿豎起障礙物。狙擊手在具戰略位置的大樓屋頂上布下機關槍陣地。[33]指揮官下令高爾夫球場砍掉樹木，改闢為射擊場。[34]美製B-24和B-25轟炸機在頭頂上轟轟作響[35]，掌控了空域。上海領導人宣布全市實施宵禁[36]，原本熙熙攘攘、霓虹閃亮的大馬路，入夜後，腳踏車和三輪車都被清空。

在共軍占領前，國府全力清除城內的敵人。警察公開槍斃人犯，警告潛伏的顛覆份子。[37]有位目擊者說，市府當局把中央警察總部的前院改成「羅馬競技場」[38]。警衛把人犯拉到前院中央，帶給他們最後一餐——一碗麵和一杯酒。好奇的民眾從鄰近大樓的窗子或陽台探頭探腦。然後，警察把人犯押上一輛黑色廂型車，響起警笛，快速駛向刑場。人犯被命令跪下後，行刑隊就賞給他們腦袋一顆子彈。

國府當局把這種公開的殘酷暴行與公開慶祝結合起來。地方領導人舉行虛假的「勝利遊行」[39]，要求上海的建築物懸掛愛國旗幟，又把數萬名居民趕上街頭參加遊行。飛行堡壘整好編隊，自空中飛過，其他飛機則投下傳單，呼籲民眾保衛城市。軍車沿著寬闊的林蔭大道疾馳，警車也以擴聲器一路呼叫。[40]樂隊演奏類似〈行軍進入喬治亞〉（Marching Through Georgia）[41][42]和〈不列顛稱雄四海〉（Britannia Rules the Waves）的軍歌。然而，到了五月底，街道大都空蕩無人。正如《字林西報》（*North China Daily News*）[43]所描述的，外灘「看起來像被龍捲風掃過，居民被吹散到四方。」[44]

現在，對上海居民而言，解放軍與國軍之間的夜戰成為他們本身的不祥之兆。當地人爬上本市最高建築物屋頂觀賞燈光秀。[45]信號彈在夜空劃下閃亮的弧線，砲彈在頭頂上炸開，預示著共產黨軍隊步步進逼。黃浦江對岸不時閃爍著火光。有位攝影記者一再登上上海摩天大樓屋頂觀察解放軍逼近的情況。他報導說：「整個天空一片紅火。」他又說：

飛機擲下的炸彈和照明彈在潮濕的天空投射出閃閃發亮的詭異光點。雖然砲彈在離城市中心不到五英里的地方爆炸，但是雨水卻掩蓋了砲火的聲響。飛機在頭頂上嗡嗡作響飛過，接下來，是炸彈在毛毛細雨的暗夜中悶聲直落的爆炸聲……城市周邊的村莊起火，像一群受圍困的巨獸四周的營火……三不五時伴隨著一群新農舍著火，明亮的火焰飛竄起來。茅草屋頂上的乾草拋出的火花就像煙火綻放般。[46]

五月二十四日，數千名國軍部隊開始在外灘登岸，準備最後的固守——或者說是清倉大逃亡。有一家上海報紙報導：「他們載著他們的財物步行、開卡車、推手推車、拉三輪車和人力車。有些人拖著大砲，也有些人則拉著騾子和馬匹。」[47]守軍竭盡全力在敵軍進軍的沿路布防。國軍在黃浦江鑿沉四艘油輪，盼望能延阻解放軍從浦東推進。在西側，國軍引爆炸藥，炸毀幾座大橋。[48]國民黨在絕望之下，試圖執行紀律，宣傳部門掛出標語強調連坐罰：「一家窩藏共黨，十家連坐處罰。」[49]大約在黃昏落日時，一排軍車車隊駛到市政府和警察局前停下。[50]菲律賓駐上海的大使馬里安諾．伊茲培雷塔（Mariano Ezpeleta）回憶，看到士兵把數百個箱子和鐵櫃抬上卡車，揚長而去。

一連幾個星期，上海的天氣既潮濕又陰澀。可是五月二十五日上午，晴空萬里無雲。[51]就在光天化日下，大批共軍部隊沿著法租界的主要大街霞飛路（Avenue Joffre）往東挺進。根據一名目擊者的說法，穿橄欖綠色標準制服和布鞋的毛澤東部隊，「顯得相當疲憊」[52]，不過，他們守秩序、舉止有禮，與正要撤退的國軍士兵大不相同。共軍士兵沿著人行道往市中心挺進[53]，也派出斥堠注意街巷弄堂動態，機靈的店員已忙著搶先以白漆刷掉國民黨的宣傳口號[54]。白旗取代國民黨的布旗——直到共產黨的紅旗完全取代白旗和國民黨的徽記。[55]

伊茲培雷塔發現，進城的共軍部隊似乎主要是「正要轉為大人的青少年，發育未全，腳步零亂」。他們的綠色制服是用「最粗糙的棉布製成的，完全不理會尺寸大小或長短，僅隨便裹住他們尚未發育成形的身體」。他們也似乎裝備不全——「沒有頭盔……沒有勛章、獎牌或部隊標記」——當他們看到城裡頭雄偉的建築時，目瞪口呆，顯得相當膽怯。上海市民向征服部隊恭順地鞠躬時，士兵們看起來「很靦腆」。伊茲培雷塔回憶：「他們很羞愧地以大鞠躬回敬。」[56]

雖然國軍沒有太多抵抗，但他們在外灘試圖阻滯解放軍，派出部隊在跨蘇州河的花園橋附近駐守，並在河岸對面一棟大型裝飾藝術風格磚砌建築的百老匯大樓頂上布上機槍陣地——這個動作旨在掩護國軍殘部，讓他們有時間逃脫。少數幾個國軍進駐英國領事館對街的公園內。記者哈里森・福爾曼（Harrison Forman）從遠處透過望遠鏡觀看，一支共產黨部隊沿著上海主要通道之一的南京路前進，然後轉到外灘，立即遭到國軍伏擊。[57]一名解放軍高喊：「出來吧！不要害怕！解放軍不會傷害你。」福爾曼回憶，此時「近距離的一排重型機槍開火，將他劈成兩半。他的夥伴盯著屍體，看到他頭部傷口淌血。他開始掉頭，往外灘跑，子彈追著他打。」[58]

共軍慢慢推進，逐一占領國軍棄守的碉堡。不過，守軍的武力強大，重型武器壓制了解放軍。福爾曼回憶：「子彈打穿領事館的窗戶，打碎路面上的混凝土，也打到公共花園周圍的低矮磚牆。」[59]國軍的砲火從一個石製售票亭和一個演奏台底下發射出來。[60]共軍朝國軍槍砲的方向射擊迫擊砲；國軍則動用火焰噴射器在自己與推進的共軍之間建立緩衝地帶。[61]

夜幕低垂時，大部分的國民黨領導人都已撤走。他們離開時，把上海市北方機場儲存的大量航空燃料點燃焚毀。福爾曼回憶：「整個天空閃爍著明亮的橙色火焰，竄升好幾百英尺高。火舌滾滾，四處飛揚。」[62]

即使如此，第二天在外灘地區仍有零星的戰鬥。在附近的美國領事館，美國領事約翰・卡伯特（John Cabot）試圖保護自己和工作人員免受波及。五月二十六日，他在日記本寫下：「我的窗戶下方再次出現槍響。為了安全起見，我把床搬到客廳。到了早餐時，情勢愈來愈緊張——就在我們前方，好幾次手榴彈爆炸開來。共產黨試圖動用迫擊砲，但是被驅退。子彈打進廚房時，我們有一名館員被碎玻璃割傷。」[63]不過，國軍的抵抗隨即減弱。到了五月二十七日上午，戰鬥基本上已經結束，共軍成功征服上海。[64]

當毛澤東的部隊充斥整個上海時，他們開始努力占領前政權的重要標誌。共產黨在宋美齡的哥哥宋子文那棟二十個房間的大宅邸門前掛上一顆紅星，作為共青團的總部。[65]總部裡，志工製作新臂章，提供交通警察佩帶。宋家的老傭人還在附近徘徊時，一些女孩已在為新進城的解放軍士兵準備康乃馨花束。

雖然解放軍繼續執行國府當局頒布的宵禁令，上海街頭很快就恢復活動——雖然性質略有不同。小販以驚人的匯率，拿銀元兌換一文不值的金圓券。[66]有一則新聞報導說，也有生意人販賣各式「罐裝物品、糖果、餅乾、香菸和花卉」[67]。新華書店下令加印毛澤東最著名的語錄。[68]共產黨當局也在辯論是否要把他們視為具有「半殖民、封建性質，或是為討好外國人」[69]而命名的街道名稱改名。即將改名的街道有一條就是向美國將軍魏德邁致敬而命名的路。

大體而言，上海的美國僑民肢體無傷。卡伯特宣布，仍滯留在上海的七百五十名美國公民沒有人受到傷害。[70]可是，上海的淪陷確實引發了美國調整軍事行動的態度。雖然杜魯門政府在十二月就決定將美軍部隊撤出青島基地，但在國府的請求下，仍有一些部隊留下來。現在，因為怕和節節推進的共軍部隊發生軍事衝突，美國官員決定徹底撤離。解放軍進入上海時，剩下的美軍船艦終於駛離青島。[71]正如同他們一整年所做的事，美國人和中國人互相誤會彼此的意向。毛澤東決心鞏固他的成果，不希望和美國啟動戰爭。事實上，在上海淪陷後的頭幾天——即使美軍部隊也正在撤退——毛澤東仍和原先一樣，擔心西方列強會有所干預。五月二十八日，他發電報給前方的指揮官：「最近有跡象顯示，帝國主義國家正在準備聯手干預。」[72]他引述美、英、法和「其他十個國家針對協調其對華政策」展開討論，足證美國和歐洲國家勾結。

他指出，英國最近增強它駐守香港的兵力；又指出，有報告說某些國軍單位的士氣出奇高昂。毛澤東擔心外國使節撤出南京，可能是預告著西方國家即將攻打中國。鑒於這些顧慮，毛主席祕密下令他的副手「做好萬全的準備」，以便屆時擊退美國人的反攻。

# 第十三章
# 熱浪

在毛澤東警告助手提防美國進攻的那天上午，杜魯門總統坐上他的專用遊艇「威廉斯堡號」（USS Williamsburg），駛向波多馬各河（Potomac River）下游。[1]威廉斯堡號有橢圓形的煙囪和堅固的鋼鐵船身，是杜魯門在華府鍾愛的僻靜休憩所。[2]來到船上，他喜歡在遍布全船的幾個演奏型鋼琴上偶爾敲擊幾下，也會在特別設計製作的撲克牌桌上，和助理打幾個鐘頭的牌。雖然實質上威廉斯堡號是一艘海軍軍艦，船上不准許有烈酒，但艦長卻細心地安排了「各種威士忌」[3]，尤其是總統鍾愛的老爹牌（Old Grand Dad）。如果天氣炎熱，杜魯門就會戴著眼鏡直接跳下水，逍遙一下——他有他特別的招式，能保持頭部浮在水面上。

對杜魯門而言，上海的淪陷確立了毛澤東控制中國的地位，毫無疑問地，這代表著他總統任上最慘痛的外交政策挫敗。不可免俗地，他也玩起華府政客常見的拖諉卸責伎倆，向助理抱怨都是國會在掣肘搗蛋。[4]不過，他仍試圖保持精神抖擻——而且大體上是成功的。在這個國殤日的週末假期，威廉斯堡號的撲克牌桌和餐桌上的對話仍是輕鬆嬉笑多於嚴肅的政治話題。天氣也完美，無可挑剔。有一位陪著總統度過此週末假期的助理回憶，星期天的天氣「非常完美，晴朗、有陽光，涼爽得很舒適，不會太冷」[5]。陽光和威士忌一定能讓杜魯門暫時忘掉地球另一端不愉快的局勢。

過了週末，當杜魯門回到白宮上班時，終於接到來自中國的好消息。根據美國駐北平領事的報告，毛澤東的高級助手周恩來透過一位助理武官，祕密與領事館接觸。周恩來的訊息若屬實，那就非常驚人。他告訴美方，毛澤東的副手因「嚴重的屬性分歧，而導致分裂」[6]，特別是對經濟和外交政策的意見不一。雖然黨還未真正分裂，但其「自由派」和「激進派」日久失和。毛澤東的一些核心助手認為他們應切實地與莫斯科結盟，但也有人擔心史達林政府缺乏財源可以資助戰後中國所需要的大規模重建計畫。根據電文報告，周恩來自認為是「自由派」，贊成與美、英建立「實質的工作關係」[7]。他警告，否則中國將面臨「經濟和實體完全崩潰」[8]的可能。根據這份備忘，周恩來傳遞這個訊息時顯得「非常緊張和憂慮」[9]。

杜魯門手下的外交官非常重視後來被稱為「周恩來行動方針」的表態。人仍在南京的司徒雷登大使在日記中寫下，這個訊息代表「非常值得期盼的努力方向」[10]。這份電文認為美國與中國有深刻的共同利益，事實上就是司徒雷登本人會寫下的感受。不過，即使是因為這份電文所傳遞令人鼓舞的訊息讓杜魯門有了樂觀的期許，中國官員後來仍堅稱它是被刻意設計的——毛澤東陣營很聰明地誤導方向，避免美國攻擊中共。[11]學者一直無法在中國的檔案中找到證據來證實「周恩來行動方針」[12]，他們也指出這樣大膽的舉動有違周恩來向來忠心耿耿的性格[13]。四十多年後，中國前任官員仍持續駁斥此一說法，稱其純屬捏造。年事已高的黃華向史丹福大學歷史學者張緒心抱怨，任何這類黨內高層分裂的說法都是「胡說八道」[14]。

然而，它正是杜魯門樂意相信的故事。他整個袖手旁觀的中國政策就是想要好好利用這類的不和。一連好幾個星期，杜魯門一再告訴相識的人，即使需花費幾十年的功夫，他認為中國人最後將會起義，趕走共產黨。他的觀點植根在一個信念——其實就是強烈抱持的希望——亦即中國人的政治價值基本上是與他的美國同胞相同。即使後來的經驗慢慢削弱了這個理想，杜魯門卻從未完全放棄它。

杜魯門告訴自己，全然是外來份子的陰謀破壞此理想。如果他本身的良知純正，而絕大多數中國老百姓也是他深信的善人，那麼問題一定出在別處——毛澤東肯定就是，另外，毛澤東的敵人，如蔣家圈內人士也是。周恩來行動方針送達華府的同一天，國家安全會議幕僚也開會審視另一份為答覆杜魯門要求聯邦調查局調查國府在美國有多少資產之命而寫的備忘錄。[15]聯邦調查局報告，公認「宋孔集團」[16]有相當大持股的廣東銀行（Bank of Canton）和中國銀行（BankofChina），其淨值近七千三百萬美元（換算為今天的幣值是七億四千萬美元）。聯邦調查局只查到一個外人的戶頭，戶名是宋美齡，存款餘額三萬美元。即使如此，調查人員仍猜測其家族大部分的財產是放在中國所控制的帳戶，或是難以追查的保管箱裡。

儘管聯邦調查局的報告不能驟下定論，杜魯門和他的助理也不能忽視蔣氏陣營裡某些事情已有變化。當委員長的運勢似乎跌到谷底之際，他的盟友也終於開始行動。效忠國府的專欄作家極力抵制承認中共政權的主張，並開始臆測蔣介石領導《太平洋公約》的之可能性。周以德等國會議員則公開鼓吹陳納德所試圖推銷給中央情報局的援助計畫。[17]在當時，所有這些強力反對的催化劑仍隱晦不明；不過，公開的敵視正日益成為問題。艾奇遜日後回憶，隨著時序進入六月，杜魯門政府開始感受到「某些熱浪的真實跡象」[18]。

★

六月六日，在暮春陽光下，五百名示威民眾繞著紐約曼哈坦佛烈廣場（Foley Square）遊行，他們舉著牌子、高喊：「參加共產黨。為和平而戰。」[19]附近的法院正在審理二十世紀最轟動的間諜案。雖然法庭外的騷動並不暴戾，也不特別具有破壞性，但這景象卻引起民眾極大的恐懼。一九四九年中期的美國人陷入對共產黨顛覆的極端恐慌中。根據一項對於紐約報紙報導內容的分析，六月份第一週所有頭版版面，有百分之三十二篇幅是關於「『間諜』」的主題或與其密切相關的事件」。[20]

美國還未陷入一九五〇年代初期麥加錫主義（*McCarthyism*）歇斯底里的激情當中，然而民眾對共產黨滲透的關切已在過去十多年間慢慢增長。一九三八年，國會成立「眾議院非美活動委員會」（House Un-American Activities Committee, HUAC），是為了調查任何涉及不忠誠和顛覆的指控。到了一九四〇年代末期，委員會已鎖定好萊塢一些劇作家和其他有影響力的文化界人士，發動一連串引人矚目的調查。杜魯門本身也注意到，對於共產黨間諜活動的憂慮已構成愈來愈大的政治威脅。他曾一度發布行政命令，要聯邦職員進行自身的忠誠考核方案——就是要堵住批評者悠悠之口的作法。[21]到了一九四八年總統大選時，他知道眾議院非美活動委員會已經失控。他在全國播出的演講中提出警告，委員會「狂亂不實的指控」已「傷害無辜者的名譽」[22]。

特別吸引杜魯門注意的一件個案就是艾爾格．希斯（Alger Hiss）案。希斯是國務院前任職員，被指控為蘇聯從事間諜活動。現在，示威者在佛烈廣場抗議，希斯則在法庭受審。一名記者描述這一幕：在法院十三樓的一處法庭裡，高瘦的希斯「靜靜地倚著法庭的後欄杆坐著，他穿著一套棕褐色西裝，看上去比他四十四歲的實際年齡顯得年輕些」。[23]希斯沉靜地聽著他的律師交叉詰問前任《時代》週刊主編魏塔可．錢伯斯（WhittakerChambers）。錢伯斯前一年向調查人員招供，說他和希斯合作竊取詳載美國武器系統的政府敏感文件。錢伯斯發誓承認把這些文件交給一名蘇聯間諜。不過，希斯徹底否認錢伯斯的說法，堅稱自一九三七年以來，就沒有再見過錢伯斯。雖然間諜罪的追訴期限已過，但大陪審團仍以偽證罪起訴希斯。

希斯案也帶給艾奇遜嚴重的政治麻煩。二次大戰期間，艾奇遜和希斯是國務院的同事，又是同住在喬治城的鄰居。[24]國務卿的政敵立刻把兩人扯在一起；宋美齡在給她丈夫的電報中也提到希斯案的牽連。[25]艾奇遜抗議說，他和希斯的相識被刻意放大。當艾奇遜的政敵竊竊私議他任職過的法律事務所曾經聘用希斯；艾奇遜被迫糾正他們，指出受雇的是希斯的哥哥唐納。[26]即使如此，艾奇遜仍承認他與希斯交往，大膽（也可能是愚蠢的）宣示：「我不輕易交朋友，我也不輕易收回交情。」[27]

艾奇遜個人所遭遇的麻煩，也因當時普遍存在的社會背景而複雜化：美國人正在開始擔心自己的政府，不下於害怕共產黨的滲透。就在希斯案開庭後幾天，英國作家艾瑞克・布萊爾（Eric Blair）——即家喻戶曉、筆名為喬治・歐維爾（George Orwell）——出版了令人不寒而慄的非烏托邦小說《一九八四》。書中描述在陰險毒辣人物「老大哥」所領導無所處不在的政府之下，所有的個人都遭到壓制。雖然這本書可以解讀為對共產主義或法西斯主義等極權主義的批評，但許多美國的讀者卻認為，美國本身愈來權力愈大的政府正反映了歐維爾筆下的未來前景。美國人對於原子彈和電視等這類新科技會帶來什麼衝擊還不是很清楚。它們會變成政府威權的恫嚇嗎？洗腦？歐威爾的出版社深信本書的故事會引起焦慮、失去方向感的戰後讀者之共鳴。出版社一位主管寫道：「若賣不到一萬五千至兩萬本，我們就該被槍斃。」[28]這本書最後賣了數百萬本。

對於政府高壓統治和共產黨祕密顛覆的不安心理結合起來，促成了艾奇遜政敵的猛烈攻擊。國務卿的政敵影射他和他的部屬實際上就是激進的左翼份子，決心要傷害美國的國家利益。這種陰謀論的態度正是希斯案吸引全國關注的部分原因。二戰期間，希斯曾陪伴羅斯福總統出席雅爾達會議，這在支持蔣介石人士的想像中是一段非常可疑的事蹟。病情嚴重的羅斯福在雅爾達會議中就滿洲權益向蘇聯做出重大讓步，以交換蘇聯支持抗日作戰——這項祕密交易激怒了蔣介石和親中集團。事實上，委員長本人和蘇聯交涉《中蘇條約》時，也做出同樣的妥協。[29]但蔣委員長是因為發現有機可乘，才立刻加以利用。就在委員長準備重登世界舞台之際，美國人對共產黨間諜的滲透和叛國陰謀的日益不安，為他提供了便於運用的政治資產。

六月十二日星期日下午五時，一名男士出現在宋美齡位於里弗代爾都鐸式宅邸門口。[30]顧維鈞雖為職業外交官，他那粗鄙的笑容和光滑的髮絲卻讓他有種諂媚般的學生氣息。宋美齡和這位訪客對於一九四九年內戰是站在同一陣線；顧維鈞是委員長派駐華府的大使。但實際上，顧維鈞經常和宋美齡較勁，或消極、或積極地爭奪對國府行動的主控權。宋美齡喜歡讓顧維鈞猜測她和美國官員接觸的內容，顧維鈞也常在背後說這位前第一夫人的壞話[31]。

然而，這天宋美齡似乎決定與他和解。她詢問顧維鈞有關華府的動態，他也向她簡報大使館近來的努力。顧大使承認國府過去想要形塑美國輿論的作法有點笨拙。但他不認為這是自己的過失。他告訴宋美齡，若要有成效，國府需要「不斷提供事實和數字給我們當彈藥」，以及「集中組織的力量」，還需要有經費的支持。顧維鈞感嘆「不論國內或國外，都沒有協調好」。[32]他建議重振國府的遊說工作，學習英國積極有效的作法。

宋美齡這次贊同顧維鈞的意見。事實上，她也建議蔣委員長應該這樣做。可是，直到最近，委員長仍希望維持低調。蔣介石在上海淪陷後才真正開始表達他的意見。現在，中國大陸已逐漸從他的手中流失，而他又想到要重掌大權。不過，這次他是向外看，眼光朝向大東亞。蔣介石告訴妻子，她可著手拋出太平洋國家成立區域聯盟的構想——當然，他本人要做中國的最高領導人。[33]

為達成此目標，宋美齡認為她和她的丈夫都應再站出來講話。在沉默了六個月後，她向友人暗示，她可能會像一九四三年一樣，再度赴美國國會演講。[34]她向委員長報告她和顧維鈞會談的經過，也安排美國某大報系的一位記者到臺北專訪已在那裡的委員長。[35]她甚至提供蔣介石一份記者可能提問的題目，也替他代擬答稿。委員長雖希望重新出仕，卻抗議說他還沒準備好接受正式的訪問。[36]但是他的妻子堅持。她給他一份代擬的演講稿，也告誡他別把稿子改太多。[37]

宋美齡希望做得更多。光是啟動新聞還不夠；他們需要塑造新聞。她促請她的丈夫運用剩下的資源，破壞毛澤東的重建工作，設法讓住在共產黨控制下的城市的人們的日子過得很不安穩。她說，國府應切斷連接上海和美國的無線電話。她也轉達某政客的建議：派特務滲透大陸，祕密騷擾還留下來的外國人，然後嫁禍給中共，盡力撩撥，讓西方人痛恨中國。她主張國軍空軍應轟炸各地的機場，孤立各個城市。她甚至提議國府研究如何印製偽鈔，以阻礙毛澤東新政府穩定金融的工作。[38]

顧維鈞回到華府，決定替國府出面說話。六月十五日中午過後不久，他到五角大廈拜訪強生；宋美齡誇口強生是她在杜魯門內閣中的「好友」。這位中國大使向強生發出警訊，聲稱在大陸「整個局勢十分嚴重」。但是他也堅稱，中國境內仍有數十萬中國部隊正繼續抵抗毛澤東在華西、華南各省份的推進。他勾選一份各地仍決心奮戰的指揮官名單——大部分就是陳納德所提到的同一批人。這位中國大使也告訴強生，國府的領導人正認真努力團結這些不同派系，打造一個反毛「聯合陣線」。[39]

隨著五角大廈更換新部長，顧維鈞也重提年初宋美齡曾試過但未能成功爭取到的政策。他建議美國派遣幾位軍官領導調查國府在大陸的軍事地位。顧維鈞後來在他的備忘錄裡記載，強生「看起來（對這個提議）有興趣」，交代他的祕書記下來。另一方面，顧維鈞請求銀元貸款，強生表示了異議。根據顧維鈞的筆記，這位美國國防部長答覆：「錢用完了。」不過，顧維鈞竭力恭維強生，稱讚他是中國「偉大的朋友」。強生向顧維鈞保證，他對中國的命運並沒有「失去興趣」，答應自己會向杜魯門進言。[40]

★

六月十六日，數十名記者拿著紙筆聚集在白宮杜魯門辦公桌前，參加總統每週一次的記者會。艾奇遜對於杜魯門參加這種場合一向是提心吊膽。他認為這種隨心所欲的會議對總統是一種「不斷的威脅」[41]——而總統也會傷害到他自己。艾奇遜常說，杜魯門的頭腦「沒有他的舌頭來得快」。有時候，記者還沒說完問題，總統已開始搶答。艾奇遜回憶：「還沒看清楚會被帶到哪裡，他就已經跌入陷阱。」現在，記者們有二十分鐘可以拷問總統關於毛澤東的勝利和美國國內諜影幢幢所產生的灼熱政治氣氛。[42]一位記者問：「總統先生，現在有許多好人被貼上共產黨、赤色份子、顛覆份子，以及那些不該發生於今天的無數審判、聽證會等情事。你對於這股給人貼標籤的風潮，有什麼評論？」[43]

杜魯門說：「是啊，是啊。記者們應先讀一讀一七九〇年代《外國人及叛亂法》（Alienand Sedition Acts）的歷史，當時和今天的情況幾乎完全相同。當他們讀到這些事是怎麼發生時，就會驚訝於如此雷同的情況。」

「總統先生，關於《外國人及叛亂法》，我們該如何把其教訓應用在今天的問題上？」

「你若繼續讀通傑佛遜政府時代的歷史，就會發現那股歇斯底里消褪了，國家一點也都沒有跌進地獄。今天當然也不會。」

杜魯門認為，情勢還不致於全然像跌進地獄——但火焰已日益熾熱。同一天，中央情報局的一份報告提醒，「美國無法逆轉，或大力制止（在中國）事件的方向。」中央情報局警告，蔣介石的部隊現在「不再是有組織、團結一致和由中央指揮的軍事機器」。委員長重新掌權只會讓問題更棘手。報告指出：「雖然蔣氏引退，但並非正式辭職，他繼續控制軍隊、軍事和財政資源、祕密警察、黨部、和許多領導級的官員。」[44]蔣介石現在正把資金和人才投入台灣，也繼續對付所有的政敵。

根據中央情報局的分析，毛澤東最希望從美國獲得的就是外交承認——所謂周恩來行動方針似乎更加強此一論點。由於杜魯門受困於國內反赤浪潮，以及他自己強烈的核心反共信念，因此他要求助理稍安毋躁，慢慢來。這一天，某位國務院官員來到杜魯門的辦公室，要求總統核准對周恩來行動方針的回覆，杜魯門告誡這位顧問「要非常小心地不要表示對共產黨有任何軟化，反而要堅持以他們的行動來評斷他們。」[45]國務院的回信最後強調美國尋求「與中國維持友好關係，並與該國持續社會、經濟和政治關係」。但是它也警告，「友好的情感」需要「轉化為行動」。[46]

至少在表面上，毛澤東的行動繼續讓杜魯門深感不安──與困擾。六月十九日，中共新聞通訊社發出廣播，宣布破獲美國駐瀋陽領事安格斯・華德（Angus Ward）所領導的一個美國間諜網絡。[47]幾個月以來，杜魯門一直都有意識到這場醞釀中的危機：毛澤東部隊在去年年底占領瀋陽這個東北大城市，就軟禁了美國領事館人員，切斷所有聯繫。不過，這還是頭一次毛澤東的媒體公開譴責美方人員為間諜。

這篇文章聲稱，派駐瀋陽的美國陸軍聯絡組其實是祕密單位「外部調查支隊四十四」（External Survey Detachment 44）的掩護名稱。它指控美國這個單位雇用日本人和蒙古人間諜建立一個地下無線電台。報導指稱，除了陰謀份子落網外，還查獲「六組十五瓦的美製無線電收、發報器，三部發電機，十六本美國間諜機關的密碼本，十條供間諜開銷用的金塊」，以及其他東西。根據中文版的報導，美方行動的目標是要「破壞中國人民的革命事業」。[48]

幾乎可以肯定的是，這項報導的確有若干事實。杜魯門政府在三月間已祕密承認有間諜行動的存在：中央情報局的文件提到有個「龐大又微妙的計畫」。[49]最近解密的情報報告更證實，美國於一九四九年期間曾在中國大陸維持幾個作業小組，即使他們沒有在中國主要沿海城市設立監聽站，但他們確實有些不法行為。[50]美國《生活》（*Life*）雜誌的記者羅易・羅文（Roy Rowan）曾在共軍占領瀋陽前，前往瀋陽領事館進行採訪，他記得看到一名士兵在領事館前院，拿著斧頭把一具短波電台砍成碎片。[51]不過，近來中國學者也認為，或許是基於莫斯科當局不樂見美中交好所施加的壓力，因此毛澤東的官員誇大間諜活動的規模。[52]無論真相如何，就在司徒雷登等人正在探索新的外交管道之際，毛澤東卻決定公開升高美中雙方的緊張關係，這讓杜魯門的助理大感不解。

★

艾奇遜在巴黎停留一個多月，卻沒有太多成績可言，他在六月二十日晚間搭機返國。他日後回憶：「『獨立號』在飛回華府的北方航道上，逐漸攀升高度，到了午夜時分，巴黎和倫敦的燈火消失在我們背後。」[53]艾奇遜在大西洋上空的座艙中，思索中國的困局。他在巴黎和維辛斯基及蘇聯代表團交涉，最終未能就棘手的柏林問題取得進展。維辛斯基還試圖在東亞局勢上占便宜，要求各國代表團考慮正式與日本簽訂和平條約，如此一來，就可終止美國對日本的占領。[54]由於中國是原本對日停戰協定的簽字國之一，維辛斯基表示，中國也應要參加任何新的談判。艾奇遜認為，麻煩大了，毛澤東現在已控制大半個中國，蘇聯就會有更大的影響力。今天回家卻要為中國傷腦筋。記者詹姆斯·芮士頓（James Reston）寫道：「一個月前艾奇遜前往巴黎時，擔心的是德國的問題。今天回家卻要為中國傷腦筋。」[55]

毛澤東和維辛斯基已讓艾奇遜日子不好過，現在蔣介石也來插一腳。或許是受到宋美齡建議擾亂共產黨控制區生活秩序之影響，委員長在六月二十日下令封鎖中國海岸。[56]雖然這道命令幾乎不可能執行——因為依據國際法也是違法的——美國及其他外國籍航運公司還是有碰上國民黨所布下的水雷之風險[57]。國府的封鎖肯定也讓毛澤東不快。他傾向於認定美國和國府正在協調共同對付他的策略。

差不多就在同時，蔣介石所有的加拿大製蚊式以及其他戰鬥機開始增強對共產黨所控制主要港口的轟炸行動。[58]飛機在相當的高度上，有時候高於雲端，對著上海碼頭及黃浦江投擲炸彈。有一次，它們引爆煤油儲存槽，還有一次炸損了一艘掛著英國國旗的貨輪，造成引擎室進水。國務院溫和地抗議這些攻擊，但是艾奇遜告訴助理，他不願介入這事。[59]上海像火爐般的高溫只會讓大家的日子過得更慘。到了六月二十二日，氣溫已攀升到華氏九十六度——中國的一家報紙說，離節氣「大暑」「還有一個月」[60]。

# 第十四章
# 打死老虎

六月二十二日下午，杜魯門的禮賓主任陪著顧維鈞大使和國府另外一位外交官甘介侯進入總統辦公室。[1]能和美國總統面談一向是非常珍貴的時刻，兩位來賓已仔細準備好他們的說詞。他們一開口就是樂觀的腔調：在中國大西北作戰的回族部隊似乎延滯了解放軍的推進，長沙的國軍部隊也穩住陣腳。兩人拿出地圖向杜魯門說明，哪裡可能堅守得住，可擋下共軍的進一步征服。

杜魯門聆聽，也問了幾個問題，但未做出承諾。雖然總統告訴來客，他「一向十分同情中國人民」，但是他又意有所指地說，過去幾個星期國軍部隊的敗退「令人極為沮喪和不安」。經過這麼多年，國府說話老是不能兌現，杜魯門不會再輕易相信戰場上又傳來捷報這種話。他說：「我來自密蘇里州。」[2]這句話暗示他們老家的一句諺語：「亮給我看。」他要看到真正的結果。來賓告退前，杜魯門再問他們一次，他們是否了解他提起密州老鄉諺語的意思。他決定毫不遲疑地表露他對蔣介石及其盟友的嫌惡。

初夏的這幾天，杜魯門對於中國的觀點出現微妙——但十分重要——的轉變。南京和上海相繼淪陷，加上蔣介石的封鎖和空襲造成的麻煩，增加杜魯門對整件事的厭惡。長久以來，他一直認為國府是個失敗、只會吞沒美國人金錢和補給的「老鼠穴」。一九四九年的頭幾個月，杜魯門起初不理睬蔣介石，既不支持他、也不公開批評他。然而，現在杜魯門開始認為蔣委員長是他必須對付的一股勢力——這項工作需大膽地改變策略。

跑國務院線的記者很快就掌握這個新的態度的蛛絲馬跡。六月二十三日，艾奇遜召開記者會，表面上是要向新聞界簡報出席巴黎會議的情況。可是，記者們立刻問起中國的局勢。佩帶著圖案上骰子顯示幸運「七一一」數字組合領帶的艾奇遜，堅定地招架有關國務院準備白皮書的各種發問——在他出國期間，白皮書的準備工作已如火如荼地展開。[3]

有位記者發問：「國務卿先生，有項報導說國務院正在考慮或已決定發布許多有關我們和中國關係的文件，而且這些文件在此之前被列為機密。你能不能再說明一番呢？」

艾奇遜回答：「國務院已考慮就過去幾年有關我們與中國的關係，以及中國發生的事件，準備一份非常廣泛的報告。我不能告訴各位這報告的內容將會如何決定，或這份報告將在何時公布，但是它已在積極的考慮下，進行相當的準備工作。」[4]

私底下，艾奇遜得一些助理擔心發表白皮書所造成的風險恐怕比好處要大。艾奇遜的副國務卿詹姆斯·韋伯（James Webb）抱怨說，親中集團有太多方法可以扭曲文件的結論。韋伯認為，起草報告的官員需要澄清為什麼政府過去援蔣不力？他提出警告，如果照目前這樣的做法，國務院的敵手必定會針對文件「興風作浪」[5]。

國會已因艾奇遜不慍不火地支持國軍殘部和毛澤東交戰而讓他吃足苦頭。記者會的同一天，眾議院外交事務委員會召喚艾奇遜到國會山莊出席閉門聽證會。周以德一路窮追猛打，毫不鬆手，要求知道為什麼陳納德等人建議提供殊死抗戰必需的武器援助，艾奇遜卻拒絕支持。國務卿再次表示，杜魯門本身的軍事參謀認為這個計畫不全備。艾奇遜告訴周以德：「我不能勝任來到國會要求撥款去做一些我們無法相信可能會有效果的事。」[6]艾奇遜最近堅持不讓的姿態的消息必定傳到了里弗代爾——或許是透過周以德或顧維鈞，或是兩人都傳了話——因為宋美齡在六月二十四日發電報警告她的丈夫，白皮書很可能對委員長是個「敵意的攻擊」[7]。

蔣介石漸漸被迫撤退到台灣，所以他決定在台灣的新基地發起這場攻勢。台灣多山、地處熱帶，離中國海岸有一百英里，長久以來彷彿遺世獨立，自成一個世界。由於不同世代移民相互交疊的結果，台灣的住民形成文化大熔爐。台灣的原住民是南島語系山地人，不過自十七世紀起大批漢人從大陸的華南省份移居到島上，和既有住民發生衝突。當日本一八九五年中日戰爭擊敗中國後，日本掌控台灣，統治這個島嶼，直到二次大戰戰敗投降。日本投降後，中國內戰戰火熾熱，一批批大陸人遷徙來台，尋求庇護——和勢力。[8]

台灣比蔣介石在大陸剩餘的據點都更加安全。不過，要統治面積大於馬里蘭州的這個島嶼仍然不是件輕鬆的工作。雖然蔣介石已經花了好幾個月的時間，試圖鞏固包含台灣在內的戰略基地區域的控制，卻僅能有部分的成果。當地人對於大陸人的抗拒仍然強大，特別是兩年前國民黨殘暴地鎮壓本地抗議民眾——所謂的二二八事件——造成數千名以上本省人遭到殺害之後。同時，在台灣的領導人蔣介石和代總統李宗仁之間相互攻訐，也加深這兩位領袖彼此之間的緊張關係。[9]蔣介石仍然擔心他的黨內對手，也對於他在島上究竟能有多大的支持度沒有什麼把握。根據一份回憶文字，他在台灣南部走下飛機時，曾焦慮地詢問前來迎接的將領：「我在這裡安全嗎？」[10]

然而，到了初夏，蔣介石已無太多選擇，只能試圖鞏固對這個島嶼基地的管控。六月二十五日，他從南台灣飛到台北，然後換乘轎車蜿蜒直上蔥鬱、景色怡人草山上一幢別墅[11]。蔣介石體認到失去華府這強大的盟友將會十分危險，於是翻轉立場，告訴妻子他同意她的建議：他們需要提升公開的活動。他告訴她，如果她覺得有助於大局，她可以安排美國記者來草山專訪。蔣委員長願意接受專訪[12]——以及一切必要努力——來頂擋即將到來的攻擊。

★

隱居在北平郊外山上舒適寓所的毛澤東，對這些微妙變化不以為意，或說無動於衷。即使杜魯門和艾奇遜正準備公開羞辱蔣介石，毛澤東還是向他的助手抱怨，美國人仍與國府太親近。毛澤東在寫給中共上海市政委員的一封電文中提到，杜魯門政府扮演兩面人的手法。他嘀咕美國既要求他給予其外交代表「法理地位」[13]，同時又繼續支持他的敵人。毛澤東提醒底下的人，西方間諜正在尋求「從內部進行顛覆我們」的工作，要求上海市委要做好長期抗爭的準備。

隨著夏日展開，毛澤東被迫更認真思考如何與外國往來——不只是和美國及英國的關係，還有與中國動盪的周邊其他國家的關係。中國歷代皇帝莫不尋求主宰其邊疆地區，巧妙地允許他們有某種程度的自主和貿易特權，但同時也要求他們進貢並保持對他們的影響力。[14]歷史經驗顯示，如果皇帝喪失了邊陲，中國重要的核心也將陷於危險。[15]毛澤東意識到，他若想確保國內的革命，就不能忽略中國沿岸島嶼、西北邊省或東南亞鄰國。

首先，毛澤東看到台灣，在那裡蔣介石忙著增強當地的防禦工事。上海淪陷才幾週，毛澤東即命令解放軍指揮官「立即注意攻占台灣的問題」。他問手下將領，要花多少時間才能完成此任務，也希望知道他們是否能夠誘使大批國軍部隊叛降。毛澤東要求指揮官以電報呈報他們的「初步意見」。他的結論是：「如果我們不能在短期內解決台灣問題，上海及沿海其他港口的安全將會受到嚴重威脅。」[16]

毛澤東也思考東南亞的局勢——特別是中南半島。胡志明的共產黨所領導的越盟戰士正迅速取得勢力和領土。當年稍早，基於穩定局勢的迫切需要，法國和越南官員達成所謂的《艾麗西協定》（Elysee Accords），為越南名義上脫離法國殖民統治訂定基礎規則。雖然法國維持相當大程度的影響力，仍允許越南民族主義者、前任安南皇帝保大擔任新國家元首。但是很少觀察家相信保大具有任何個人魅力或資源，可防止胡志明的游擊隊推翻他的政府。[17]（一位美國外交官日後曾形容保大「是個放蕩的花花公子，受法國人豢養，他所謂的忠誠追隨者可能就是在香港的六、七個妻妾」[18]）可是，毛澤東和其高階助手認為保大的弱點正是中共建立至關重要緩衝區之機會。史達林最後也催促中共帶頭支持胡志明及其叛黨。[19]

史達林也促請毛澤東「嚴正注意」中國穆斯林維吾爾族的大本營新疆，這個解放軍還未靖服的邊省。毛澤東告訴史達林，他認為若要綏靖新疆，需推遲到明年。但這位蘇聯領導人力促毛澤東盡快行動。史達林認為盛產石油和棉花的新疆，可以幫助中國的經濟快復甦。這位蘇聯領導人認為：「你若沒有自己的石油，情勢會很困難。」史達林認為，只需短短幾年，中國就可以開發一條強大的石油和天然氣供應管線，並從新疆開發水路通往各大城市。史達林催促毛澤東要加快時間表，在新疆進行更積極的行動。史達林堅稱，當地的指揮官「沒有那麼強大」。[20]

覬覦如此廣大區域的目標顯得野心勃勃，尤其是對一個國內百廢待舉的新政府來說，更是非同小可——毛澤東也心知肚明。他需要蘇聯的協助或默認才能完成這些目標。六月底，毛澤東派出中共高階官員（日後出任國家主席）劉少奇率領代表團，前往莫斯科和史達林磋商。對中國代表團而言，此行是非常艱鉅的旅行。劉少奇的座機從華北飛往莫斯科，經常要做出閃躲動作，在溫度零下的大氣層中突然激陡爬升高度，許多人因此暈機。劉少奇的座機一路上被迫降落、加油好幾次。直到六月二十六日抵達莫斯科時，中共代表團已完全累癱了。[21]

史達林在他的夏日別墅設宴，為訪客洗塵，然後在次日晚間召集他們參加更實質的會談。這位蘇聯獨裁者的心情愉快，說說笑話、擊掌拍手。[22]他很快就答應毛澤東的代表，他將提供三億美元的借款協助中共的革命——今後五年每年撥款六千萬美元。當史達林提議利息為年利率百分之一時，毛澤東諂媚地在電報中表示這條件太寬厚。史達林笑哈哈地說：「好啊！如果你堅持要多付利息，你就說吧！我們可以接受調升利率。」[23]

史達林注意到，解放軍若要保衛中國海岸線，並將勢力推及到鄰近的島嶼如台灣和海南島，毛澤東需要建立一支海軍。這位蘇聯領導人表示願意提供毛澤東掃雷設備，並派專家協助操作它們。他相當懷疑解放軍是否能從被擊敗的敵人——國軍——手中奪取任何船隻。總而言之，他又說，他樂意提供專家，由他們協助打撈原本沉沒的軍艦並修復它們。他也答應毛澤東，一旦正式宣布成立政府，蘇聯就派出海軍增強青島的防務。

最後，史達林再次強調，毛澤東需要儘快占領新疆。他警告，如果毛澤東拖延，外國列強如英國將會試圖「鼓動穆斯林，包括印度境內的穆斯林，繼續反抗共產黨的內戰」。史達林建議，在綏靖本地區之後，毛澤東應鼓勵漢人移民新疆，把漢人占新疆人口比例由百分之五提升到百分之三十。他重申這個策略在中國邊陲其他地方也會有效。但是新疆應是優先，地方土豪強人的騎兵部隊是解放軍大砲很容易對付的對象。如果毛澤東需要幾十架戰鬥機完成此一任務，史達林也樂於提供。

★

當劉少奇代表團在莫斯科和俄國人交涉時，司徒雷登發緊急密電給國務卿艾奇遜，在六月三十日上午五點三十八分送到華府。這位美國大使報告說，兩天前黃華要求見面，一見面提出來自中國共產黨領導層的一個驚人訊息：毛澤東和周恩來邀請司徒雷登到北平一訪。雖然訊息有點隱晦不明，只說司徒雷登或許會想要「參觀（燕京）大學」，大使毫不懷疑，這是「來自毛澤東和（周恩來）的含蓄邀請，表面上參訪（燕京大學），其實是和他們會談」[24]。司徒雷登告訴艾奇遜，就強化美中關係而言，這樣的會面機不可失。

不過，司徒雷登也擔心它會成為政治風險。如果走漏風聲，國會的親中集團將會試圖破壞對話。此一訪問也可能得罪南京外交圈其他試圖在處理毛澤東的革命時維持「聯合陣線」的國家。最後，司徒雷登也推論，若是與毛澤東會面，會使中共得到正當性，讓全世界覺得只需再一步就可走到外交承認。然而，儘管有這些風險，司徒雷登寫道，如果艾奇遜覺得明智，他已「準備好成行」。司徒雷登的印象是，「無論他們的動機如何，毛澤東、（周恩來）和黃華都非常希望我能去。」

但是幾乎就在司徒雷登送出電報時，毛澤東似乎完全自我矛盾。為了紀念中國共產黨創黨二十八週年，毛澤東發表一篇〈論人民民主專政〉的文章，宣布共產中國將和蘇聯緊密結合。毛澤東寫道：「中國人不是倒向帝國主義一邊，就是倒向社會主義一邊，絕無例外。騎牆是行不通的。」他譏諷西方「帝國主義及其走狗」的文明「破產」，力促國人同胞粉碎中國境內的反動勢力。[25]他寫道：「或者把老虎打死，或者被老虎吃掉，二者必擇其一。」[26]

毛澤東這篇文章終止了一切和美國修好的談判。翌日，《紐約時報》的標題是：「毛澤東不期待從西方得到援助；稱讚蘇聯是中國真正盟友。」[27]七月一日晚間，艾奇遜匆匆發急電給南京的司徒雷登說：「謹此指示，在任何情況下，不得訪問（北平）。」[28]國務卿引述司徒雷登自己的推理，禁止他成行，是因為這會引起親中集團的撻伐，特別是毛澤東發表這篇文章之後。司徒雷登告訴艾奇遜，美國因毛澤東這篇文章而欠他一張「感謝票」；因為至少這位共產黨領導人的真正立場現在「已標舉得清清楚楚」。[29]

但是，司徒雷登難掩失望之情。他覺得現在他在中國問題上已無能為力。既然已無俗世的可能性，傳教士出身的司徒雷登改擁抱精神層面的可能性。在毛澤東文章發表後不久的星期天，司徒雷登在大使館親自帶領禱告會，他宣讀〈啟示錄〉中約翰的話：「我又看見一個新天新地，因為先前的天地已經過去了。」30

# 第十五章 巨大新月

在七月四日美國獨立紀念日，一千六百名美、英部隊排成整齊劃一的隊伍遊行穿過東京市區，經過數百年歷史的皇城和護城河，然後又行進到盟軍最高統帥部（Supreme Commander for the Allied Powers, SCAP）高聳的現代化總部。[1]二次大戰結束以來，過去的將近四年，日本的命運就由美國占領軍在這堵高牆背後被決定。

現在，上午十點整，一位身穿筆挺卡其制服、頭戴繡金花帽子的高大漢子，從大樓走進廣場校閱部隊。此時，十九名禮兵開槍朝空射擊，向東亞最有權力的道格拉斯．麥克阿瑟（Douglas MacArthur）將軍致敬。

聰明又頑固的麥克阿瑟不僅想要治理戰後日本，更希望完全主宰它。謙虛不是將軍的強項；在平常閒聊時，他喜歡自比是朱利斯．凱撒（Julius Caesar）。[2]和周以德一樣，相信美國的安全有很大的程度仰賴於控制亞洲和掌握歐洲。他預測「未來一千年的大事件」[3]都將出現在東亞，而他認為自己的使命有一部分就是為本區域的靈魂進行長期奮鬥。他覺得物質上的重建只是一個開端。占領軍也需要「播種認識基督精神和民主政治的種籽」[4]：這是一項改造東亞文化的艱鉅任務。

毛澤東征服中國使得這項宏偉計畫陷入危機。有一些現存的證據顯示，日本共產黨正試圖顛覆麥克阿瑟的治理。該年稍早查獲的一堆文件顯示，日本左翼份子曾計畫把最近爆發的勞工罷工轉化為全面革命。[5]〔一份被破獲的文件促請日本共產黨的女性黨員利用「性作戰」[6]弱化敵人的防禦。〕麥克阿瑟長期以來就嘲笑共產黨在日本的革命，也迅速鎮壓可能的罷工者。不過，激進份子堅決不退，繼續召集各種集會。[7]即使毛澤東控制的中國沒有直接危害到美國的安全，但共產黨控制的日本肯定會傷害到美國。

上海淪陷加上毛澤東喧嚷要倒向蘇聯，迫使杜魯門和艾奇遜更嚴正地思考這對日本、乃至整個東亞會有什麼後果。七月初，艾奇遜轉送一份文件給國家安全會議，主張對東亞區域需要更積極、統合的對策。這份文件是由肯楠及其幕僚所撰寫，促請政府把圍堵共產主義的政策延伸到亞洲，悄悄支持中國邊界各國。[8]文件的撰寫者寫道，美國的安全依賴著環繞中國的友好國家——包括印度、澳洲、菲律賓和日本等國——組成「巨大新月」[9]的實力。美國不容許毛澤東的革命壯大這些國家共產黨徒的氣勢。

到目前為止，日本是沿著中國邊境「巨大新月」中最關鍵的國家，故不能把日本的命運與其太平洋鄰國的福祉切割開來。長久以來，日本幾位天皇都尋求強化和東南亞國家的貿易關係；後者穩定地供應原物料給日本，以交換製造業成品。一九三〇年代的日本天皇更十分依賴這些貿易路線，他甘冒戰爭之風險，就是要維持旨在增強商務關係的此區域集團的完整性。[10]現在麥克阿瑟和杜魯門政府試圖重建日本殘敗的經濟，他們體認到需要回歸這些可靠的貿易路線。

經濟很重要，但是政治也同樣重要。肯楠擔心，如果美國自己試圖打造區域性的政治組織，將會被指控是「帝國主義干預」。因此，肯楠希望誘使一位本地領袖——譬如菲律賓總統耶爾皮迪歐・季里諾（Elpidio Quirino）——「在發展反共勢力上扮演積極和建設性的角色」。鑒於美國和菲律賓兩國之間過去不愉快的歷史，這將是很微妙和具難度的工作。美西戰爭之後，美國即把菲律賓當做帝國屬地來治理。雖然美國歷任總統逐步允許菲律賓增加自治的權力，但直到一九四六年、也就是麥克阿瑟從日本人手中重新搶回這個群島後，美國才賦予菲律賓完全獨立。即使如此，肯楠了解美國仍對菲律賓的官員具有相當程度的影響力。季里諾就任總統僅一年，正在和菲律賓的共產黨叛軍作戰，他會需要美國的金錢援助。為了交換經濟援助，肯楠預期這位菲律賓總統或許會接受某些「祕密、但友好的指導」。[11]不過，此一關係需要相當小心地經營。肯楠單位裡的另一位官員建議，應盡快邀請這位菲律賓總統訪問美國，開始建立必要的善意。[12]

周以德因國務院新的積極作為而大受鼓舞。他顯然抱著幸災樂禍的心情，觀察到肯楠似乎「受到整起事件的震撼」。周以德覺得他和盟友在說服華府決策者武裝中國各省領導人的倡議方面，已穩定取得進展。周以德認為，現在這些國軍殘部應模仿毛澤東原本的游擊戰略。七月初，他向一位記者說明：「藉由退入易守難攻的地區，可讓致力軍事準備的花費減到最低。國府可以開始讓圍籬這一邊的草長得更加蓊綠，而這並非共產黨的力量所能開花結果的，因為現在他們必須承擔提供城市食物、維持交通運輸，並兌現過去隨意承諾的種種頭痛問題。」[13]

然而，這些反共的抵抗軍需要經費和武器。艾奇遜繼續反對交付軍事與經費援助，認為那都是浪費、虛擲。而陳納德希望他的民航空運公司或許可以很方便地用來運送軍火補給，但國務卿也拒絕補貼它。但依照魏斯納手下的解讀，國務院的指令是允許政策協調處的祕密勤務人員開始悄悄地在中國邊境地區展開初步情報蒐集的任務。[14]魏斯納雇用記者出身的馬爾孔·羅斯賀特（MalcolmRosholt）負責最先期的作業之一。[15]羅斯賀特在二戰期間曾在華南地區擔任情報官員，能以流利的中文溝通。隨著夏季到來，他祕密飛到中國，展開與最重要的地方勢力的溝通。

★

宋美齡也不是消極地等待杜魯門政府在太平洋增強防衛線。首先，沒有任何保證美國會把台灣——延伸來說，就是她丈夫的政權——納入大新月計畫。鑒於艾奇遜對國府的敵意愈來愈深，她警告蔣委員長，白皮書可能會把毛澤東的勝事「全怪罪」[16]到委員長身上。宋美齡向她丈夫擔保，她正在使盡全力試圖制止白皮書公布。她解釋說，她已和某些國會議員「達成協議」[17]要發表公開聲明來支持國府。不過，她告訴他，對抗美國國務院是「很困難」[18]的工作。如果蔣介石希望維持在東亞的領導地位，他必須依靠自己的意志力。

蔣介石採納宋美齡的忠告。七月初頭幾天，他終於接受妻子的安排，接見兩位美國新聞記者。他仔細研究她代擬的回答之後，幾乎一字不差地重複這些說法。[19]當他和兩位記者在草山別墅坐下來談話時，他試圖表達出信心，顯得興奮和健朗。儘管蔣介石已「引退」五個多月，但堅持他絕不放棄作為他的國家的「革命領導」，誓言奮戰到底。他告訴兩位記者：「如果不遏制在中國的共產主義，它將會散播到整個亞洲。一旦如此，將無法避免另一次世界大戰。」[20]

蔣介石和杜魯門政府有相同的信念，即亞洲需要有統合的對策——但是委員長希望由他本人領導。接受記者專訪後不到一個星期，蔣介石飛往菲律賓會見季里諾總統，討論成立區域同盟的可能性。季里諾在碧瑤（Baguio）的總統夏日寓邸和他會談兩天。在鄰近山峰的蔭影下，兩人一起遊覽這個美麗的城市；本地華僑為了歡迎蔣委員長的到訪，還布置了許多花架拱門。回到季里諾的寓邸，這兩位亞洲領導人坐在一座茅草涼亭裡討論他們共同的雄心壯志，包括組織一個太平洋同盟。[21]〔根據馬尼拉美國大使館收到的一份報告，蔣介石也提到把他龐大的黃金存放在菲律賓以策安全的可能性。[22]〕和季里諾總統發表聯合公報後，蔣介石在次日登機，於馬尼拉上空盤旋了一圈。他在菲律賓首都稍作停留，然後向北飛越海域，回到台灣。

蔣介石此一主動出擊的外交行動惹惱艾奇遜。他在七月十四日上午的國務卿晨間會報上抱怨「季蔣會談」[23]打亂了他的策略。艾奇遜開始猶豫是否該按照手下顧問的建議，邀請季里諾來美國訪問。同一天稍後和杜魯門會面時，艾奇遜告訴總統，他和手下正在重新考慮此一計畫。[24]杜魯門和艾奇遜打算利用白皮書，甩掉他們和國府糾纏不清的關係。他們最不樂見的事，就是蔣介石跳進來攪和他們希望籌建的太平洋新關係。雪上加霜的是，艾奇遜派在馬尼拉的代表報告說，現在季里諾總統本人表現出「對美國相當的憤懣」[25]。

然而，中國大陸完全看不到這些暗流。中國報紙《大公報》猜測蔣介石訪問菲律賓是美國力挺其勢力的祕密陰謀之一部分。這篇文章把季里諾貶抑為「美國帝國主義的小跟班」，它警告，美國透過他把錢交給國府。報導又抱怨美國這個「超級上帝」和它的「帝國主義魔術師」只想在亞洲「操縱傀儡」。[26]沒錯，國務院正認真地打造一個太平洋夥伴鏈，而且美國高階官員如強生等人，也都希望支持蔣介石和他的盟友。但是，其他許多人如艾奇遜等，卻在整個夏天竭盡所能地要破壞委員長。

★

到了七月中旬，有關對華政策的激烈辯論排擠了其他重要的議題。出任國防部長數月的強生，開始感覺更能信心滿滿地挑戰內閣同仁的主張。他常常口沒遮攔，與部屬和同僚拌嘴。（強生有一次痛罵向他做簡報的一名軍官，指責他：「將軍，你說謊。」[27]）杜魯門政府有位官員喜歡在日記中稱呼體重高達兩百五十磅的強生為「大男孩」[28]。艾奇遜抱怨強生似乎「精神上有毛病」[29]——日後，他稱之為「比水果蛋糕更難吃」[30]。但是，在中國問題上，強生堅持不放。他喜歡說：「我會一直追問我們的中國政策是什麼，直到找到答案為止。」[31]

強生或許對國內政治有點生疏，卻有某些亞洲經驗。二戰期間，他曾在印度擔任聯絡官，協助促進英國和印度領導人之間的政治妥協。在亞洲服務期間，他和蔣委員長某些最親信的副手建立起親密的交情。[32]報紙專欄作家德魯・皮爾森（Drew Pearson）日後告訴艾森豪總統，強生有一回出價一萬美元（約值今天十萬美元），要求皮爾森在他的專欄裡「吹捧」[33]宋美齡的大姊夫孔祥熙。皮爾森認為強生這個動作鮮明地印證，蔣介石的盟友如何努力爭取影響美國的政策。

現在，強生有足夠份量向杜魯門總統進言。七月十四日，杜魯門召集強生、艾奇遜和其他高級助理到布萊爾賓館進行深夜會議。根據一位與會人士的記述，總統神色可怕，又蒼老又疲憊，像一頭「累壞了的貓頭鷹」[34]。年紀和憂心國事已使他臉上的皺紋盡現。他完全失去平常的神采飛揚、和氣親切。他坐在小房間淺黃色的沙發椅上，背後牆上掛著一幀小羅斯福總統的大型油畫。他靜靜聽著高級顧問們辯論中國的困境。強生一連多日希望爭取對白皮書的內容有更大的主導。就在這天上午，杜魯門指示艾奇遜讓國防部長預覽一下白皮書的草稿。[35]雖然布萊爾賓館的深夜會議應該對外保密，但某些細節仍被洩漏出去。有位中國記者從強生身邊的消息來源得知，國防部長正極力爭取提供國府新的援助。[36]另一位目擊者則回憶，艾奇遜為自己立場辯護時，顯得「非常冷靜和安詳」[37]，「陳述得清清楚楚」。然而，會議未能解決意見最分歧的某些問題。[38]

整個夏天，艾奇遜都忙著修潤白皮書，他利用週末在馬里蘭鄉下的屋子裡修改潤飾文稿。[39]按照艾奇遜的觀點，白皮書基本上已定稿；他希望在未來一、兩週對外公布。但是強生的抗議很可能會打亂時程表。七月十五日大約午時，也就是布萊爾賓館會議次日，艾奇遜打電話給強生，希望理順尚未解決的爭端。艾奇遜問國防部長，他要把草稿交給誰過目。強生說，他預備交付任務的助理在這個週末出城，要等到星期天夜裡才會回到華府——能否多寬容點時間？艾奇遜堅持他必須在星期一定奪，並表示可派專人在週末將文件草稿送到審閱人手中。強生顯然對艾奇遜所施加的壓力相當惱怒，他回覆國務卿，查詢後再告知艾奇遜能否在如此緊湊時間下交卷。[40]

強生（前排左一）和艾奇遜（前排左二）在 1949 一整年為中國政策爭論不休。（© AP Photo / Harvey Georges）

到了星期一，艾奇遜還未得到強生的同意，他向總統抱怨此事。杜魯門向國務卿保證，他還是會支持發布白皮書；又說，助理所報告最新的草稿非常出色。總統強調他不希望白皮書因為強生的干預就被「沖淡」[41]。他向艾奇遜保證，若軍方表示任何反對，他會支持國務院。

艾奇遜把白皮書當做劇場——一個大膽意欲抓住分心民眾注意力的姿態，以便開始改變傳統對蔣介石的看法。因此，它必須戲劇化。然而，白皮書本身顯得太負面；艾奇遜決定強調政府也正在亞洲採取「積極的行動」。雖然他反對運送武器給中國大陸的反毛勢力，不過現在艾奇遜決心圍堵共產主義在亞洲其他地方散播。

艾奇遜在和杜魯門開會時，提到了更廣泛區域策略的可能性。[42]杜魯門喜歡這個點子，交代艾奇遜可以去推動。同一天，艾奇遜送出一份詳盡的機密備忘錄給一位高階助理，敘明新的作法。艾奇遜寫道：「你可以假定這是美國政策的基本定調，美國不打算讓共產黨在亞洲大陸或東南亞地區更加擴大它的勢力範圍。」他又說，他希望「在我們能力所及，確保我們沒有忽視任何能夠達成遏止極權共產主義在亞洲散布此一目的的機會」。[43]

然而，艾奇遜和強生還是繼續為如何才是達成此目標的最佳方案而吵個不停。強生和陳納德都不瞭解，如果沒有蔣介石的領導——白皮書預備鬥臭蔣介石——要如何達成此目標。強生在七月二十一日寫信給艾奇遜說：「你和總統應該仔細考量白皮書的好處……是否大過揭露它之後的風險。」[44]強生邀請艾奇遜到加州的波希米亞樹林（Bohemian Grove）[45]，再深入討論白皮書。但是艾奇遜已不耐煩，謝絕了他。艾奇遜再度向總統警告，強生在找麻煩。杜魯門向他的國務卿保證，也命令他不用理睬強生的反對，「按照現在的計畫，進行公布事宜」[46]。在這些敏感的政策討論過程中，強生似乎找出方法讓宋美齡及其盟友知情。七月二十三日，強生最親信的幕僚保羅·葛里費斯（Paul Griffith）邀請顧維鈞大使到他位於波多馬各河邊的鄉下住家作客。葛里費斯向顧維鈞簡報這些十分私密的爭議，又說，強生甚至告訴艾奇遜可使用他的私人飛機〈露滴號〉（Drewdrop）載國務卿到加州再深入討論。[47]次日，顧維鈞便前往里弗代爾拜會宋美齡，協調如何回應白皮書。[48]可是，宋美齡身體非常不適——據她說是胃痛——不能接見顧維鈞。不過，顧維鈞留下備忘錄，載明重點，建議他們應如何回應杜魯門政府即將發動的砲火。

根據杜魯門政府一位官員的日記，到了七月底最後幾天，艾奇遜開始顯得不尋常的「匆忙和緊張」[49]。儘管杜魯門堅定支持，國務卿的新對華政策已延宕太長的時間才要公布。艾奇遜原本有信心選擇等到塵埃落定才表態，現在他卻擔心，當涉及到更廣泛區域時，含糊其詞的風險會愈加嚴重。七月二十八日，艾奇遜收到機密報告說，西貢的法國官員現在發出警告，指稱毛澤東部隊正計畫「提早入侵東南亞，先從中南半島下手，一路打到印尼的油田」。美國領事又說，「愈來愈多法國的文武官員」認為當下解放軍的進攻「迫在眉睫」。[50]

★

七月二十九日星期五，華府的氣溫升高到幾近華氏九十八度（譯按：將近攝氏三十六點七度）——是一九四九年最熱的一天。[51]首都居民汗流浹背，艾奇遜晉見杜魯門，向總統報告當天下午就會把已完成的一千頁白皮書文稿送到白宮。[52]毫無疑問地，杜魯門急欲躲開熱浪，答應艾奇遜他會利用週末時間讀完它。他預備躲到卡托廷山區（Catoctin Mountains）的別墅度週末。當天下午，杜魯門穿上淺藍色夏季西裝、戴著白色圓帽，坐進銀色敞篷轎車，自己開車七十英里前往馬里蘭州山區[53]。總統一抵達別墅，便立刻更衣、跳進泳池。他告訴隨行採訪的記者們，他打算接下來的一、兩天「盡量睡飽」。

週末期間，杜魯門放輕鬆讀著國務院的白皮書文稿，艾奇遜的政策卻從一個不太可能的源頭——周以德——得到小小的助力。周以德在星期六時利用他個人在西聯電報公司（Western Union）的帳戶，發電報給蔣介石，勸告委員長和這些在幕後折衝、攔阻白皮書的活動保持距離。周以德或許知道杜魯門已快要做出決定，他告訴蔣介石，如果委員長及其盟友繼續試圖阻擋白皮書的公布，他們將犯下「嚴重的錯誤」。周以德警告，這種努力「將被解讀為中國政府承認過錯」。周以德告訴委員長，他認為「等發表了再對付指控，比現在僅是謠言和捕風捉影亂傳」就忙著滅火，會更有效。[54]

星期天上午，杜魯門又坐上敞篷轎車，返回華府，他心意已決。[55]雖然他不是特別多愁善感的人，但他一定知道自己的總統任期已到達轉捩點。杜魯門從來沒有對世界事務的悲劇面抱持天真的看法；他在過去三十五年間，經歷兩場兵連禍結、犧牲慘重的世界大戰，他下達攸關人命的命令，投擲原子彈。而且，幾乎他的一生都在試圖力求美好——要打破這種根深柢固國際衝突的模式。數十年來，他懷抱威爾遜式和平的頑固夢想。儘管杜魯門偶爾會有粗暴的偏見，但繁榮、友好的中國一直是他這個夢想的主要部分。

因此，杜魯門背棄蔣介石夫婦，也可以說是背棄了自己——即使他知道，這是最正確的決定。杜魯門回到華府後，和艾奇遜在八月一日星期一見面。[56]他給了國務卿最後的核可，白皮書將在八月五日上午十一點公布。接下來四天，杜魯門和艾奇遜焦慮地等候，準備迎接新聞終於發布時所出現不可避免的反彈。白皮書一公布，採訪記者似乎立刻掌握到對總統毫不留情重擊的重要性。《紐約時報》在八月六日頭版以四欄題報導寫道：「美國把責任都推給蔣氏政府。」[57]

# 第三部分

# PART ★ 3

# 第十六章 鞭炮

白皮書的公布在宋美齡身上引爆了認同意識的危機。過去四十年來，她自認在中國和美國幾乎一樣過得很自在。有時她甚至覺得在美國更舒坦；她在這裡上學、成長，吸收西方價值和大西洋諺語。她對美國社群認同的根源可上溯自她父親小小年紀即移民美國，精通衛理公會的禱告和聖歌，然後再把信仰傳給子女。可是，她父母親的基督教信仰只是她的家庭和美國關係遺緒的一部分。另一部分是她接受美國世俗的信條：無拘無束的個人自由。這套信仰系統非常適合她這樣的一位女性，她的一位閨密形容她具有強大的「內在力量」[1]。

但現在，美國總統——她所景仰的國家、也是中國多年盟友國家的領袖——將亞洲區域問題怪罪到她的家人身上。對宋美齡而言，要避免自我懷疑就必須做出艱鉅的決定。她可以決定留在美國繼續奮鬥，告訴自己，杜魯門和艾奇遜的政策其實違背美國精神，無恥地背叛他們自己的國家和價值。另一條路，她可以完全脫掉對美國的認同，回到中國，與四面楚歌的丈夫作伴。但大陸已幾乎全部淪陷，蔣委員長流離播遷。她將是以一種流亡換取另一種流亡。

對宋美齡個人而言，情勢則更加複雜。她和委員長的生活根本不是公共場合所呈現的那樣安靜祥和。兩人都是意志堅強的人，經常吵嘴。夫妻倆都躲閃著另有外遇的傳聞。他們經常對政治和戰略持有不同看法。有一次，兩人吵得特別厲害，宋美齡哭著逃家，跑去找駐南京的一位外國大使哭訴。她說委員長開槍，殺了她的愛犬，一頭德國牧羊犬。她告訴這位大使，委員長這麼做是循著一種殘忍的邏輯。她引用唐朝的一首詩形容她的處境：「欲殺騎者、先射其馬。」[2]

如果她回到中國，將成為夫妻倆吵架最好的結果。最糟而且或許極可能的後果是成了寡婦或者自己也送了命。中國大陸各地城市紛紛淪陷，她擔心她丈夫可能自殺；她懇求他向她擔保絕不自殺。[3]不論自殺與否，如果毛澤東部隊逮到委員長，他們可能將他處死——可能也會處死宋美齡。即使倖免於死，中國自古以來的治術也很無情。她曾在信中告訴一位朋友：「中國的政治很可怕。一個人從來不知道自己何時會被砍腦袋。」[4]

可想而知，凡此種種都讓宋美齡整個夏天焦躁不安。她會在半夜打電話找朋友，把他們從睡夢中叫醒、聽她訴苦。[5]她從來不是能夠熟睡的人，多年來一直有作噩夢的毛病。她認為作夢都是預兆某些事。遭到暗殺是最常出現的噩夢。當日本侵略中國甚熾時，有一回她夢見有個房間門上掛著她的名字。她在房裡看到自己一身白衣。一個「面孔猙獰」[6]的男子舉起手，雙手各持一把手槍朝她靠近。她驚叫一聲，就醒了。

現在是一九四九年仲夏，即使醒著，她也十分憂鬱。杜魯門和艾奇遜發表白皮書時，宋美齡搬出里弗代爾的豪宅，躲到一位大學閨密位在曼哈頓的樸素公寓。[7]至少在這棟公寓裡，不會有太多東西提醒她處境艱險。她和一名助理忙著布置、清洗，買了新床單和窗簾。她試圖暫時避開一切外交新聞，故意忙碌，不去注意華府的政治煉獄。不過，她也曉得她不能永遠躲起來。最後，她必須做出選擇。

★

在南京，司徒雷登也到達一個危機點。毛澤東的敵意愈來愈深，而杜魯門也不准許他進一步談判，這位美國大使覺得自己毫無用處。[8]一連幾個月，他一直都曉得自己必須離開中國，現在他決定，是時候該走了。他排定白皮書發表時就是他離任之時，就在新聞發布前，從南京起飛。[9]他搭乘一架超載的使館專機，飛越東海，先在沖繩小停，在海裡稍微游泳之後，再改搭一架比較大的B-27，飛到下一站關島。到了第三站夏威夷，他終於拿到一份白皮書——他對於所讀到的內容大感驚訝。司徒雷登不敢相信艾奇遜竟然公布這麼多原先保密的文件，他知道這些內容將毀掉他和中國僅剩下的關係。[10]不過這時，司徒雷登因蔣介石政權垮台的悲劇而辭去職務。他在海灘上舒展身體，暫時享受歐胡島的陽光。

司徒雷登對於艾奇遜執筆的白皮書卷前語不留餘地的指控蔣介石政府，特別感到驚駭。[11]艾奇遜認為國民黨政府「領導人已證明無能應付所面臨的危機，其部隊失去作戰意志，政府也失去民眾的支持。」[12]他又說：

> 另一方面，共產黨透過強悍的紀律和狂熱的熱忱，試圖推銷自己是人民的保護者和解放者。國民黨部隊無須被打敗，早就分崩離析。歷史一再證明，對自己沒有信心的政府、沒有士氣的軍隊，無法度過作戰的考驗。

艾奇遜說明，白皮書的內容將「詳細」闡釋蔣介石政府的失敗。

艾奇遜將過失推到蔣介石身上，也為美國的決策者開脫責任。他堅稱，美國的背信或忽視並未導致目前的危機。華府已一再嘗試縮小國共之間的差距，但這樣的努力一無所獲。他認為：「不幸而無可避免的事實是，中國內戰的不祥結果，已超出美國政府所能控制的範圍。這個國家在其能力合理範圍內所做或所能做的一切，都無法改變這個結果；這個國家未做的一切，無一是造成此後果的因素。這是中國國內力量自發的結果，我們國家試圖影響這些力量，卻無能為力。」

回到華府，艾奇遜日後回憶，白皮書的公布彷彿點燃一串「巨大的鞭炮」。[13]不但立即出現迴響，而且力道強大。周以德從眾議院議場發動反擊，駁斥艾奇遜的論證。他說，翻閱過白皮書後，國府的紀錄「沒有我預期那麼壞，而美國政府的紀錄可就糟透了」。這位明尼蘇達州國會眾議員稱讚蔣介石政府認真看待共產黨在當地的威脅，而美國政府則瞻前顧後、優柔寡斷。但是，周以德最關心的是下一步該怎麼走？他抱怨白皮書「幾乎全然負面消極」。主要的關切仍舊是——我們的官員有何正面積極的提議？光診斷不補救，是沒有用的。」[14]

然後周以德發現陳納德將中國大陸反共力量予以武裝的計畫是補救之道。當白皮書的辯論繼續悶燒時，周以德和陳納德就其建議如何落實執行交換了意見。[15]艾奇遜那方對於運送武器到中國大陸——不論是公開運送或祕密作業——則依然毫無興趣。不過，在八月八日的國會聽證會上，國務卿細微——但很重要地——修正他的立場。艾奇遜逐漸想方設法強化東南亞各國政府。他承認，如果撥款法案的文字寫法適當合宜，他不會拒絕國會訂出的援助方案。他告訴議員：「在總統審酌裁奪下，一筆金額數目較小額用在遠東的援助會很有用。」[16]

當艾奇遜說這段話時，他腦子裡可能至少有一部分是想到菲律賓；他的部屬一再認為菲律賓是任何亞洲策略的重要關鍵。杜魯門催促他的顧問，在菲律賓總統季里諾訪問華府前訂出一套提供菲律賓政府援助的方案。[17]雖然蔣介石訪問碧瑤的談話讓全盤局勢變得複雜，但杜魯門及其助理別無選擇，只能討好季里諾。

杜魯門和艾奇遜相信，他們若要成功阻止毛澤東進逼，就必須恢復太平洋地區昔日的友好關係。

★

八月八日下午，一位穿著寬鬆夏日西裝、面如滿月的男子，在大太陽下闊步穿過機場，他的兩側一邊是一位身穿雪白制服的美軍陸戰隊儀仗隊員，另一邊是美國總統。儘管顯然是個盛況，但是現場還是出現了一些有趣的景象。杜魯門和季里諾這兩位國家元首看起來好像事先協調好要穿什麼：白色軟呢帽、馬鞍鞋、手帕自胸前口袋伸出來。一群人走向專車，準備開往市中心時，傍晚的太陽投下了長長的陰影。來到布萊爾賓館外，美、菲兩位總統脫掉帽子，朝向記者的相機，戲劇性地擺出笑容。[18]艾奇遜也在現場，但他躲到一旁，皺著眉頭，一副欲笑不得的模樣。

當天夜裡，杜魯門總統在卡爾登酒店擺設下盛大的黑領結晚宴招待季里諾。桌上擺飾著薰衣草、紫苑花和銅絨菊花，兩位總統互相恭維。以純粹的魅力和壯麗程度而言，一般場合很難與美國的國是訪問競爭。季里諾陶醉其中，引人矚目。[19]翌日，季里諾總統站上美國聯邦參議院的講台演說，他提醒面臨「共產主義浪潮節節進逼」卻無所作為的危險。雖然他讚美杜魯門政府最近強化與歐洲關係的作為，卻也抱怨「保障我們自由世界的工作，只做了一半」。韓國、越南和亞洲其他國家的安全現在陷入危機。季里諾只差沒要求美國加入太平洋國家正式的軍事同盟。但是，他並沒有退縮勇於啟齒要錢。他說，做為抵抗共產主義進逼的第一步，「亞洲必須妥當照顧數以百萬計人民的衣食和家計，並提升其生活水平」。[20]

艾奇遜私底下抱怨季里諾揮霍無度的傾向。雖然他和這位菲律賓總統的初步談話只是「含糊閒聊」，但現在他開始向季里諾說教，大談改進財政紀律的需要。艾奇遜說，如果季里諾想要更多美援，菲律賓政府就必須把錢多花在戰後重建，少花在消費品上。但雙方對話似乎沒有交集，艾奇遜的筆記反映他的挫折感。

他寫道：「季里諾進行了三十分鐘的長篇大論，總之，就是表示要對菲律賓有信心；所有已做的事都會有效果；無需採行任何痛苦的措施，最後都會沒有問題。」[21]

在季里諾訪美期間，蔣介石在美國的盟友也努力於各個雞尾酒會場合周旋，試圖打聽這位菲律賓總統和杜魯門的談話有何可資利用的情報。八月十日晚間，在菲律賓大使館所主辦的一項活動上，顧維鈞懇求和季里諾總統單獨講幾分鐘話，以評估季、杜談話的動靜。但菲律賓大使警告，晚宴會場到處都是美國祕密勤務局人員，會把任何對話向杜魯門報告。然而，他最終還是安排顧維鈞和季里諾兩人會談。[22]在以讚美之詞奉承季里諾參議院演講的「政治家風範」後，顧維鈞緊逼著追問情報。季里諾有向杜魯門提起太平洋同盟的構想嗎？季里諾回答沒有。其實他不想透露他和杜魯門的談話內容。杜魯門有提起這個構想嗎？季里諾也簡潔地回答：「沒有。」季里諾送走中國大使時，為自己的沉默不語做辯解。他說：「我們彼此心靈相通，不需多講話。」[23]

周以德也參加華府一場接待季里諾的活動——不過，他似乎更注重為蔣介石辯護，並非蒐集情報。周以德抗議，他認為委員長被指控躲在幕後操控國民黨政治的說法是不公平的。[24]這位明尼蘇達州國會眾議員發牢騷指出，有位美國將領——影射馬歇爾——也這麼做。（事實上，馬歇爾並沒有。）同時，周以德對蔣委員長新的外交攻勢大感振奮，包括八月初委員長拜會南韓總統李承晚，討論組織太平洋同盟的可能性。周以德在眾議院議場上發言，稱讚蔣介石、季里諾和李承晚有見識，欲推動區域同盟，即使他們未能說服杜魯門支持。周以德說：「如果我們不能領頭，我們至少要追隨這三位來自東方的智者。」[25]

季里諾和杜魯門發表不痛不癢的聯合聲明後[26]，便於八月十一日上午離開華府，前往紐約。車隊行經百老匯大道時，五十六輛摩托車在前引導，另外，沿途還有十萬名民眾冒著炙熱的豔陽，揮旗歡迎，從窗戶撒出彩色紙帶。[27]翌日，季里諾在福特翰大學（Fordham University）[28]演講，強調美國和菲律賓之間的精神結合，主張兩國若要合作阻擋毛澤東的進逼，就需加強「我們共同宗教的關係」。聽起來儼然一副麥克阿瑟的口吻，季里諾宣稱「克服共產主義的最佳希望在於從內部重振基督精神和民主」。[29]季里諾飛往美國西岸時，他的警告變得更加刺耳。八月十四日，在訪美之行的最後一站洛杉磯，他宣稱中國現在是個「火上澆油的國家」。他說，制止共產主義擴散的唯一辦法就是在太平洋建立一道「防火牆」。[30]

★

杜魯門政府抨擊蔣介石沒有獲得毛澤東的善意回應。中國親共報紙把白皮書和季里諾訪問美國這兩件事放在一起，指稱這是同一個帝國主義陰謀的兩面手法。根據上海一份左派報紙的說法，美國懷抱「奴役全世界的計畫」，躲在傀儡蔣介石和季里諾「每個動作背後」。[31]毛澤東的官方通訊社引用蘇聯報紙《真理報》（*Pravda*）的報導，指稱現在蔣介石辜負了美國主子，艾奇遜被迫要「狠狠地抽他幾下鞭子」[32]。根據這個邏輯，美國的目標就是要向「其他奴隸」立下「示例」，刺激他們「更努力」。[33]中共的評論員說道，杜魯門選擇亞洲兩個「無足輕重」[34]的領導人——季里諾和李承晚——來取代蔣介石，以金錢和武器換取他們服貼聽命。根據此一解讀，蔣介石會繼續在陰謀中發揮作用，但卻只是配角——「奴隸的奴隸」[35]。

當然，如此過度簡單化的宣傳完全掩蓋華府決策者之間真正的裂痕：華府因為外交承認、祕密作戰與是否成立太平洋同盟等問題，內部引發激烈的爭論。毛澤東有那麼多的陰謀論，偏偏美國情報人員似乎無法從共產黨陣線背後發現最基本的情報——包括毛澤東的健康狀況。七月中旬，中央情報局向杜魯門報告，該局接獲情報，指毛澤東可能已經死亡。[36]雖然這個謠言經證明為不實，而現在，在八月，另一個情報來源又說這位中共領導人病危。[37]由於沒有可靠的方法驗證此一消息，華府領導人有許多理由相信毛澤東將可能永遠從政治圈消失，這對共產革命造成極大的影響。雖然毛澤東在一九四九年的確不那麼健康——他的毛病不少，其中又以腰痛和失眠最為嚴重[38]——不過，他可又繼續活著、號令了中國四分之一個世紀。

事實上，毛澤東在一九四九年的春天身體好得很，還能發表尖銳的文章，批駁白皮書。艾奇遜在白皮書卷首懷抱著希望寫下，期待中國「民主的個人主義」[39]傳統很快地在大陸恢復。毛澤東現在咬住這句話，指控它就是不加掩飾的威脅，清楚顯示美國仍將在大陸繼續「搗亂」。毛澤東相信美國人會設法吸收中國的商界領袖和知識份子，以便悄悄地進行推翻他的革命。毛澤東寫道，這些中國的「中間路線派」或許不喜歡蔣介石及其國民黨，但他們也不會堅決支持他的政權。他擔心這些人可能禁不起西方領導人的「甜言蜜語」。[40]

一部分是為了爭取這些溫和派，毛澤東希望戳破他們認為美國及其盟友仍是一股離中國海岸不遠的勢力之觀點。整個夏天，毛澤東一直督促其手下指揮官制定粉碎蔣介石最後基地——台灣——的計畫，[41]但他們缺少快艇，台海相距太大。共產黨部隊需要二十四小時才能跨越一百英里（譯按：即一百六十公里）寬的海峽。共軍若想和蔣介石的輕型蚊式戰機及其他外國製戰鬥機隊一較高下，也必須大幅改善其空軍的兵力。毛澤東估計自己需要一年以上的時間組建和訓練這些新部隊。

不過，他希望立刻著手。史達林已答應毛澤東特派到莫斯科的代表劉少奇，會幫助中國共產黨建立海軍及空軍。毛澤東的中央委員會大受鼓舞，指示劉少奇向蘇聯訂購一百到兩百架的俄製雅克噴射戰鬥機，四十到八十架的轟炸機，外加各種彈藥和更換零件。中國代表團也表示，希望派一千七百名飛行員和地勤技師到蘇聯受訓。[42]對此，史達林回應了更慷慨的方案：蘇聯可協助就近在東北設立空軍訓練設施，派俄國教官培訓解放軍。[43]最終，毛澤東成功地從史達林手上爭取到他想要的援助，但蘇聯在中國的影響力也日益增加。八月十四日，劉少奇終於完成近兩個月的談判，從莫斯科返回北平，並帶回九十六名精通俄語的人才。[44]

# 第十七章

# 任何妖魔鬼怪都逃不掉

八月十七日上午，在與幕僚定期會議前的空檔時間，杜魯門低頭看著攤開在桌上的氣象圖。[1]過去三十多年來，預測天氣一直是總統的嗜好。他喜歡研究數據——暖流和冷鋒的位置、雲層的高度和類型等等——然後，對接下來會發生的狀況做出最佳推測。到了一九四九年，他對自己的預測愈來愈具有競爭好勝心，甚至有時會找幕僚和記者打賭。他從鱷魚皮公事包裡掏出一疊地圖，然後以八十比一的賠率，挑戰對手無法比他猜得準。[2]

對杜魯門而言，這只是酒吧間裡爭強好勝的遊戲，藉此肯定他有能力預測基本上無法預見的事。過去一整年他一直努力解決緊張的關係，一方是他在世界舞台上所能控制的東西，另一方則是控制住他的東西。透過公布白皮書，他承認毛澤東的革命超出他的影響力。然而，這份無情指控蔣介石的文件，本身就是企圖打造一種結果。儘管戒慎小心，但杜魯門永遠不會讓自己放棄欲於日益失序的東亞重建秩序的理想。

即使他想忘掉中國，杜魯門的政治對手——如周以德等人——也不讓他如願。畢竟周以德和總統一樣，都想要控制天氣及其他東西。然而，他們一起在中西部巡迴演講、推動治療全世界雄偉計畫的日子，早已成為明日黃花。現在，周以德為了白皮書的公布動了氣，向老朋友全面發動攻擊。八月十七日，在眾議院會上，這位明尼蘇達州國會眾議員朝政府發動猛烈攻擊。他堅稱現在仍有可能——也有必要——讓美國對抗毛澤東。他堅持，過去美國的政治家長久意識到保持中國「掌握在友人手中」的重要性，「不能讓敵視我們的國家控制它」。周以德說，杜魯門在歐洲可以屹立不搖地對抗史達林；為何在亞洲就不做？他說：「我一直不能理解，為什麼我們不能有在兩大洋同時可行的政策。」[3]周以德呼籲他的同僚翻轉杜魯門的作法，把「姑息的策略轉變為反對的策略」[4]。

周以德一方面公開推動欲採取更強力的行動，另一方面私底下與重要的國會議員會商，試圖找到財源。周以德拜託康乃狄克州國會眾議員約翰・戴維斯・洛奇（John Davis Lodge）在提供軍事援助給歐洲國家的現有法案中，提出供給中國援助的修訂條款。[5]周以德認為，這個計畫應該仿效兩年前杜魯門所批准對希臘的援助案。周以德說，他沒有要求「出動大規模美軍部隊的全面干預」，只要求「有限度的美國軍事援助，加上為特定型態作業所需、縝密規劃的器械和補給」。周以德又說，這些計畫應該「幾乎就由美國軍官直接指揮、領導和監督」。[6]

艾奇遜在八月十八日上午召開的幕僚會議上，幾乎把時間全花在討論周以德—洛奇提案，而排擠掉其他所有議題。[7]艾奇遜重申一週前他在眾議院外交事務委員會作證時所表達的立場：如果國會覺得需要核准一個援助亞洲的方案，他十分歡迎，只要它是在杜魯門總統的裁量下動用的就行。不過，艾奇遜仍認為他們原本提議的金額兩億美元太高。他建議將總金額減半。同一天稍後和杜魯門會面時，總統告訴艾奇遜他贊同這個方式。[8]

雖然艾奇遜不認為這些額外的援助可以翻轉在大陸的革命浪潮，他倒是認為它或許有助於周邊地區的作業。如同周以德—洛奇提案的文字是把中國和東南亞綁在一起，而艾奇遜也的確有心補強東南亞的防務。

就在幾天前，緬甸外交部長曾向艾奇遜提出警告，緬甸現在岌岌可危，將受到共產黨的顛覆，特別是共產黨可能會從東側跨過中南半島邊境滲透進來。[9]周以德也在眾院議場提出警告，指稱東南亞處境危險。周以德認為，如果毛澤東的政府被允許在緬甸和菲律賓設立外交使團，這些國家的首都將成為「宣傳、搞鬼、間諜和陰謀」[10]的中心，「每一個城市都將成為瞄準美國的手槍」。

不過，在周以德看來，僅增強中國的周邊地區並不夠。他形容東亞有如一個篷車輪子，輪心在中央，各個輻條由中央延伸出去。他說，試圖在周邊制訂圍堵政策，就像「砍斷輪子的中心，然後，想像我們可以從各個輻條保存或造成什麼……如果軸心不見了，你要怎麼維持住輪子？」[11]

然而，現在周以德說，當國務卿在白皮書中寫道，他的長期目標是要鼓勵中國「擺脫外國的枷鎖」[12]時，他接受艾奇遜的說詞。周以德認為，這項修正案可望成為一個開端。但從長遠來看，它遠遠不止於此。雖然周以德和艾奇遜當時都不可能知道，這個舉措啟動了一系列事件，將深刻改變美國人的生活——這是踏進東南亞戰爭泥沼的第一步。

★

雖然周以德和艾奇遜在軍援問題上的歧見似乎已縮小，不過，當修正案在八月十八日終於交付表決時，在眾議院院會沒有過關。[13]周以德因未能爭取到兩黨共識而震怒，把一腔怒火統統燒向杜魯門和艾奇遜。白皮書發布後近兩個星期，這位明尼蘇達州國會眾議員站上眾院議席，開始逐項批判白皮書。周以德抱怨杜魯門政府「意圖靠著從過去所挖出的一千頁文件，嘗試替他戰後以來亞洲政策的重大失敗辯解」[14]。

周以德說，白皮書的問題出在艾奇遜的論述太狹窄；國務卿只納入有利於他觀點的文件。周以德又說，如果艾奇遜想檢討過去，「那我們就有權檢討全部的過去，不能只選擇一部分來檢討」[15]。周以德列出一份清單，共十六份文件——許多是寫於二戰期間——他認為這些文件也應該被列入白皮書，但未列入：這些電報曝露蔣介石和羅斯福政府之間的緊張關係；還有些機密電文，是出自周以德所指控的國務院「親共份子」之手。他暗示，白皮書若擴大選擇文件的證據，將會揭露背信和顛覆的內情——不只是國府無能的故事。

整個週末周以德都在全力強調這個觀點，而且揭露二戰期間一份軍方機密報告的摘要，這份報告當時就提出警告，如果允許蘇聯在華北取得一塊占領地區，國府可能會垮台。[16]《紐約時報》週日頭版頭條報導周以德的爆料。翌日，《紐約時報》一篇社論稱讚周以德是「十分正直的人」[17]、「深刻熟悉中國」。按捺了近八個月的挫折感，周以德的抨擊似乎終於得到新聞媒體的些許注意。

即使某些謹慎的現實主義者也跳出來批評。譬如專欄作家華德．李普曼兩年前曾責備杜魯門在所謂杜魯門主義上誇大全球色彩，現在他譏諷總統和助理不公平地想要逃避責任。李普曼寫道，美國的對華政策是「外交上的大災難，也或許是這個國家有史以來最大的失敗」。李普曼不能理解，「美國的力量和聲望處於巔峰」之際，為什麼它的決策者卻如此無能。他寫道：「艾奇遜先生有權利主張中國內戰的結果是無可避免、超出我們控制能力的。但是國務卿不能說我們本身涉及到國共內戰的行動和承諾，也是無可避免、超出我們控制能力的。」李普曼批評艾奇遜有此反應純係政治因素考量，想要「甩掉周以德議員」。[18]

後來驗證李普曼的評論離事實不遠。到了八月底，艾奇遜每天上午的幕僚會議原本是明快地檢視世界大事，此時已變成作戰會議，專門討論如何回應這位明尼蘇達州國會眾議員的攻擊。八月二十二日的會議中，艾奇遜的高級助理——譬如肯楠，他通常都是堅決避免枝微的政治變化——同意另外召集會議來爬梳這些抨擊。有人建議，艾奇遜應召開記者會提出反駁。艾奇遜同意，他在次日上午會議表示，他認為應儘快進行反駁。他要求部屬確保他會得到充分的簡報。[19]

八月底，艾奇遜容貌憔悴、疲倦。有位助理注意到，國務卿變得「非常疲憊」[20]。他似乎沒有辦法強而有力地反擊強生和周以德等人的猛烈攻擊。但他還是努力一試。八月二十四日，艾奇遜召集國務院記者團，交給他們針對周以德所抨擊的十六點反駁。艾奇遜也告訴記者團，他已聘請一組顧問檢討國務院的政策，又說他打算「把中國的情勢擺在遠東架構下看待，而不是把它當成獨立的案例看待」[21]。他說，最重要的目標是確認「什麼有可能，什麼不可能，什麼是某些行動的後果，什麼又是其他行動的後果」。

由於無法讓對手安靜，艾奇遜又在八月二十六日晚上邀請一小群記者進行不做紀錄的談話。或許是喝了兩杯雞尾酒、膽氣略壯，國務卿抗辯說，白皮書是「全然開誠布公，沒有任何壓抑任何東西」[22]。艾奇遜嘆息中國已「分裂為原始、基礎的單元」。蔣介石已搬空國府的財庫，把全國財富運到台灣，以它作為基地，並且慌亂地進出中國大陸，試圖組織最後一搏的抵抗。艾奇遜告訴這些記者，在這種情況下，繼續援助國民政府不啻是「瘋狂」。他又急躁地說：「每天有人到我辦公室要我提供中國軍隊一些金援。但我不打算被國會或公眾輿論欺負。我不會花一毛錢在軍事援助上。如果他們想要另一位國務卿，他們可以換掉我。」

★

然而，即使艾奇遜私底下表示絕不考量軍事援助，但杜魯門卻似乎逐漸傾向嘗試祕密運交武器的作法。就在艾奇遜頭一次召開記者會的同一天，一位國務院顧問撰寫一份備忘錄，婉轉暗示杜魯門對中國的觀點開始起了變化。根據這份備忘錄，國務院的中國事務專家「奉指示立刻以更具體方式探討援助（關鍵人物）的可能性」。[23]所謂關鍵人物指的是代總統李宗仁和他的盟友白崇禧。白崇禧正是陳納德力荐支持的穆斯林將領。[24]

同時，陳納德也繼續悄悄地與魏斯納等祕密作業部門的官員討論他的提案。[25]陳納德在新聞界的友人——

特別是艾索浦兄弟——也協助他在高階決策圈中建立支持其策略的人脈。八月底，史都華・艾索浦在《紐約前鋒論壇報》（*New York Herald Tribune*）發表專欄文章，主張「不公開、務實、祕密的作業」，以支持中國反毛的殘餘勢力——基本上，這是陳納德計畫的另一個版本。這位專欄作家似乎沒看到公開主張祕密行動的矛盾。而且艾索浦氣急敗壞地警告，若做不到這點，「第三次世界大戰就無可避免」。[26]

於是，支持祕密援助計畫的勢力在整個華府悄悄地、穩穩地建立起來。隨著夏天進入尾聲，國務院助理要求國防部同仁分析陳納德計畫的可行性，以便向國家安全會議呈報軍事行動所需的準備方案。根據國務院每日幕僚會議的祕密紀錄，外交部門希望知道「這項援助是否能在充分的時間內交付充分的數量，並由受援者充分有效地利用，而可能讓仍尚未受到共產黨控制的那些中國領土不至於淪陷」[27]。即使剛從南京返回美國、傳教士出身的司徒雷登，也在八月底的日記中記下他與中央情報局人員的會談[28]——不過他沒有留下會談細節的書面紀錄。

大約在同時，奉魏斯納之命調查華南及華西狀況的特務馬爾孔・羅斯賀特，也回到華府報告他的考察心得。[29]羅斯賀特花了一個夏天會晤多位陳納德建議可以合作的重要軍事人物。但有些人派不上用場。羅斯賀特報告，馬鴻逵糖尿病嚴重，不會有用處。[30]即使如此，羅斯賀特仍可提供魏斯納等上級決策者更準確的情報資料，讓他們了解這些重要反共勢力的實力和策略目標。

最後，魏斯納在九月一日和二日，與艾奇遜、肯楠、以及其他國務院重要官員進行一系列會議，檢討各種可能性。[31]艾奇遜的副手似乎特別關心祕密作業的消息可能走漏，破壞他們更廣泛的策略。幾個月來，艾奇遜一再主張，如果讓毛澤東逮到把柄，責怪美國干預中國事務，那可就愚蠢至極。換個角度，如果美國不去招惹毛澤東，中國共產黨最後將與他們北方的盟友俄國人連結在一起。艾奇遜的助理現在想要知道：魏斯納的團隊如何確保他們的計畫不會外洩？如果紙包不住火，他們要如何對外界解釋？最近解密的中央情報局對此會議的內部紀錄透露，艾奇遜的手下嘀咕：「他不了解為何俄國人幹這種事都能僥倖逃脫」[32]，而每個人都認為美國人就會被逮到。

★

在毛澤東看來，美國祕密干預的邏輯已顯而易見。毛澤東認為白皮書揭示很多美國的意圖。他有一篇文章在大陸廣為流傳，其中提到：「艾奇遜是位很好的老師，免費授課。孜孜不倦、十分坦白地講出全部的真相。」[33]雖然依照艾奇遜的心意，白皮書是要抨擊蔣介石，可是，毛澤東只看到它透露出美國已花費多少金錢和力氣來支持國府。毛澤東促請他的盟友要假定美國還會繼續此一策略——即使戰術可能稍有變化。毛澤東告訴他的同胞，要預期出現無聲的顛覆行動，他認為這是杜魯門政府僅剩的伎倆。他相信，華府明顯擔心「會絕望地陷在泥沼裡」；而美國民眾會排斥在東亞全面的軍事冒險。此外，他完全預期杜魯門和艾奇遜會透過祕密管道在中國資助「第五縱隊」。毛澤東提醒他的支持者，要小心美國如此慷慨的出手。他警告：「亂吃嗟來食，會吃壞肚子。」[34]

毛澤東的訓誡增強了過去一年來已高漲的仇外意識。當解放軍向南方節節進逼時，中國報紙也愈來愈凸顯西方外僑惡劣行徑的事例。在大家都靠自行車和黃包車代步的社會，報紙凸顯美國人開著大型轎車橫衝直撞的報導。一家中文報紙譴責「一個喝醉酒的美國電話接線生」[35]把她的普萊茅斯（Plymouth）汽車衝進一群黃包車和行人當中。夏天時，上海中共當局逮捕美國領事館官員威廉・奧立佛（William Olive），因為他的汽車闖進解放軍的勝利遊行隊伍，後來遭到質問時又一副「盛氣凌人」的態度。《解放日報》認為，「美國居民以野蠻、可恥的帝國主義者態度對待我國人民和人民政府是絕對無法容忍的事。」[36]美國官員抱怨，奧立佛是被中共當局栽贓誣告[37]，但這些事件正是毛澤東大做文章指控西方橫行霸道、貪得無厭的證據。

毛澤東警告民眾提防第五縱隊的說法，特別吻合這種仇外意識。他持續拒絕釋放在瀋陽遭扣押、不准對外聯繫的安格斯·華德及其他美國人。即使當杜魯門和艾奇遜更傾向批准祕密援助計畫之際，《大公報》促請讀者要小心提防美國「破壞新中國人民」的陰謀。《大公報》的社論寫道：「人民的眼睛有如菩薩的眼睛，任何妖魔鬼怪都躲不了祂的法眼。我們要消滅反革命份子，反對美帝到底！」[38]

# 第十八章 挖掘出所有的汙垢

九月初的某一天，《紐約美國人日報》（*New York Journal-American*）一位記者來到紐約市獨立大道四九〇四號門口。布朗克斯區這棟都鐸式宅邸是宋美齡的住處。過去一年中大部分時間，她迴避新聞媒體，躲開攝影機，悄悄地進行她的活動。然而，受到白皮書公然背叛的刺激，她決定破例。她雍容華貴地穿著黑色高領外套、配上石榴石耳環，歡迎記者進入客廳，客廳裡掛著一幅她丈夫的大框肖像。她一邊喝著茶，一邊告訴這位記者，現在她傾向回到中國。她沉靜地表示：「我將在下個月飛回去。我相信委員長需要我。我會追隨他到任何地方。」[1]

雖然宋美齡努力爭取翻轉上風，卻感覺愈來愈無精打采。現在她在美國的生活變得很空虛，失去意義。蔣委員長仍在奮戰，試圖守住華南，回去與他攜手合作，至少能找回某些目標感。雖然她的朋友反對，並提出警告，認為她和蔣委員長最終將面臨一樣悽慘的命運；[2]但宋美齡堅持她的選擇。她和記者坐在客廳聊天時說：「我有完全的信心和委員長一起奮鬥，中國最後終將擊敗共產主義。這或許需要好幾年的犧牲和堅定不移的決心，但我們會贏。」她雖這麼說，然而，憂鬱的微笑似乎洩漏了她的忐忑不安。

隨著秋天臨近，蔣介石夫婦拯救其政府的努力變得日益無望。一連幾個月，委員長及其盟友努力遊說杜魯門政府指派一位美軍將領，統率對付毛澤東的作戰。宋美齡在里弗代爾接受記者訪問時表示，他們相信麥克阿瑟將軍將是最佳人選。不過，她丈夫也悄悄在盤算魏德邁，這位來自內布拉斯加州的將領，曾在二戰期間最後一年擔任他的參謀長。瘦高個子、滿頭灰髮的魏德邁以其分析高明著稱，抗戰時期和蔣介石合作愉快。現在委員長正在設計一套方案，想延攬魏德邁以個人身分回到中國。

為了遊說魏德邁，蔣介石及其家人請出雷諾菸業公司（Reynolds Tobacco Company）一位高階主管當中間人，此君於九月九日上午十點到五角大廈拜會將軍。[3]根據魏德邁對於此次談話的備忘，這位生意人說，如果想要延攬魏德邁擔任國軍的顧問，蔣委員長及其同僚必須準備大筆金錢。這位菸業公司主管強調，魏德邁將軍「應該毫不猶豫地開口要求高價碼」。

不過，魏德邁不無疑慮。如果他向美國陸軍申請退役，接受在中國的職位，他將失去軍方的退休年金。魏德邁解釋，「除非我的家眷，包括內人、母親和兩個兒子得到經濟上的安置」，否則他不可能同意受聘。按照這個盤算，魏德邁說，國府可能需在今後五年每年支付他一百萬美元（相當於今天一千萬美元以上）。即使如此，魏德邁也沒有把握他可以扭轉乾坤。雖然，他後來答應思考這個提議，但也解釋他「並沒有做出任何承諾」。[4]

這個消息很快就傳遍華府中國事務專家圈子。司徒雷登九月初到里弗代爾和宋美齡一起吃晚飯。他可能與她討論了這件事。[5]如果沒有，到了九月十一日，他一定也聽說了。當天他在日記上以祕密代號記述，「好幾個人」找他討論他所謂的「W計畫」。[6]翌日下午，司徒雷登到五角大廈拜會魏德邁，表明他聽說將軍「已同意接受，或已要求薪酬五百萬美元」。司徒雷登警告魏德邁，接受天文數字的薪酬會耗費掉國府的資源；如果他認為這筆錢只是出自「富有的中國個人」[7]口袋的話，那就是在自欺欺人。魏德邁向司徒雷登保證，如果是這樣，他絕對不會接受這份工作。另一方面，魏德邁也在他對這次談話的備忘錄中記下：「我說過，如果是中國富人出錢的話，我會樂於接受五百萬美元或更多的薪酬。」

隨著這些對話的進行，蔣介石急切地催問魏德邁是怎樣回答。他詢問魏德邁開出什麼條件，也催她「盡快」[8]敲定。翌日，他又發電報給她，要求知道某些含糊不明之事是否已「安排」[9]妥當。雖然她稍後回答：是的，事情已安排妥當[10]；如果他們談的是禮聘魏德邁的這件事，顯然這是一廂情願的想法。就整個戰局而言，為時已晚，最後這件事也就不了了之。

不過，蔣介石夫婦仍設法在其他方面有穩定的進展。宋美齡的盟友、國防部長強生依然為亞洲局勢緊盯著艾奇遜和國務院。利用印度總理賈瓦哈拉爾．尼赫魯（Jawaharlal Nehru）即將到美國訪問作為催請行動的藉口，這位國防部長催促國家安全會議加速檢討政府的亞洲政策。強生致送一份備忘錄給國家安全會議執行祕書，聲稱現在制定策略「非常重要」[11]。他要求國家安全會議把該審議排到八月份議程之首。

同時，國會正在就「軍事援助計畫」（Military Assistance Program）趨近達成協議——周以德想在這項歐洲援助計畫中提出增訂條款，追加一億美元做為軍援亞洲之用。眾議院表決時沒通過周以德的提案，但現在參議院的委員會又推出類似版本的提案，表決賦予杜魯門總統裁量權，最高可在亞洲動用七千五百萬美元。反對總統的陣營大聲抱怨，竟然賦予他這麼大的裁量空間，要求明訂清楚動用經費的條件。然而，委員會最後通過，杜魯門可自行裁定如何運用經費，只要它是花在「中國一般地區」[12]。

雖然長期看來前景仍然黯淡，到了九月中旬，宋美齡、周以德和他們的盟友終於開始建立了某些迫切需要的動力。但周以德仍然警告，蔣委員長的敵人只要有機可乘，絕不會錯失把委員長「釘上十字架」的機會。[13]這位明尼蘇達州國會眾議員力促盟友戰鬥不懈，勸告他們要運用所有的政治作戰武器。他告訴他們，為了生存，他們需要竭盡全力從政府「挖掘出所有的汙垢」[14]。

★

當周以德和同情他的人士準備作戰之際，艾奇遜也試圖糾集他自己的盟友。九月某天晚上，他帶著剛好前來美國預備出席聯合國大會的英國外相貝文一同觀賞音樂劇《南太平洋》（*South Pacific*）[15]的演出。這齣由理查・羅傑斯（RichardRodgers）和奧斯卡・漢默斯坦二世（Oscar Hammerstein II）製作的音樂劇，自春天公演以來就十分賣座。對於預備討論亞洲命運的這兩位政治家而言，一同欣賞這齣戲可說是最佳選擇。該戲大致根據詹姆斯・米契納（James Michener）的小說改編而成，敘述一位阿肯色州出身、駐守在南太平洋的護士愛上法國農場的主人。然而，女主角發現她的新戀人和波里尼西亞裔前妻已育有兩個孩子。故事隨著女主角從原有種族歧視，到後來擁抱這兩個孩子而演變發展。

美國女性逐漸接受她在亞洲的責任這樣的故事線，在一九四九年引起美國人強烈共鳴。在中國淪陷的背景下觀賞這齣音樂劇，讓每個人都有深思之處。對於那些類似周以德相信美國應當在亞太區域扮演更活躍角色的人士而言，援引一位現代學者的話來說，這齣戲的結局似乎象徵並正當化「一個超越種族、民族主義和世代等可能的畛域界線的國際共同體」[16]之創建。至於其他認為毛澤東的勝利是對同全球共同體致命打擊的人而言，或許可從其中找到一種逃避。姑且不論政治立場如何，這齣音樂劇——它的主題曲〈你必須小心翼翼學習〉（You've Gotto Be Carefully Taught）——風靡了百老匯的觀眾。

這天晚上，當艾奇遜和貝文坐在美琪大劇場（Majestic Theater）樂團前排觀賞時，某些演員認出這位英國外相，並為他特別賣力演出。貝文因受到關注而大為興奮。當燈光亮起，這位肥胖的外交官準備起身離去時，卻在劇場的走道倒下。[17]艾奇遜等人急忙為倒在地上、渾身冒汗的貝文騰出一個空間。有人趕緊送上濕毛巾，讓他服下硝化甘油。貝文慢慢恢復正常。當他們終於踏出劇場時，艾奇遜宣稱他需要回家喝一杯溫酒，好好睡覺。貝文也說：「我比諸位更需要再喝一杯。」[18]後來醫生診斷，貝文是輕微的心臟病發作。

隨後幾天，當貝文休養時，艾奇遜和他的幕僚齊聚在國務卿位於五樓的辦公室裡擘劃他們的策略。貝文的健康令人擔心，英國和美國的對華政策開始分道揚鑣，也令人擔心——艾奇遜和許多愈來愈不清楚應追隨英國或美國路線的小國外交官都擔心此一發展。當司徒雷登和高階副手紛紛撤回美國時，英國、澳洲和印度大使卻仍留在南京，這讓一些人相信這幾個國家即將賦予毛澤東的政權外交承認。

此時在國務卿辦公室裡，艾奇遜和他的高級顧問盤算著如何撼動貝文的想法。有位國務院助理記下會議摘要，說道：「英國對中國的總體態度是，(國共兩黨)內戰已經結束，他們必須和中國共產黨來往，他們不會清算他們的商業利益，他們並不急著承認（中國共產黨），但是遲早可能承認。」[19]美國人——至少是艾奇遜辦公室裡的人——都理解支持英國立場的基本假設。他們一致認為，毛澤東的政權「會持續相當長一段時間」[20]，蔣介石或其他任何軍事領袖都不太可能推翻他的統治。

即使如此，美國人抱怨倫敦近利短視。[21]艾奇遜的幕僚不願急著和毛澤東和解，他們認為這只會使政府看起來很急切。國務院官員反倒認為，他們或許可以利用貿易關係做為外交上的胡蘿蔔。司徒雷登認為，毛澤東正為所需要的金援絞盡腦汁，他不可能光靠史達林一個人。[22]這位大使認為，最後中共還是必須與美國建立強大的交流。集合在艾奇遜辦公室裡的這些人意識到，要採取此一策略，美國必須非常有耐心並對他們忍讓；他們必須避免魯莽的挑釁[23]。他們期待，長期下來，毛澤東的政府會開始理解這些經濟的現實——但是它必須嘗了「苦頭」[24]才能學會。

艾奇遜告訴他的幕僚，他會力促貝文在承認中共這項美英最大的摩擦點上「慢慢來」[25]。但美英之間還有一些較小的分歧需要縫合。國務卿的幕僚促請他試圖說服貝文支持中南半島的保大政權[26]，使美、英的東南亞政策更趨近聯合一致。艾奇遜團隊也對倫敦希望對本區域提供大量開發援助，抱持懷疑；[27]美國人覺得這還存在太多的政治問號。不過，雙方都認為需要在此一區域扮演積極——並且是祕密的——角色。根據一份九月十二日、標示「最高機密」的會議紀錄，美國和英國外交官意見一致，都認為即使必須「躲到聚燈光外」[28]，但他們仍應繼續嘗試在東南亞背後「操縱」政治。

當幕僚的工作一完成，九月十三日艾奇遜和貝文便又碰面討論這些議題，這時離貝文心臟病發還不到一個星期。[29]果然，艾奇遜竭盡全力說服貝文「急切」[30]承認毛澤東政權的意義不大。艾奇遜指出，毛澤東都還沒有控制整個大陸，他們至少要等到政治局勢穩定後再決定承認的問題。不過，艾奇遜依然對未來幾個月局勢會有何戲劇化的改變抱持懷疑。他甚至不預期蔣介石能守住台灣；他向貝文承認，他對台灣能抵抗中共入侵的前景感到「氣餒」[31]。

貝文回答，他並不急著承認中共政權，但根據艾奇遜對兩人對話的紀錄顯示，貝文又說，英國「在中國境內及中英貿易關係上有巨大的商業利益，就相對或絕對意義而言，都（與美國）處於不同立場」[32]。貝文最關心的是香港。他不認為毛澤東會攻擊香港，但如果解放軍真的要出兵，貝文相信英國守得住——不過他也說，這個立場還未提出來討論。雖然透過談判將香港交回中國的大門未「永遠關上」——貝文指出，部分租約將於一九九七年到期——不過，談判的條件「目前並不存在」，「在可預見的將來也不可能存在」[33]。

那麼，美國和英國對中國問題可以採取哪些積極的作法？貝文希望發動大規模宣傳攻勢，誇大毛澤東和史達林在東北問題上的緊張關係。[34]美國外交官贊成向貝文簡報部分正在進行的作業內容，譬如他們努力使用「美國之音」（Voice of America）電台網絡來進行。某些人也提到，散發蓋有「高級機密」戳記的傳單似乎特別有效。艾奇遜說，不論美、英要如何因應毛澤東的勝勢，他們都必須協調一致。他認為：「如果他們能夠從中離間破壞我們，共產黨一定會很高興。」[35]

★

近年來，某些學者對這段時期的英、美戰略諮商情況，提出一個相當吊人胃口的問題[36]：如果史達林對其內容早就知情，那會是什麼狀況？如果他也告訴毛澤東此訊息，又會是什麼狀況？自冷戰結束以來，美國政府將數千頁攔截到的機密情報文件解密，揭露了許多原本外界所不知蘇聯在美的間諜活動內情，這些情報許多是由美國陸軍絕對機密的維諾納（Venona）反情報專案[37]蒐集的。維諾納專案最令人震驚的發現是，有一幫英國共產黨人多年來從華府和倫敦竊取機密。所謂「劍橋幫間諜網」，包括現在臭名昭彰的英國內奸金．菲爾比（Kim Philby）、安東尼．布倫特（Anthony Blunt）、唐納．麥克林（Donald Maclean）和蓋．柏吉斯（Guy Burgess）等人。

特別是柏吉斯在一九四九年接觸到英國有關亞洲事務的各種最高機密。他住在倫敦，在英國外交部遠東司工作[38]，能看到許多關於英國對華政策的外交電文通訊。三十八歲的柏吉斯長相英俊，藍眼珠、黑頭髮，有相當典型的貴族世家子弟成長背景。他曾就讀英國最著名的伊頓公學（Eaton publicsschool），直到成年他都打著母校的領帶），一度在達特茅斯皇家海軍學院（Royal Naval College in Dartmouth）進修。進入劍橋大學後，他結識布倫特，經其介紹，加入「使徒社」（Apostles），這個祕密社團有許多左派份子，是孕育未來蘇聯間諜的溫床。[39]一位舊識回憶這段期間的柏吉斯是「咄咄逼人的雄壯」[40]運動員，「他那滾動、蹣跚的走路姿勢，給人一種即將衝向某個人或某件東西，要將對方撞倒的印象」。

十五年後，一九四九年，柏吉斯仍然過著放蕩不羈的生活——酗酒、與人打架，甚至更加嚴重地把外交情報洩漏給莫斯科。他在倫敦龐德街自宅舉辦鬧哄哄的派對[41]，有一回某人把他推跌下樓梯。一位朋友回憶：「無論何時遇到他，我總是看到他身上帶著傷，有時手臂吊著吊帶。」[42]英國外交官哈洛德．尼可森

（Harold Nicolson）仍記得，柏吉斯「總是想到就說，完全不介意誰會聽到他的話。當然，他酗酒極凶，來者不拒，統統喝下肚，但他一喝多，眼睛就失焦了」。不過，尼可森誇讚他：「長相英俊，也相當聰明。」[43]

如今再讀柏吉斯所撰寫的有關中國問題的內部報告，我們幾乎未發現任何暗示顛覆的跡象——沒有任何跡象透露他試圖以其偏離主流的方式改變英國的政策。柏吉斯注意到毛澤東的革命基本上是正統的共產主義革命[44]，不像會與莫斯科決裂。起先，他建議英國政府在承認的問題上慢慢來，小心翼翼地先看看華府決定如何處理這個問題。[45]然而，隨著一年來的發展，他對美國的立場愈來愈失望，認為美國政策有所矛盾。到了九月底，他抱怨反對承認中共的美國人「頭腦不清楚」[46]。

沒有任何具體的證據可以證明，柏吉斯曾洩漏貝文和艾奇遜會談的詳情給蘇聯。雖然柏吉斯有關中國問題的報告贊同在外交上承認毛澤東政府，但這與貝文等人的邏輯沒有太大不同；這些人認為承認中共的政策攸關英國經濟利益。不過，柏吉斯確實選擇讓他的蘇聯聯絡人知道，西方對中國政策正在進行的密室討論——在史達林與杜魯門激烈的影子戰爭（shadow war）中，為史達林提供寶貴的情報。

# 第十九章

# 第一道閃電

從一個哈薩克草原上設防嚴密的觀察站，一位科學家焦急地窺看遠方廢棄的小村莊。他看到浮現在九英里路之外的地平線上，整個刻意布置的村莊木造結構，是設計用來模擬房屋、杳無人跡的橋梁和農場柵欄裡的動物。一座鐵塔指向天空，塔頂上是一顆淚珠形狀的灰色金屬膠囊——這台小巧的機器像極一艘古董潛艇，彷彿出自朱爾．凡爾納（Jules Verne）[1]的想像力。這位科學家從遠處觀看這個畫面，他心裡明白，如果下一刻出現差錯，他可能會被處死或關進監獄。這一刻離上午七點不到幾分鐘。[2]

過了一會，一道白亮的閃光籠罩鐵塔的頂端。這位科學家後來回憶：「它稍微變暗一下，然後開始增長新力量。」他又說：

白色的火球吞沒了塔樓和商店，迅速擴張，變了顏色，向上猛衝。底部的震波把各式建築物、石屋和機器統統掃進它的路徑，彷彿從中央滾出巨浪，把石頭、木塊、金屬碎片和灰塵統統捲成一個亂七八糟的團塊。火球上升、旋轉，變成橙色、紅色，然後出現黑色條紋。之後，它像漏斗一般[3]，吸入灰塵、磚塊和木板的碎片。

鄰近另一個觀測站，有人高喊：「成功了！成功了！」[4]大家興奮地互相擁抱。雖然這套裝置——蘇聯第一顆原子彈——的官方代號為RDS-1號，但在俄國，一般人稱它為Pervaya Molniya，即第一道閃電。

★

對外界觀察家而言，這件發生在哈薩克東部的重大事件，其第一個跡象在幾天後才出現，由美國一架B-29氣象飛機偵測到亞洲出現放射性爆炸的現象。[5]杜魯門不敢置信：他的情報機關未能事先警告他，史達林已趨近成功開發原子彈。過去四年美國壟斷了原子彈的武力，這樣的知識差距讓杜魯門對美國的軍事優勢有相當大的信心。但現在這種假設煙消雲散。艾奇遜日後回憶：「它改變了一切。當這件事一發生，不到十秒鐘（杜魯門）就了解這點。」[6]

不過，杜魯門試圖保持鎮靜，先隱瞞消息直到他能絕對肯定事態究竟如何。九月二十日下午，美國聯邦原子能委員會主席大衛．李列恩鐸抵達白宮開會，發現總統坐在辦公室閱讀「國會紀錄」（Congressional Record）。李列恩鐸後來在日記寫下，杜魯門顯得「安靜和沉著」，「外頭花園的陽光璀璨，一片天下太平的氣氛」。杜魯門和李列恩鐸一致認為，即使面臨惡劣的消息，對外表現出鎮靜、愉快的姿態是非常重要的。提到俄國試爆原子彈的報告，總統說：「總之，還不能確定。」但是，李列恩鐸是這行的專家，他告訴杜魯門，毫無疑問地，史達林已試爆原子彈。總統朝這位訪客的方向投下銳利的一瞥，問道：「真的嗎？」[7]

杜魯門終於在九月二十三日公布這則新聞。總統小心翼翼地說：「我們已有證據，最近幾星期內，蘇聯發生原子試爆。」他力圖淡化自己的驚訝：「自從原子能最初被人類釋放出來以來，他國最終發展這個新的武力是可預期的。我們向來將這種可能性列入考量。」[8]但是總統的說法說服不了太多人。《紐約時報》頭版新聞在杜魯門的聲明下方配上一條相關報導，標題是「蘇聯的成就比預測早了三年」。這則相關報導又預測蘇聯現在每週可製造一枚原子彈；它提出警告，不到一年，莫斯科就將具有同一時間攻擊美國五十座城市的力量，只憑一擊就可殺害四千萬名美國人。[9]

翌日，肯楠在日記中寫下，考量到新的危險「人們必須鎮靜以對」[10]。美國人離日本投降才四年，仍然十分厭倦戰爭，渴望避免國外新的戰事。那一年秋天，圍繞飯桌的談話往往是棒球比賽；布魯克林道奇隊即將在國家聯盟（National League）中，追上聖路易隊；而在美國聯盟（American League）中，洋基隊力克紅襪隊，使得地鐵決戰大有可能發生。報紙專欄作家德魯・皮爾森在日記寫下：「美國民眾基本上可能更關心這場決賽，而非原子能競賽。」[11]

電視機日益普及，使得美國人比以往更容易追蹤這場大賽；當年秋天之後，高達一千萬人觀賞世界棒球大賽的第一場賽事。[12]但是這項新科技也開始改變人類的某些基本行為。棒球熱就是個絕佳例證。一方面，新媒體把球員轉變為小神明。觀眾為每個看似超人的壯舉驚嘆不已。泰德・威廉斯（Ted Williams）的一名隊友乾脆就稱他為「上帝」。[13]即使裁判也陶醉在最近能爆紅起來。一位體育作家觀察到：「意識到有許多看不見的觀眾在觀看著，他們處理每一個裁決都像處理《羅密歐與朱麗葉》（*Romeo and Juliet*）的陽台戀場景般謹慎。」[14]可是，電視也有辦法暴露每個缺陷，揭露每一項祕密。在強烈弧光燈照射下，新神明地位暴跌的危險與崛起一樣快速。

運動員固然如此，政治家亦然。杜魯門及其顧問群意識到電視的力量可以讓人一夕成名，也能害人頓時身敗名裂。對具有戲劇天賦、某種演員本能的領袖而言，這項新媒體提供一種強大的新方法能和選民連結。杜魯門笑口常開、西裝筆挺，自信滿滿地信口開河，是個天生的表演者。可是，舞台需要動作；消極被動會讓觀眾覺得無聊。想要扮演英雄角色的政治人物需要有一頭龍可以屠宰。在反共的十字軍心目中，史達林和毛澤東可以被當做最方便的抨擊對象。但是這一類型的戲劇化衝突也會激起期待心理。未能實現承諾的領導人會有激發失望群眾憤怒的危險。

對杜魯門和艾奇遜而言，這正是俄國人擁有原子彈這則新聞真正的危險之一。再加上毛澤東的勝勢，更令人益發增添政府是無能的感受。杜魯門政府禁不起予人一種不願迎戰這些新威脅的印象。周以德這些人急著找出新敵人，所以會利用這則新聞攻擊白宮。強生也可以利用這則新聞來對艾奇遜施加壓力。然而，對杜魯門和他的顧問來說，還有個真實、具體的政策問題有待決定。俄國人擁有原子彈的新聞已改變全球的勢力平衡——至少看起來如此。美國歷經多年的獨霸，現在蘇聯及其盟友顯得恢復元氣與自信。

此騷動為任何宣稱握有好的解方的人開啟機會，但是非正統的。九月二十七日，杜魯門的祕密行動部門主管魏斯納提供肯楠一份備忘錄，詳述在中國大陸進行更積極祕密行動的策略。即使無法阻止毛澤東鞏固其戰果，魏斯納認為美國的情報機關需要爭取時間，來強化他們的「敵後網絡和地下管道」，譬如在毛澤東逐漸封鎖傳統的溝通管道後，亟需偵聽站。[15]魏斯納暗示，即使這個策略未能阻止毛澤東的推進，日後也會很有用。同時，他也建議美國應迅速派遣美國特務到第一線，協助增強殘餘的反共指揮官——基本上，這就是陳納德計畫的版本。

與此同時，中央情報局開始調動已到位的資產。九月二十七日，也就是魏斯納要求加派人手到第一線的同一天，中央情報局派駐新疆省會烏魯木齊的主管因為毛澤東部隊的逼近，正準備撤離。[16]多年來，道格拉斯・麥凱南（Douglas Mackiernan）以國務院官員身分掩飾他在美國駐烏魯木齊領事館的工作。麥凱南是一位專精於偵測核子試爆設備的專家，他的任務包括偵察蘇聯在新疆的活動，譬如是否在這個大部分是穆斯林的省份開採鈾礦的動靜。

現在，本地的中國安全部隊開始轉而效忠毛澤東，麥凱南裝滿一整輛吉普車的槍枝、彈藥和手榴彈，以及數百塊方糖大小的小金塊。他身上也藏了一萬美元現金。他帶了一些「一次性密碼本」——一種用來發送加密電訊的特製小筆記本。[17]雖然烏魯木齊處於隨時會淪陷的危險，麥凱南希望他或許還能向南潛逃到西藏；大體上仍保持自治的西藏政府似乎比較能抵抗共產黨。不過，在逃到西藏前，麥凱南必須跋涉將近一千五百英里才能到達拉薩[18]——這段旅程還包括一大段需要騎馬才能穿越荒涼的塔克拉馬干大沙漠（Taklamakan Desert）[19]。這時，在華府方面，艾奇遜的國務院部屬開始討論是否正式化及協調一些臨時的準軍事行動。九月底，參議院終於批准「軍事援助方案」，其中包含授權杜魯門可審酌運用七千五百萬美元於「中國的一般地區」。現在，隨著史達林試爆原子彈使得華府的恐懼上升，大家都在辯論國務院該如何反應。雖然艾奇遜已前往加拿大偏鄉度假，他的顧問們九月三十日照常舉行每日會議。[20]根據會議記錄，與會者討論如何回應外界的批評者——他們認為，回應這項新聞，「美國外交政策必須大幅改變」[21]。

★

隨著十月接近，毛澤東正準備在十月一日宣布中華人民共和國正式成立，共產黨強化他們在北京四周的祕密作業。[22]他們擔心有人會藉慶典的機會行刺毛澤東，因此下令加強警察巡邏和反情報掃蕩。毛澤東原本希望等到年底才進行此重大舉措；因為他覺得在正式宣布建立政權前，需要更多時間來鞏固他的勝利。[23]但是史達林催促他儘量早點進行。這位蘇聯領導人擔心，若中國太久沒有一個實際當家運作的政府，外國勢力就可以利用真空狀態作為藉口，進行干預。

根據毛澤東一名保鑣的回憶，十月一日這個歷史性的一天，毛主席睡過頭了。[24]毛澤東和往常一樣通宵不眠，直到快六點才上床。毛澤東的保鑣日後回憶，他在下午一點左右叫醒主席，然後以熱毛巾擦臉侍候這

1949年10月1日，毛澤東在北京天安門城樓上宣布中華人民共和國建政。（© AP Photo）

位中國領導人。毛澤東拿了一杯茶，大略瀏覽一下當天的報紙。穿上羊毛衣衫後，他前往天安門廣場，登上天安門城門頂，然後主持盛典。

一九四九年的天安門廣場還未演化成今天「巨大的極權主義空間」[25]。雖然毛澤東的士兵在慶典之前已努力拓寬廣場，除了砍倒樹木，還在廣場中央豎立起一根巨大的旗桿，廣場四周仍保有圍牆，種滿了小株灌木。數百年來，這個封圍起來的空間只有一個作用：當皇帝想要走出皇城時做為聖上的通道。[26]但在一九四九年十月一日這天，廣場擠滿了革命派人士。天安門張燈結綵，掛上巨大的紅色絨球[27]，城樓上的貴賓包括宋慶齡——宋美齡的二姊，她違逆其他家人的意見，決定支持共產黨。或許是譏諷她妹妹，宋慶齡宣布她不願「離開我的國家，隱居到康乃狄克的小農莊寫回憶錄。」[28]

對毛澤東而言，如此展示團結非常重要。經過這麼多年內戰，他現在必須和昔日敵人修好——這項艱鉅的工作需要一種特殊的全國性麻藥。[29]當他看著城樓下廣場上的支持群眾時，他宣布新中國就此誕生的簡潔聲明，只是輕描淡寫地提到他的敵人。他說：「我人民解放軍在全國人民的援助下，為保衛祖國的領土主權，為保衛人民的生命財產，為解除人民的痛苦和爭取人民的權利，奮不顧身，英勇作戰，得以消滅反動部隊，推翻國府的反動統治。」他又宣布：「現在，人民解放戰爭業已取得基本勝利，全國大多數人民業已得到解放……向各國政府宣布，本政府為代表中華人民共和國全國人民的唯一合法政府。凡願遵守平等、互利及互相尊重領土主權等幾項原則的任何外國政府，本政府均願與之建立外交關係。」[30]

往後幾十年，觀眾猶記得當天晚上北京城裡精心製作的燈火表演：煙火奔放，燈籠閃爍，紅色絲布旗幟飄蕩。但在中國其他地方，天公不作美。[31]上海中共籌備單位籌劃大規模的遊行和「水上慶會」，預備連續慶祝三天。[32]不料這個沿海城市大雨滂沱、街道淹水，打壞大家的興致。只有少數不在意的人仍然參加慶祝活動，在潮濕的暗夜裡，揮舞著火炬。

一週過後天氣終於放晴。數萬名遊行隊伍聚集在上海跑馬場，共產黨幹部在此懸掛大型、三十英尺的毛澤東和史達林肖像，然後走上街頭遊行。解放軍士兵排成方陣，擎起槍管上紮有紅巾的步槍，踢著正步行進。上海民眾唱歌、敲鑼打鼓、點燃鞭炮，站在路邊和擁擠在大樓屋頂上，觀看布置有飛機和軍艦的花車經過。慶祝活動有時也出現報復性的氣氛。《字林西報》報導，有一群遊行者亮出「打爛了的蔣介石」的假人；另一支隊伍則展示蔣介石夫婦「與日本軍閥攜手並行」的照片。[33]

慶祝活動在十月十日晚上達到高潮，一支軍容壯盛的船隊緩緩駛過黃浦江。報紙報導：「黑暗和泥濘的黃浦江閃爍著五顏六色，繽紛美麗。」[34]伴隨著警笛大鳴和口哨尖叫，煙火在天空中綻放；探照燈也環繞著天空閃亮。從划艇到輪船，共有三十二艘船參加了慶祝活動。船隊的最前端，一艘桅桿上掛著電燈泡的船隻，亮出一顆由許多閃爍燈泡包圍的大星星。船隊興高采烈地穿過江面，一幅毛澤東的肖像占據了最中央的榮譽位置。

★

毛澤東的支持者歡欣鼓舞地慶祝，杜魯門及其內閣卻憂心忡忡。中央情報局尤其關切中南半島，提出警告稱它特別無力於抵抗毛澤東日益增加的勢力。十月初，中央情報局警告，中南半島有迫在眉睫、脫離法國控制的危險。中央情報局一份備忘錄顯示：「大約六個月內，預期已控制華南的中國共產黨將以公開或走私的方式，增加讓武器流入中南半島的抵抗運動。此後，軍事力量的均衡將開始轉向為有利於抵抗運動。」[35]中央情報局估計，排除掉難以預見的發展後，法國在短短一、兩年內就會被完全趕走。

中國大潰敗後，中央情報局分析人員有最惡劣狀況的預測。這項備忘錄又寫道：「如果在共產黨於中國得勝之際，共產黨政府也在中南半島崛起，而緬甸、泰國和馬來亞都無疑會轉向共產主義和蘇聯。」中央情報局認為，法國在西貢冊封的傀儡保大「不值得信任」；「在任何狀況下都不能依賴他的政權去爭取民眾真心的支持」。由於「莫斯科培訓的胡志明所領導的頑固、由共產黨主宰的民族主義抵抗運動」控制著本地區約百分之九十的領域，中央情報局的亞洲事務專家看不到太多其他可喜的發展。

杜魯門及其顧問逐漸朝向區域的領袖尋求答案。最重要的一位亞洲領袖——日後也是最棘手、難以駕馭的一員——即印度總理賈瓦哈拉爾・尼赫魯。尼赫魯領導的國家，兩年前才從英國統治下取得獨立，目前仍處於襁褓期。雖然反抗大英帝國政權的印度民族主義抵抗運動已成立數十年之久，但直到一九四七年八月，倫敦才終於放棄實質控制，把這塊領地劃分為以印度教徒為主的印度，以及以穆斯林為主的巴基斯坦。可是，這種寬鬆的分割容易造成誤導；事實上，這個區域有各式各樣的族裔和宗教支派。印、巴分治燃起狂熱的暴力浪潮，最後造成高達一百萬人喪生。尼赫魯成為新興獨立印度第一任總理，一腳踩進這個動蕩不安的情勢。

尼赫魯驕傲、自信，也深知印度地位並不穩固，不像美國領袖那麼積極想直接和毛澤東對抗。雖然杜魯門政府某些官員希望尼赫魯能幫忙組織一個反共的區域集團，但他卻似乎更有意與毛澤東交好。尼赫魯是個世俗的政客，對馬克思思想有相當了解；然而，在實務上，他的對華政策植根於他對印度地緣政治利益的思考。譬如，尼赫魯對於運送武器和器械到西藏相當警覺[36]；他擔心任何這類援助會不必要地激怒北京。至於中南半島，他喜歡強調當地的革命既是民族主義性質，也是共產主義性質；他懷疑一場全面的共產主義革命能否最終能在當地取得成功。[37]

準備抗爭的尼赫魯在十月十一日抵達華府，他將訪問美國三週。[38]美國人不知如何形容尼赫魯，有人認為這位印度領導人眼神凌厲，身穿寬鬆的無領襯衫，頭戴白色的甘地帽，像是個頗有魅力的人物。一位杜魯門的助理看著這位印度的民族主義領袖踏進白宮，注意到他所激起的興奮程度有如「動作片明星」[39]。史都

1949 年 10 月，印度總理尼赫魯抵達華府訪問。有位美國記者說，尼赫魯所到之處，都有如「電影明星」般引起騷動。（© National Park Service, Abbie Rowe, Courtesy of Harry S. Truman Presidential Library）

華．艾索浦盛讚尼赫魯「以一根長菸管點著香菸的優雅姿態」、他「帥氣的氣質」，以及他「刻意運用明顯的魅力做為說服時的有力武器」[40]。但其他人則不以為然。美國駐印度大使羅易．韓德森（Loy Handerson）認為尼赫魯是個「虛華、敏感、情緒激動和複雜的人物」[41]。艾奇遜後來也回憶起這位印度總理以「帶刺的心情」[42]訪問美國。

艾奇遜全力化解緊張，在一次國宴後邀請尼赫魯到他的自宅閒聊。[43]在他位於喬治城的紅磚寓邸裡，牆上掛著油畫、充滿英國鄉村風味的擺飾，他試圖讓尼赫魯放輕鬆。[44]艾奇遜告訴這位總理說，他準備洗耳恭聽，尼赫魯應該隨意地以「最大的自由」[45]大膽抱怨。然而，艾奇遜回憶，尼赫魯「不願放輕鬆」[46]。艾奇遜抱怨，即使在溫暖的氣氛中，尼赫魯還是當做是在公共集會，對主人發表演說。[47]

尼赫魯很快就表示，他傾向承認毛澤東的新政權。[48]艾奇遜旋即提出自己暫不承認中共的理由——至少目前不承認。艾奇遜自認為是現實主義者，樂意接受環境已經改變，但他不願倉促做決定。他試圖說服尼赫魯，在承認中共前，先等毛澤東控制更多的領土。他說，美國同時可利用美國之音廣播及政治傳單幫助說服一般中國民眾老百姓摒棄毛澤東的統治。然而，尼赫魯認為散布政治文宣不會有什麼實際的差別。艾奇遜寫道：「他大體上的態度似乎是，既然承認（中共）已毫無疑問地無可避免，藉由外交手段拖延就沒有什麼意義。」[49]他們談了其他棘手的問題後，已是凌晨一點鐘，艾奇遜回憶：「我發現自己被他搞糊塗了，建議（今晚）討論到此為止。」

杜魯門想說服尼赫魯暫不承認中共的努力也沒有什麼成績。美國總統給這位印度民族主義者的第一印象就不好。尼赫魯抱怨，兩人第一次見面時，杜魯門就粗魯地不斷大談波本威士忌酒有多好。[50]（尼赫魯滴酒不沾）到了十月十三日下午的會談，換成尼赫魯向杜魯門說教。根據艾奇遜對這次談話的筆記，尼赫魯指出，「印度和中國毗鄰，使印度和其他國家略有不同」。[51]即使如此，杜魯門仍希望兩國能就承認中共這個問題繼續「進行諮商，可能的話，也協調一下行動」。但杜魯門和艾奇遜無法成功說服尼赫魯。後來艾奇遜抱怨，這位印度總理「不太有意願商量」[52]。

強生也試圖影響尼赫魯，邀請這位印度總理到西維吉尼亞州白硫磺泉市（White Sulphur Springs）的綠薔薇飯店（Greenbrier Hotel）[53]，和美國企業界領袖一起晚餐。強生吹噓這場聚會。報紙專欄作家德魯・皮爾森在日記記載說，強生向他描述起晚宴時「眉飛色舞」[54]。但事實上，尼赫魯為了服務人員所穿的花俏服裝[55]，以及宴會廳裡有許多企業大亨反對印度獨立，而大感不悅。更甚的是，尼赫魯也抱怨菜單「太長、太異國風味」[56]。在回程的飛機上，一位目擊者說，尼赫魯顯得「累斃了」[57]。印度駐美大使（湊巧就是尼赫魯的親妹妹）後來說，「如果他們是為了惹惱他而縝密規劃」這場晚宴及其他場活動，那「不會有比這些更糟的了」。[58]

即使是國際歷練豐富、妻子出生成長於印度的周以德，都未能完全理解尼赫魯及其世界觀。尼赫魯認為毛澤東的勝利是可以控制的地方問題，而周以德卻視之為迫在眉睫的全球威脅。這位明尼蘇達州國會眾議員表示他「強烈懷疑」印度能挺過左翼革命。周以德堅稱：「有一段相當長的時間，共產黨已坦誠宣布，一旦他們完全征服東亞，下一個目標就是印度。」不過，一度活力滿滿的周以德，也開始懷疑他自己真正能發揮多少影響力。他認為，要在亞洲取得成功，需要「信仰上帝、人道同情和慈善捐助」[59]——只是一九四九年的戰爭熾熱之際，愈來愈缺乏這三項特質。

# 第二十章
# 危險的交易

在尼赫魯在華府四處拜會、會談之際，杜魯門政府終於批准祕密援助在中國大陸毛澤東的敵方的計畫。[1]魏斯納安排陳納德的民航空運公司提供兩名美國情報人員掩護的身分；[2]這兩人將駐在香港，進出大陸。魏斯納的命令十分接近陳納德五月份在華盛頓飯店向他提報的策略。這兩位美國情報人員將祕密會見大陸主要城市的反共軍事人士，然後提供他們必要的金援以增強其武力。魏斯納也指示其手下在中國建立「適當的備用設施」[3]，以便美國間諜在中國繼續活動——即使共產黨完全占領大陸後。

現在，這一天令人十分不安地即將到來。幾乎與美國情報人員抵達香港的同時，毛澤東的部隊滲透國軍在廣州北方的前線，居民紛紛慌亂逃難出城。這場混亂迫使魏斯納的手下罔顧最初的使命，一連多日集中撤退人員和器械。其中一位美國情報員艾佛瑞德・考克斯（Alfred Cox）在十月十四日寫給妻子的信中提到：「老共如入無人之境地推進，摸不清他們究竟在哪裡，弄得大家神經十分緊張。我們昨晚撤出最後一個人員，但必須丟掉相當多的器械。我們相信老共昨夜進城，我們正要派出一架飛機飛過去看看。」考克斯擔心，若有任何一個美國人被逮到，解放軍肯定會「狠狠地修理」他。他告訴妻子，整個任務是一樁「危險的交易」。[4]

翌日，考克斯陪同陳納德到台灣晉見蔣介石。[5]考克斯對於整個環境的宏偉印象深刻。他向他的妻子吹噓說，一輛「漂亮的大轎車」[6]將他們帶到有著優雅日式花園和熱硫磺泉的賓館。一踏入賓館，美國客人就被叮囑要脫掉鞋子，換穿拖鞋。與廣州的兵荒馬亂相比，位於台北蔣介石總部附近的下榻之處，看起來就像是水療中心。

當天下午，陳納德向蔣介石匯報運送援助給第一線個別指揮官的計畫[7]——但是他沒有透露他是和美國情報機關合作。相反地，他告訴委員長，是由美國民間企業家籌集這筆經費。蔣介石起初擔心陳納德的作法，知道這項援助計畫只會增強他黨內政敵的勢力。陳納德整個夏天都公開主張美國人要援助白崇禧——蔣介石的桂系主要政敵——這個策略肯定會削弱蔣介石在黨內的地位。[8]委員長向陳納德挑剔說，如此零碎地運補武器將會造成沒拿到美援的指揮官們的嫉妒。不過，儘管他反對，蔣介石也向陳納德擔保他不會阻礙此作業。

儘管事實上美國人似乎決心支持蔣介石在國民黨內的對手，但他仍順從美國的一個原因可能是，經過幾個月來專注於經營中國東南沿海和台灣之後，現在蔣介石正在尋求於中國大西南建立據點。他知道自己受到自己黨內敵人、不穩定的地方政治氛圍、以及外國政府示惠對手等因素的威脅，他在台灣的地位仍不穩固。如果台灣的情勢惡化，他需要一個備用計畫。他特別期望能擴大他在雲南的影響力，一個位於中國西南方山脈地區的邊省，與中南半島接壤。[9]當毛澤東的部隊繼續向南推進時，蔣介石與一位雲南地方領袖結為鬆散的同盟，還付給此人一百萬銀元以換取他的支持。[10]

然而，陳納德和他的作業人員選擇先專注在強化桂林，這是廣州西北方約三百英里的國民黨一個基地。[11]由白崇禧控制的桂林是中國景色最壯麗的城市之一。數十座鋸齒狀的石灰岩峰，像鯊魚牙一樣鑽入天際，

美國情報人員考克斯提供金援給中國大陸的反毛將領。（© Courtesy of Steven Cox）

聳立於原本作為城市護城河的人工湖旁。然而，現在，儘管有出色的自然美景，整個地方卻給人活像是個軍營的感覺。考克斯告訴妻子，桂林「落後又寒冷」，沒有自來水或電力。雖然他住在號稱城裡最好的酒店之一，但是住房設施卻很差；他睡的是「木板床，被子又非常單薄」。[12]由於只有一盞小型油燈用於照明，他發現自己在晚上九點前就早早上床睡覺。

考克斯初步拜訪並評估白崇禧的需求之後，答應在十月中旬攜錢返回桂林。為了避免有人追蹤錢的源頭是來自華府，考克斯因而安排以港幣代替美元支付。[13]（起先他想用銀元支付，但後來因為銀元太重而作罷。）現在又擔心在香港市場兌換巨額美元會引來注意，於是找人幫忙，分成幾次交易。雖然確實交給白崇禧的金額迄今仍被中央情報局列為機密，但考克斯透露，這一大堆現金塞滿了兩口大柳條箱子。[14]

考克斯和馬爾孔．羅斯賀特（Malcolm Rosholt）在香港搭乘一架 C-46 運輸機飛往桂林，白崇禧的部隊派了一輛「破舊、但仍能動的」[15]卡車來接機。接下來，兩個老美驚惶失色地看著一群苦力把裝滿錢的箱子抬上卡車，揚長而去。考克斯後來在描述這個經過的內部報告中寫下：「你可以想像考克斯和羅斯賀特當時的精神狀態。」[16]兩人慌張地爬上另一輛汽車，追向白崇禧的指揮本部。當他們到達時，發現兩箱現金被擺在白崇禧辦公室的門邊，完全沒被染指，這才鬆了一口氣。於是，老美和老中一道數錢，然後白崇禧的部下開了收據。[17]

即使錢已送達，考克斯告訴上級，他對白崇禧部隊的前景並不特別樂觀。他解釋，他最大的關切是白崇禧會為了證明不辜負美方賦予援助的美意，而在毛澤東部隊由廣州往西北推進時，不智地在桂林滯留太久。考克斯警告，如果是照這個劇本演出，白崇禧部隊很可能「慘遭宰割」[18]。考克斯確實仍保持些許信心，希望白崇禧的部隊能對毛澤東的挺進部隊發動游擊戰，襲擊共軍的補給路線。但他承認白崇禧將軍的未來依然黯淡。考克斯寄給妻子的一封信中提到：「此地情勢確實不妙。時間正在流失。」[19]

★

到了十月中旬，離天安門廣場慶典才過幾個星期，毛澤東已開始鞏固主要的外國夥伴的關係。十月十六日下午五點，他在新入主的一棟清宮大堂舉行接受蘇聯駐北京大使羅申（N. V. Roshchin）呈遞到任國書儀式。[20]在談話中，毛澤東盛讚蘇聯是第一個承認中華人民共和國的國家。他的說辭十分外交性質：一百八十五個字的講稿中有七次提到『尊重』[21]這個字。但毛澤東內心仍然對他和史達林的關係沒有安全感。正式的儀式之後，他邀請新大使私下聊聊。毛澤東客氣地舉杯向史達林的健康致敬後，也痛切抱怨，這位蘇聯領導人在共和國宣布成立後，還未發送私人賀電給他。羅申在此次對話的筆記中提到，毛澤東對此一失禮顯得「極為不悅」[22]。

可是，毛澤東對於與西方大國建立外交關係的前景則更加敏感。這位中國領導人知道美國——尤其是英國——有些派系主張承認他的新政府。可是，他不希望在他鞏固國內革命之際，顯得太過亟於爭取西方國家的認同。在他接見羅申的同一天，毛澤東的國家通訊社發出一則快訊，提醒其部屬對美國和英國要採取「等著瞧」的態度。這項指示強調，在任何情況下，共產黨都不該「做出早日建立外交關係的宣傳」。[23]他們不需要鼓吹。由於英國在中國有巨大的商業利益，也盼望保護香港，所以愈來愈主動積極地尋求建交。在毛澤東的聲明發表後不久，貝文的政府致送共產黨新政府一封信，正如美國國務院內部的一份節略所顯示的，某些美國外交官認為英方的這封信是「走向承認的一大步」[24]。艾奇遜和杜魯門一直努力維持美英共同陣線，因此大感震驚。根據國務院的節略，艾奇遜緊急拍發私函給貝文，抱怨英國的片面行動會「被共產黨利用」，並會減弱中國鄰邦的決心。

十月十七日，當杜魯門和艾奇遜會面時，他對於英國的背叛仍然很氣憤。根據艾奇遜對於這次對話的筆記，總統抱怨「英國人在這件事上沒有跟我們坦誠相告」[25]。杜魯門擔心蘇聯已把英國這封信當作是走向承認的重要一步。接下來幾天，貝文試圖為傷口上藥，承認他違背原先和艾奇遜達成的共識，也為沒有和杜魯門政府共同協調而道歉。[26]雖然貝文向美方擔保未來他會更密切地與美國諮商，但是他並未承諾這兩個西方大國最後可以成功地協調出一致的策略。

在美、英政治家辯論承認中共的利弊之際，美國人本身也在辯論，應該在哪裡明確地畫出紅線來抵抗毛澤東的軍隊。國民黨在廣州的中央政府潰敗，使得蔣介石人馬全湧向台灣，益增杜魯門政府必須加緊討論如何——或是否——防衛台灣的急迫性。到了十月底，毛澤東部隊已開始攻擊沿海的其他島嶼。但杜魯門的國家安全會議尚未決定，美國願意協防哪些仍由國府所控制的領土。十月十八日，強生送給國家安全會議一份照會，催促他們澄清其策略。強生寫道：「國防部正在積極進行研究如何才是可行的軍事作法，以達到剝奪中共兵力占領、仍未受共產黨控制地區之目標。」[27]可是，直到國家安全會議提供更具體的指示前，這些努力注定零亂無方。

雖然強生不滿意陳納德的計畫「太含糊」[28]，無法明確預測其成敗，但這位國防部長仍決心要防止共產黨征服台灣。十月底，強生採取不尋常的一步，他親赴里弗代爾與宋美齡餐敘。[29]此時宋美齡已強烈傾向回到台灣與丈夫並肩努力。雖然強生和宋美齡都沒有向新聞界透露他們對話的細節，但外界還是有一些他們可能討論了什麼的線索。幾個月後，強生提到他曾向宋美齡「承諾」[30]。大家很容易想像得到，國防部長是在進餐時向焦慮的好友擔保，他會保護這個她盼望回去的島嶼。

另一方面，艾奇遜就不是那麼關心台灣，他認為台灣不但守不住，也無足輕重。國務院一名幕僚成員抱怨，國家安全會議新策略的初稿「不符現實、不實用，甚至是太天真」[31]。雖然艾奇遜的團隊仍然承諾要在中國周邊布建一個「大新月」，但台灣未必包含在內，況且艾奇遜和宋美齡及其盟友都無私交。儘管國務卿對於他所認為蔣氏家族在美國政壇擁有不當影響力而感到不安，但他的立場大致源自他懷疑美國是否無所不能。十月底，有關台灣的辯論趨於熾熱，艾奇遜前往紐約市華爾道夫大飯店出席艾爾·史密斯紀念基金會年度餐會（Al Smith Dinner），發表演說。[32]他告訴聽眾：「我們可以全力地幫助那些盡最大力量靠自己努力獲得成功的人。」然後他又說：「但我們沒辦法指揮或控制；我們不能像上帝一樣，從混沌中創造世界。」[33]

★

儘管杜魯門在過去幾個月中遭遇挫折，但他仍在努力。十月二十四日上午，他搭乘火車前往紐約，出席沿著東河（East River）河岸建造的聯合國祕書處新大樓奠基典禮。[34]總統穿著牛津灰色西裝，戴著相襯的圓帽，大約十一點鐘抵達賓州車站（Penn Station）時，樂隊響起〈向統帥致敬〉（*Hail to the Chief*）一曲，由一百零七輛摩托車組成的護送車隊穿過城中區，民眾紛紛從四周建築物投下繽紛的彩紙。一位記者描述現場情況：在戶外儀式的現場，杜魯門坐在講台上的一把木製摺疊椅上，周圍聚集了一萬六千名穿著色彩繽紛「沙麗、旗袍（和）加格拉喇叭褲[35]的觀眾。杜魯門看著工人用鏝刀把一個裝有「聯合國憲章」和「世界人權宣言」副本的金屬盒子，安放到一塊重達三噸半的新罕布夏州花崗岩基石上。

聯合國是杜魯門鍾愛的項目，自他和周以德在中西部巡迴演講以來，就一直是他懷抱的夢想。現在，在儀式上，總統全力擺出坦蕩胸懷，親切地和蘇聯外交部長維辛斯基握手。杜魯門在致詞時強調，世界問題「必須以能為人類良知所接受的基礎去解決」，又說聯合國是「最有活力地表達全世界人類的渴望，因為它替所有國家訂下正確和正義的標準」。[36]即使如此，他也承認這個新組織仍然是個實驗。最後他說，他相信聯合國的普世精神使命需要「具有信念的行動」。

致詞完畢，杜魯門坐上敞篷轎車，前往格雷西大廈（Gracie Mansion）[37]午餐。當他的座車駛進停車場時，三十六架 F-84 噴射戰鬥機列隊飛越曼哈頓上空。他入內，當賓客品嘗著甲魚湯、白鮭魚和南瓜派時，杜魯門再次重申：「我衷心希望，由於今日集會的結果，我們將愈來愈接近我們都想望的理想境界。我不希望看到另一場戰爭。我正竭盡全力阻止另一場戰爭。我致力於世界和平。」[38]下午三點五十八分，在二十一響禮砲聲中，他的座車離開格雷西大廈停車場，趕搭火車，回到華府的戰爭。

杜魯門這廂籲求全球打造兄弟情誼，毛澤東那廂卻出手挑釁。杜魯門在紐約演講當天，毛澤東政府正式逮捕遭共產黨扣押、不准和外界接觸近一年的美國總領事安格斯・華德。華德和他的館員在羈押期間過著悽慘的生活，沒有熱水、也沒電力。[39]國軍飛機轟炸瀋陽共產黨的基地，震破領事館的窗戶，遍地都是碎玻璃；一位外交官回憶，他用鑷子將碎片從同事的嘴唇取出。另一位美國俘虜記得：「我們要烤麵包，拿出麵包烤盤時，成群的蟑螂盤據盤子不走。我們只好把蟑螂和麵包一起烘烤，然後再把邊緣切掉。」[40]為了保持意識清楚，這些人在燭光下玩橋牌和撲克牌。

華德事件讓杜魯門十分懊惱——也嚴重影響他的中國政策。到了十月底，艾奇遜的國務院已經開始徹底檢討其作法。有份備忘錄指出，它召集一大群區域專家廣泛檢討「從日本到巴基斯坦整個區域」[41]的情勢。顧問們非常懷疑準軍事行動會有所作為。他們總結說：「主張這種援助方案的人士，必須負責證明這種援助在具體案例下有效。」他們又說，事實上，試圖阻滯毛澤東政權只會使事態更加嚴重，逼它「更堅定地投入克里姆林宮的懷抱，同時又不能縮短它的壽命」。顧問們寧願耐心地等待莫斯科和北京之間產生緊張。雖然這群人沒有建議艾奇遜給予毛澤東外交承認，但他們促請國務卿要「務實」。在十月二十六日的記者會上，當被問到他的中國策略時，艾奇遜承認，「現在和幾個月前有所不同」[42]。

即使如此，艾奇遜仍需說服杜魯門接受此一比較鴿派的作法——華德被捕事件使這項工作益加困難。十月三十一日與國務院官員開會時，杜魯門想要知道國務院會採取什麼行動來爭取這些美國外交官的獲釋。當助理們支支吾吾地表示，美國已「向共產黨官員做了最強烈的表態」時，杜魯門要求要有更積極的行動。有位助理對於此對話做了筆記，他寫下：「總統表示，如果他認為我們可以派一架飛機去把這些人接出來，他預備採取最強烈的可能措施，包括必要時動用武力，如果他確定動武有效的話。」[43]

短短一週內，杜魯門從祈禱世界和平走到推動致命武力——這只有全球超級大國的領導人才能真正體驗到非常獨特的揮舞鞭子。十一月一日晚間寫日記時，他不免沉思身處高位的孤獨感。杜魯門先寫下：「自己一個人吃完晚飯。」[44]然後又記下：

在李氏大廈（Lee House）辦公室一直工作到晚餐時間。一位管家非常正式地走進來，宣布說：「總統先生，晚餐準備好了。」我走進布萊爾賓館的餐廳。身著燕尾服、打著白色領帶的巴奈特拉出椅子，把我推到桌邊。穿著燕尾服、打著白色領帶的約翰送上一杯水果，然後巴奈特收走空杯子。約翰端來一個盤子，巴奈特送來里脊肉，約翰送上蘆筍，巴奈特又送上胡蘿蔔和甜菜。我必須獨自一人靜靜地在點著燭光的房裡吃飯。我搖了搖響鈴——巴奈特收走餐盤和奶油碟子。約翰送上一張餐巾紙，也拿來銀器麵包屑盤——雖然沒有麵包碎屑，但約翰按照規矩還是得把桌子刷乾淨。巴奈特端來一個盤子，上面擺著洗手指碗和doyle〔原文〕，約翰在盤子上放了一個玻璃碟子和一個小碗。巴奈特端來一些巧克力糕。約翰又拿來一個小咖啡杯（在家裡我會喝一小杯咖啡——大概兩口的分量），我的晚餐就結束了。我在手指碗裡洗手，然後回頭工作。這是什麼日子啊！

# 第二十一章
# 上帝的聲音

到了十一月初，杜魯門已開始呈現典型第二任期施政身陷四面楚歌、老態龍鍾的身體特徵。他的眼睛四周的皮膚出現皺紋，牙齒表面也有醜陋黑斑。下巴鼓起，大過他的臉龐，他的頸部和下巴看起來像是完全連在一起，而分不清輪廓線。有些年紀的總統的某些容貌特徵讓人想到童話故事裡的小矮胖子Humpty Dumpty——不只是他的頭型具有卵圓形的曲線，而且他眼神疲憊，呈現出一個處於瀕臨崩潰邊緣的男子日益萎靡的表情。[1]

在某個層面上，現階段杜魯門為中國做的，超過過去數個月的作為。他的祕密作業部門終於建立祕密援助毛澤東敵方的管道，這些人穩定地鞏固國軍殘部。中央情報局局長羅斯柯．希倫科特在十一月一日報告說，現在獲得美援飽飽的白崇禧要求「完全控制」[2]國軍部隊——希倫科特認為這是正面的發展。考克斯穿梭往來於香港和大陸之間，他的上司發給他電報嘉許他「到目前為止成績斐然」[3]。受到此一進展的鼓舞，中央情報局在十一月一日又額外追加五十萬美元給陳納德的組織。[4]

但是還有許多地方可能出了岔錯——先從委員長個人行為說起。美國人懷疑，數十年來他一直是國民黨軍隊的首腦，是否會真正甘心地把如此大的權力讓渡給對手？蔣介石在別無選擇下，向陳納德保證他會遵守協議。不過，美方曉得蔣介石善變，日後可能會反悔。希倫科特寫道：「軍中上上下下都是委員長的人馬。」[5]來自蔣介石內圈的情報更是強化此一印象。中央情報局一份報告引述一位效忠蔣委員長的人士之說法，此人抱怨白崇禧「比毛澤東還糟」[6]，聲稱老美最後沒辦法，就會轉而支持在台灣的反蔣派系。

同一時間，毛澤東拒絕在華德事件上讓步。私底下，杜魯門的副手搞不清楚，他們不敢確定，毛澤東這樣做是否是針對幾位蘇聯官員最近在美國活動遭逮捕的事件而做出的報復行動。[7]事實上，毛澤東可能只是試圖發出訊息——不過，對象是莫斯科，而不是華府。中國大陸大體上已穩定，毛澤東現在希望展開耽延許久的訪俄之行，前到克里姆林宮朝聖。十一月初，毛澤東透過一個俄羅斯中間人傳信給史達林，表示他希望十二月初啟程。[8]這次，這位蘇聯獨裁者終於點頭答應。現今的學者認為，在這個關鍵時刻，毛澤東可能是想利用逮捕華德來向史達林表示效忠。[9]

無論毛澤東是出於何種動機，逮捕華德讓杜魯門認為是莫大羞辱，大為生氣。十一月十四日，他與國務院一位高階官員會談時，杜魯門建議封鎖上海海岸，阻止共產黨從華北運送煤炭到上海等城市經濟中心。杜魯門堅持這樣做可以展現「我們是認真的」，最後也會導致華德獲釋。總統相信美國展現力量也會使英國更難以承認毛澤東的新中國。務實地說，杜魯門認為他「確定」美國「在附近有足夠的軍艦和飛機可以完成此一任務」。總統更進而提出警告，他會嚴懲破壞封鎖行動的船隻，「任何拒絕遵從我方警告的船隻」都可以將它們擊沉。[10]

杜魯門的策略有許多瑕疵，其中之一就是和他自己既有的政策相互矛盾。國府的海軍已封鎖大陸沿海，杜魯門政府曾公開貶抑此一政策。當美國商船「飛雲號」（S.S. Flying Cloud）在上海外海企圖硬闖國軍封鎖線，杜魯門立場的困難立刻變得很清楚。一艘國軍軍艦發射警告砲彈後，飛雲號稍微停下來，但旋即起錨開動。附近另一艘國軍帆船上的士兵以步槍和機關槍掃射，打得飛雲號船身彈痕累累。長江口另一艘國軍大型軍艦也發射三英寸口徑砲彈，穿越大霧，把飛雲號側身打破一個大洞。[11]雖然事件中並沒有美國船員受傷，但這事件至少讓毛澤東卸下幾分壓力——把皮球踢回給蔣介石和國府。

到了十一月中旬，杜魯門陷入困境和混亂，在絕望、節節退敗的國民黨，和勇敢、步步進逼的共產黨之間，難以取捨。十一月十七日上午，他和艾奇遜、司徒雷登以及其他一些東亞事務專家開會，聽取他們過去幾星期研訂政策的意見。司徒雷登在日記寫下，杜魯門起先似乎希望聽到「強烈的建議，軍事面或其他方面都行」[12]。但是在會議過程中，總統逐漸放下他的好戰姿態。

會議中，這些東亞事務專家極力勸說杜魯門採取比較鴿派的忍耐政策。他們認為不會有「速效靈丹」；他們在和杜魯門開的會議要點備忘中提到，整個東亞地區「目前遭到堅定的革命運動橫掃」。雖然杜魯門希望封鎖中國大陸沿海、並攻擊闖關者，顧問專家卻勸他反其道而行：要切斷給予非共產黨戰士的一切軍事援助。這些人的主張是因為杜魯門最後還是得和毛澤東打交道。戰略物資除外，他們認為美國應與大陸維持貿易關係，並且準備好在毛澤東政權一旦「實質上控制中國所有領土」，並顯示「有意願遵守國際義務」時，就得承認它。

不過，這些人更關心如何在亞洲其他區域阻止共產主義的蔓延。他們主張把美國的圍堵戰略——原本只限於歐洲國家——延伸到亞洲。他們解釋說，亞洲需要美國的「道義支持，以及有限度的物質援助」。雖然他們認為在亞洲的軍事行動可能會產生反效果，引發反西方的反彈，不過，他們認為經濟援助和宣傳可能是很有效的工具。他們提呈給總統的備忘錄提到，關鍵是「展現我們對亞洲人民民族主義期望的理解和同情，以及暴露蘇聯帝國主義對此期望所造成的威脅。」[13]

亟思尋找解決方案的杜魯門，發現這些論據有說服力。同一天稍後他和艾奇遜會面，他告訴艾奇遜，與東亞事務專家的會議「非常有助益」。根據艾奇遜對於兩人談話的筆記，杜魯門說：「他對中國共產黨得以成功的原因有了新的認識，對於全盤局勢有更好的了解，也發現自己能以全新的方式思考問題。」艾奇遜想強化他的顧問專家所傳達的訊息，因此向杜魯門報告說，他認為總統可以有個基本選擇：他可以選擇「反對（共產黨）政權、騷擾它、針螯它，如果出現機會，就試圖推翻它」，或者他可以「試圖讓它不再對莫斯科百依百順，隔段時間後，再鼓動那些或許能夠改變它強大的影響力。」艾奇遜強調，他的顧問專家們「一致判斷第二條路才是最好的辦法」。[14]杜魯門現在似乎同意這個說法。

然而，這項極需耐心的作法解決不了華德遭扣押這個即時性的問題。翌日，希倫科特呈送一份中央情報局的機密報告給總統，報告指出，中央情報局相信華德和其他四名館員被中共關在一間苦牢裡。報告的細節令人憂心，似乎表明華德遭到毆打。[15]不過，能獲得情報成果本身——華德被中國當局審訊的記錄節略——已非常了不起。雖然某些內容模糊不清，但中情局的分析員判斷它很可能是真的。希倫科特提醒，「以任何廣泛散布的方式運用此一情報，必然會危害作業的安全。」[16]

即使立場一向比國務院外交官更加鷹派的總統軍事顧問也提出警告，救援作業可能出了岔錯。十一月十八日，參謀首長聯席會議主席向國防部長強生報告，任何動用武力搶救華德的作業都需要由海上登陸或空中襲擊；救出華德等人後，部隊需要「殺出一條路，撤離東北」。這份報告又說，援救過程中，這項作業「有可能導致與中國共產黨政府的公開作戰」。參謀首長聯席會議主席強調，蘇聯非常重視防衛他們在本地區的利益，美方任何的救援行動可能也會引起莫斯科的反應。報告中警告：「鑒於前述考量，美國公然的軍事行動可能會導致全球戰爭。」[17]

當然，在有限的意義上，美國已介入戰爭，極力試圖增強毛澤東在大陸的剩餘的對手。但是，到了十一月底，即使是這些最後的努力，也正在崩潰中。白崇禧一連幾週都向美方聯絡人抱怨，要求多給他一些武器，尤其是輕機關槍和臼砲。[18]然而，十一月二十二日，解放軍終於大舉進攻桂林，趕走白崇禧的部隊。[19]考克斯從飛機上看到，解放軍部隊「乘坐的小船呈現兩條實線」[20]，向南渡河。白崇禧下令部隊退到柳州重新整頓。不過考克斯知道終局很快就要到了。他在寫給妻子的信中提到：「我們拚命試圖繼續作戰，但是我們的基地逐一失陷。我不知道我們還能撐多久。」[21]到了十一月底的那幾天，考克斯承認他的選擇已經不多。他寫道：「照這樣發展下去，幾乎任何一天都像是中國要完了——至少大陸是丟定了。」[22]

杜魯門的祕密援助行動失敗增強了他的信念：忍耐是目前最佳的政策。在總統及他的國務院顧問看來，放棄中國——至少暫時割捨——是唯一審慎的選擇。可是，像周以德等一生志業投注在中國的人士，卻認為毛澤東戰勝代表倫理和心理上的重大災難。周以德在十一月底寫給友人的信上提到：「確實是悲劇，反抗我們的勢力顯然即將贏得勝利。」他又說：

如果是這樣，它只會給所有相信真正自由的人帶來災難，特別是那些相信有上帝存在，以及相信在這個宇宙中有道德規律的人。他們深信後者最終將取得勝利。但是由於盲人允許自己被盲人領導，另一個世代、甚至一個文明，可能會趨於毀滅。[23]

★

十一月二十七日，《紐約時報》宣稱：「一年前這個時候，毛澤東的共產黨部隊展開他們在中國內戰的重大推進——從東北向南的勝利長征。」它說：現在，就在上個星期，「毛澤東部隊似乎已經進入征服中國大陸的最後階段。」[24]

三天後，十一月三十日，解放軍部隊攻進重慶，這是國府最後的據點之一，而蔣介石也正在重慶督師。

委員長機警的保鑣叫醒他，把他送上汽車，穿過塞滿難民的公路，前往機場。[25]公路非常壅塞，委員長一度被迫下車步行。[26]他終於在午夜時抵達機場，登上停機坪的飛機。現在，委員長已經明白，他孤立無援；但是，他詛咒杜魯門政府沒有伸出援手。他在十一月三十日的日記寫下：「美國的對華政策如此不智和錯誤，我擔憂美國的安全。」[27]

至少表面上杜魯門顯得處變不驚。在蔣介石為他政治生命搏鬥之際，杜魯門搭機前往佛羅里達州西礁島（Key West）的冬季白宮度假。自從三月份以來就不曾正式休假的杜魯門，需要好好休息。即使就一向工作繁劇的總統而言，這真的是一個充滿壓力的一年。現在，似乎事事不順。甚至連杜魯門傳奇的天氣預報魔力都揁龜。專機在佛羅里達機場一停妥，他從飛機出來，立刻就問這海軍基地指揮官：「告訴我，現在這一分鐘氣溫是幾度。」[28]當他們降落時，杜魯門和他女兒瑪格麗特賭注一塊錢，他認為溫度將在華氏八十度以上。不過，這一次他錯得離譜；這位海軍軍官向總統報告，他的預測錯了近十度。

杜魯門在佛羅里達試圖放輕鬆，他和家人在庭院烤熱狗，也到附近的海灘散步。[29]但是他沒辦法避開事件的壓力。他每天勤讀報紙；助理每天派專機自華府載送重要公文讓總統在晚餐後瀏覽。[30]有一份備忘錄透露出內閣閣員之間持續不和——特別是艾奇遜和強生之間的意見歧異。[31]雖然兩人對東亞政策已有相當的同調，但對台灣問題依然存在著鴻溝。強生不肯放棄台灣。艾奇遜則認為蔣介石這個最後據點注定崩潰——就和委員長其他據點一樣的命運。

只不過，在過去一年裡，艾奇遜的政策已從他上任之初的不插手政策有了大幅演變。當時，東亞議題罕見於他的會議議程中；他偏向專注於歐洲事務。然而，現在，中國及其鄰邦占據了艾奇遜的策略會議。十二月一日的晨間幕僚會議，國務卿同意把「亞洲問題」[32]擺在他外交政策的優先地位。

艾奇遜的幕僚群對華政策的辯論日益猛烈，開始有人員受到傷害。譬如，司徒雷登八月份自中國大陸返國後，即在全美各地演說討論中國政策。至少，在表面上，壓力已經不存在：司徒雷登已竭盡全力阻止此一結果，即使最後他失敗了。他和周以德一樣，終身奉獻於促進中美親善。毛澤東的勝利遠大於政治的打擊；它衝擊司徒雷登整個世界觀和志業。冬天即將到來，他搭火車從中西部的一項活動返家。他走進盥洗室，然後跌倒在地。當列車工作人員發現他時，他已毫無意識地臥倒在地上。這位前任大使、傳教士中風了[33]；再也沒有完全復原。

在寒冬逼近的壓力下，總算有了好消息。毛澤東在得到史達林邀請訪問莫斯科後，決定允許釋放安格斯・華德。[34]雖然中國法庭判決華德毆打領事館的華人雇員有罪，但獲得減刑，與其館員一併驅逐出境。艾奇遜的幕僚因為這個新聞鬆了一口氣，可是國務卿的政敵只會利用它來做文章。周以德抗議說，如果杜魯門政府採取更強硬的路線，案子可以提早好幾個月解決。這位明尼蘇達州國會眾議員聲稱杜魯門應該派出陸戰隊，威脅要把毛澤東部隊當做「天花病例」「檢疫隔離」[35]。現在再爭吵並無意義，華德已準備離開中國，周以德還是藉此個案提醒，在東亞不能再「姑息養奸」。

在里弗代爾，宋美齡早已不抱太高期望。由於局勢日益無望，她擔心中國的新聞很快就無法登上美國媒體頭版。她勉強試圖強化她丈夫的氣勢，鼓勵他發表強硬的談話，重回聚光燈。[36]但她知道大勢已去，即將落幕。她心慌意亂、無法入眠，發現自己機械般地背誦著禱詞。[37]她後來回憶：「某個清晨黎明時分，我不知道自己是睡著還是醒著，我聽到一個聲音——一個輕柔的聲音很清楚地說：『一切都沒有問題。』」[38]她走到姊姊的房間說道，她相信上帝向她說話，她打算回家——無論現在家在哪裡。十二月五日，她發電報給蔣介石，請他派飛機接她回家。[39]

# 第二十二章
# 對著鏡子觀看，如同猜謎

十二月六日，在閃亮的正午陽光下，毛澤東在北京登上火車專車，跋涉十天前往莫斯科。剛漆成綠金色的火車頭，軋軋作響，向北駛向東北，毛澤東在專列上讀書、打麻將和向窗外眺望發呆。為了確保安全，他的安全部隊沿著鐵道每隔數百英尺就部署一名武裝警衛。從遠處看，隊伍非常壯觀；其中一段路程中，鐵道沿著長城邊走。然而，車廂內部的住宿條件卻相當簡陋。毛澤東選用的列車曾經是蔣介石在南京和上海之間穿梭往來時所使用的交通工具。南方的氣溫比較高，現在列車奔向天寒地凍的東北，毛澤東蜷縮在一具活動火爐薄弱的火焰旁取暖。[1]

出發前幾天，毛澤東對此行是否能有成績，內心忐忑不安。此行任務艱鉅，令他焦慮；他擔心史達林不會兌現對提供中國經濟援助的承諾。友人和昔日同僚已包圍他，拜託他安插工作或其他施惠。毛澤東盡量在不得罪人的前提下回絕要求。有位朋友不斷寄信到北京，毛澤東客氣地答覆：「我兄最好是留在村裡工作，別進北京。」[2]他對比較熟的人就不會那麼外交辭令。他一位前妻的兄弟要求幫忙，毛澤東回答：「別懷抱任何不切實際的希望，不要來首都。湖南省委派什麼工作給你，都要接受。一切都應照正常規定辦理。別讓政府為難。」[3]

毛澤東的身體健康很糟。他的血管神經病開始發作。[4]症狀發作時會感覺地面正在從他腳下掉墜[5]：他開始出汗，雙腿搖晃，搖擺和昏厥。現在，在他正準備展開一生最重要的會議之際，他又病了。這個政治緊張只會令病情益發嚴重。當列車抵達東北重要的城市瀋陽時，毛澤東發現有人在全市到處張掛史達林的巨大肖像，卻看不到他自己的肖像。[6]根據一位隨行人士的說法，主席為如此不受到尊重「明顯惱怒」[7]。

毛澤東竭盡全力壓抑屈辱，一心一意地專心爭取蘇聯更多的援助。他明白解放軍下一個戰場絕對比前一個更艱鉅。過去一年，毛澤東部隊相當輕鬆地攻舉全大陸。但是東南沿海各島嶼可就難以征服。初秋之際，毛澤東下令突襲金門島。但是藏身石崖內的國軍守軍在共軍到達海灘時就予以迎頭痛擊。[8]毛澤東的部隊大部分成長在北方內陸省份，他們紛紛暈船、昏頭轉向，失去方向感。這場登陸戰傷亡慘重。毛澤東折損三個團[9]，整整九千名將士。毛澤東說「這是解放戰爭中我方最大的敗戰」[10]，自責是因為不夠耐心和過分自信兩者致命的結合才導致大敗。

隔不了幾天，毛澤東再度出手，這次搶攻靠近上海的登步島。雖然解放軍攻上島嶼，國軍海、空軍卻掌握空域與海路；最後他們擊敗入侵者。[11]這兩次敗戰都發生在大陸沿海小島。毛澤東明白，如果他攻克不下這些國軍相當小的據點，他休想征服面積更大、離海岸更遠的台灣。毛澤東了解，若要攻打台灣，他必須先增強海戰和空戰能力。俄國的援助和專業在兩方面都幫得上忙。

在他出發前往莫斯科前，毛澤東已成功取得史達林的讓步。出發前幾天，蘇聯專家開辦了前一個夏天承諾要建立的飛行員訓練設施。[12]整個秋天，蘇聯加快速度運送雅克戰鬥機到中國大陸。[13]同時，數十名蘇聯海軍顧問也剛抵達[14]要幫助毛澤東培訓海軍兵力。毛澤東明白，沒有強大的空軍和海軍來對抗蔣介石的空軍和海軍，國軍將以駐紮在這些海島基地的軍艦和飛機，繼續騷擾上海和其他重要城市。當毛澤東的專列橫跨天寒地凍的俄羅斯大地奔往莫斯科之際，蔣介石也忙著在台灣積極備戰。

★

葡萄牙人稱呼台灣為福爾摩沙——美麗之島。[15]過去幾個月，蔣介石頻頻將黃金和武器運到台灣，預期這將是他最後的基地。雖然他一度盼望在大陸的雲南也建立基地，但是在當地省主席變節投共後，這個希望旋即破碎。[16]現在，台灣是蔣介石最後的退守之地。十二月八日，國府宣布中央政府播遷到台北。心情鬱悶、又受潰瘍發作之苦的蔣介石[17]在兩天後飛往台灣。委員長的DC-4飛機靠著推測方位，飛越海峽[18]，顛沛流離一年後在台北落腳。

蔣介石抵達台灣，為杜魯門製造了幾個兩難困境。首先，委員長帶去數量龐大的武器，絕大部分是美製。根據英國政府的報告，蔣介石的軍備包括一百輛坦克、八架B-25轟炸機。另外，還有數十架轟炸機預期也將在短期內運送到台灣。這些新武器並沒有明顯不妥。英國人報告指出，它們是透過美國核准的民間廠商從剩餘的備品中採購的。[19]不過，它們的確引起頭痛的問題：如果毛澤東成功占領台灣，這些軍火會造成什麼影響？中央情報局不相信台灣沒有外援能夠固守一年以上。[20]有鑒於此，英國人提出警告，蔣介石在台灣加強布防，正在製造「危險的局勢」[21]。他們力促美國決策者要設法制止武器流入台灣。

在杜魯門和顧問這麼做之前，他們需先確認台灣是否有戰略重要性。麥克阿瑟深信台灣的重要性，力主將它納入美國防衛線之一環。強生也認為台灣不僅是防衛基地，也是對大陸發動反攻的可能跳板。[22]十二月十五日，他向還在西礁島度假的杜魯門呈上報告，敘明國防部的見解。強生說：「一般而言，（軍事）參謀都認為應持續原來的努力，或許還要增加援助，以阻止福爾摩莎落入共產黨之手。」強生承認，「我們若介入到要在福爾摩莎升起美國國旗的程度，並不符合我方利益。」不過，他力請總統考量「政治和經濟援助，以及不到公然軍事行動的軍事顧問和協助」。[23]

但艾奇遜卻堅決主張避免增援台灣。他主張，從日本到菲律賓，美國可以有許多小島基地，用來捍衛其利益。[24]他從未真正理解台灣戰略優勢的重要性。日後他說：「福爾摩沙好比海灘上一個紅髮女郎，吸引男生。它像是你拚命想要卻永遠追求不到的東西。」[25]

英國人並沒有費心等待杜魯門內圈人士解決其辯論，就已決定自己要怎麼做。十二月十六日，他們向華府亮出既成事實，宣布英國將在未來幾週內和毛澤東政府建交。與艾奇遜一樣，貝文相信西方國家完全有可能不在大陸和毛澤東對抗，或從台灣基地發動攻擊，就可以圍堵共產主義。雖然貝文並不想在承認中共此議題上和美國分道揚鑣，但是他最後決定，基於英國本身的利益，他應該這麼做。[26]艾奇遜提出抗議，但他的顧問群瞭解英國的決定只是個開端。國務院一份內部摘要預測，「不久之後，全世界其他大多數與中國有利益關係的政府都將跟進承認」。[27]

★

同時，生病又緊張的毛澤東終於在十二月十六日中午時分抵達莫斯科。專車靠近蘇聯首都時，在某個車站暫停，毛澤東感到非常噁心，以至於他走出火車呼吸新鮮空氣時絆了一跤。[28]

毛澤東在心理上也極度敏感，為他和史達林的首次會面感到焦慮不安。[29]現在，專列停靠在離克里姆林宮不遠的雅羅斯拉夫爾火車站（Yaroslavl Station）[30]，毛澤東的隨行人員在車上為俄方歡迎代表團準備晚宴[31]——包括了好幾位高階官員，但是史達林不在其中。可是，俄國人以外交禮儀為由，不肯賞光。根據一位與毛主席同行的人士說法，毛澤東對於「受到冷淡接待，明顯不悅」[32]。即使如此，毛澤東還是行禮如儀地在車站發表簡短演說，歡呼「中蘇友好合作萬歲！」[33]他草草校閱莫斯科警備部隊派來的儀隊[34]，然後坐車駛向未來九週下榻的別墅。

當天晚上六點，毛澤東驅車前往克里姆林宮，與史達林首次會面。[35]在通稱「小角落」的這位蘇聯獨裁者偌大的舖木辦公室[36]中，史達林握住毛澤東的手，誇讚客人：「我從來沒想到你是這麼年輕、這麼強壯！」[37]史達林的個子矮小，眼珠為琥珀色，牙齒上盡是抽菸留下的黃垢，他本身完全沒有上述的這些特質。[38]史達林年近七十，很久以來健康就走下坡，有心臟病和失憶的毛病。[39]他以長篇大論、自說自話讓客人感到厭煩[40]——或暴跳如雷令人害怕——而出名。（赫魯雪夫曾評論：戰後他的頭腦就不怎麼清楚。）[41]但毛澤東知道自己沒有選擇，必須設法與這位年邁的獨裁者合作。兩位共產黨領袖在接下來兩個小時裡互相摸底。

毛澤東向史達林說明，他現在最需要的是平靜——至少三到五年的和平，以便重建百廢待舉的中國。但是，他知道這也不是全能依照他的希望；如果華府和莫斯科之間爆發戰爭，毛澤東的新政府無可避免必定被牽扯進去。然而，史達林向他擔保，他說，沒有一個國家能夠找毛澤東的麻煩。日本在遭到美國原子彈攻擊後仍在積極重建中。歐洲則沒有意願再來一次大戰。史達林又說：「美國雖然叫囂戰爭，其實最怕的就是戰爭。」[42]史達林開玩笑地說，除非朝鮮的金日成決定侵略中國，毛澤東應可以不受阻礙地全力進行重建工作。

談到重建，毛澤東需要金援，他向史達林開口要求三億美元的信用額度。毛澤東說：「此行，我們希望能促成某些不但好看、還要好吃的東西。」[43]史達林的助理對此直率的俚俗表白，笑了起來，但是這位蘇聯領導人顯然明白毛澤東的意思。他向毛澤東更明確地問道——他究竟需要什麼器械設備？毛澤東承認，他對中國工業需求還未掌握到最基本的了解。這一部分將取決於他能多快結束戰爭，開始重建進程。史達林敦促他目前要專注開發基礎能源，譬如石油、煤和金屬，無論戰時或和平時期這些資材都很有用。[44]

從戰略上來說，毛澤東當前最棘手的問題是台灣。蔣介石從台灣持續不斷對大陸發動攻擊。毛澤東告訴史達林，一支國軍「登陸攻擊部隊」[45]易幟加入共產黨，但如果他要成功進犯台灣，仍需要兩棲作戰部隊。毛澤東問這位蘇聯領導人，可否借中華人民共和國一些俄國飛行員，或一些「祕密特遣部隊」來協助進攻台灣。史達林沒有拒絕，表示可以考慮，但他提醒毛澤東不要倉促進攻，而觸怒美國。他說：「現在最重要的是，不讓美國人有藉口介入。」他建議不妨採用顛覆的手法，悄悄地從蔣介石手中搶下台灣。史達林說：「你可以挑一個連的登陸部隊，訓練他們做反宣傳工作，派他們潛入福爾摩莎，然後透過他們在島上組織起義。」

不過，談到東南亞，史達林就大膽多了。毛澤東說他在華南的部隊已逼近緬甸和中南半島的邊界——他知道這個發展已引起倫敦和華府的顫慄。史達林告訴毛澤東，讓西方國家提心吊膽沒有關係。他說：「你可以製造謠言，說你預備越過邊界，藉此稍微嚇唬一下這些帝國主義者。」[46]他們一致認為，沒有必要積極拉攏西方大國，儘管如英國等一些國家想要承認北京政權。毛澤東說：「我們必須先恢復國家秩序，強化我們的地位，然後才能和外國帝國主義者談判。」

經過這麼多個月的期盼，這次會議滿足了毛澤東最大的期望。他後來告訴一位助手，他覺得史達林在對談時「實在很真誠」[47]。但隨著時日過去，並沒有太多具體動作顯示有所作為，毛澤東開始擔心。雖然現在他們有共同的利益，但兩人過去的關係並不融洽。大家都知道，史達林貶抑毛澤東是「人造奶油的馬克思主義者」（Margarine Marxist）[48]；毛澤東晚年也稱呼史達林是「偽善的洋鬼子」[49]。現在，毛澤東不耐煩地被困在別墅裡，不禁向隨行者發牢騷，他不是大老遠跑來「吃喝拉撒睡」[50]。

★

杜魯門在佛羅里達休假三個多星期後，終於在十二月二十日回到華府。穿著黑色大衣、戴著白色軟呢帽，皮膚曬個黝黑、面帶笑容的杜魯門下到停機坪時，前來迎接的部屬給了他明確的提醒：該回頭認真工作了。艾奇遜和強生這兩位意見相左的閣員都到機場迎接他。[51]在回華府的車上，強生再度提起增強台灣防務的主張。[52]艾奇遜也向總統簡報他版本的中國最新新聞，向他報告英國承認共產政權的經過，也陳述他更加鴿派的區域戰略想法。[53]

在杜魯門休假期間，他的祕密援助計畫一一失敗。考克斯告訴他的妻子：「現在看來，幾天內大陸就會丟掉。真是令人十分難過。」[54]白崇禧潰敗後，考克斯開始在華南物色其他願意繼續作戰的人。華東各省顯然已經丟了[55]；嚴格說來，蔣介石仍控制它們，但也正在將他最重要的人員和器械撤出，以助於強化台灣的防務。

同時在雲南，考克斯付了大筆錢給當地的省主席[56]——也就是蔣介石寄以厚望的人。最後在解放軍逼近下，這位省主席、盟友與共產黨達成協議。雖然在這種情況下，考克斯還是覺得錢付得不冤枉，因為這位省主席最後幫忙確保境內美國人安全撤離。不過，這些祕密作業也冒著製造更多人質的風險，就像華德剛獲得中共釋放。美國一架C-46運輸機飛行員詹姆斯・麥高文（James B. McGovern）——體重近三百磅，綽號「地震麥孔」（Earthquake McGoon）[57]——在雲南出任務時耗盡燃料，被迫緊急降落在被一條河流圍繞的沙洲上。共軍巡邏隊很快就逮捕了他。

杜魯門的祕密作戰部門努力調整，接受這些嚴峻的新現實。他們最後決定追隨蔣介石的腳步，在南台灣建立基地。卡車隊伍往來穿梭高雄港和附近一處機場，運送美國裝備。[58]然而，艾奇遜的國務院團隊愈來愈不滿意魏斯納祕密作業的結果。十二月底，魏斯納告訴他的手下，愈來愈有可能改弦易轍。[59]他解釋，杜魯門政府可能會繼續准許散播宣傳品，但絕大多交給反共人士的數援助都將必須停止。

艾奇遜從他的辦公所在地霧谷，極力主張縮減在中國周邊地區發動騷擾的動作。十二月底，他發電報給美國駐印度大使，電報上指示：他不覺得鼓舞另一個敏感地區——西藏——人民反抗中共有何益處。艾奇遜寫道，擁有極多佛教徒人口的西藏早已享有「實質的自由」[60]，不受北京的控制。任何想將這種獨立正式化的作為，可能只會刺激毛澤東介入。

另一方面，中南半島就稍微複雜了。艾奇遜真正擔心共產主義革命會散播到中南半島，建議他的幕僚好好研讀《經濟學人》（*The Economist*）週刊上一篇標題為〈中國望向南方〉[61]的文章。從戰略上來說，某些杜魯門政府的官員也看到在本地區作業的益處。魏斯納團隊已悄悄從雲南運送原料[62]——如錫塊——到中南半島北部的海防囤放。但美國人也知道法國當局善變不可靠，隨時有可能撤銷這些基地的使用許可。再者，如果要向法國人提供擔保，又會有掀起官僚各自為政的風險。艾奇遜幕僚在十二月二十一日的摘要報告寫道，強生前往巴黎訪問，自作主張地答應法國人，他們的越南盟友可以分到美國國會授權用在「中國一般地區」的七千五百萬美元援助的一部分——這個擔保聽在國務卿的耳裡還真是個新聞。[63]

十二月二十一日上午，艾奇遜和肯楠一同穿過華府，前往國家戰爭學院（National War College）。這是位於俯瞰安那柯斯提亞河（Anacostia River）的一個半島上的一棟布札藝術風格（Beaux Arts-style）的紅磚建築。兩人分別受邀向未來的軍事戰略家演講。他們也樂於藉這個機會放下日常外交工作的慌亂，思索過去一年廣泛得到的哲學教訓。

艾奇遜首先發言，強烈呼籲全球事務必須緩和。但鑒於一九四九年的背景，反共氣氛日益熾熱，東亞的軍事冒險方興未艾，這是令人吃驚的說法。艾奇遜責怪「追求絕對」造成美國在國際場域上的挫敗。他主張，不應該把世界化約為簡單的比喻，他的聽眾應試圖探討它的複雜性。他建議他們要像工程師般思考。艾奇遜說：「工程師必須做的是，理解他手上所使用的材料之強度。他必須理解他所掌握的成本之限制，也必須理解他的目標之局限。他不能一開口就說：『我要建造一道環繞全世界的大橋。』這麼說一點意義都沒有。」[64]

肯楠接下來的演講比艾奇遜更尖銳，直接戳破杜魯門戰後世界觀最基本的假設。肯楠和艾奇遜都籲請聽眾拋棄他們普世主義的虛矯自大。他說：「人類根本無從了解真相的全面性。同樣地，當其影響如此徹底和無限時，沒有人能夠從我們人民與世界環境的關係發展看到其全面性。」[65]肯楠提出警告，即使是最高明的戰略家，也「只看到和預言一部分」[66]——他指的是使徒保羅的勸諭：「人們能做的就是對著鏡子觀看，如同猜謎。」基於此信念，肯楠告訴他的聽眾，他們應該保持戒慎警惕，小心那些希望「擘劃大計畫」[67]的人。

# 第二十三章 傲人的勝利

十二月二十一日，艾奇遜和肯楠在國家戰爭學院發表演說的當天，毛澤東和史達林走進莫斯科大劇場（Bolshoi Theater）的包廂，慶祝這位蘇聯獨裁者七十大壽。身穿灰色毛裝的毛澤東坐在張掛紅旗的包廂貴賓座，緊挨在史達林的右手邊。芭蕾舞女演員在黃金色調的劇院內翩翩起舞；來賓獲贈的豪華禮品袋裡有浴袍、拖鞋和刮鬍用品。[1]但是，儘管這個場合富麗堂皇，兩個人卻身體微恙。[2]前一晚，史達林感到嚴重暈眩，差點摔跤。毛澤東也相當不適，吃了好幾顆阿托品（atropine）試圖恢復他的平衡感。

史達林給毛澤東第一個發言的機會——這項殊榮無疑讓毛澤東內心爽透了。他向全場賓客說：「史達林同志是世界人民的導師和朋友；他也是中國人民的導師和朋友。」毛澤東祝賀主人生日快樂，然後聲稱他歡迎史達林領導全球的無產階級：「全世界勞動階級的領導人、國際共產主義運動的領導人，偉大的史達林萬歲！」[3]當天稍晚，接近午夜時，毛澤東發電報回北京，自詡他的演講「獲得熱烈歡迎。一共三次，人人起立，鼓掌相當長的一段時間。」[4]

不過，私底下，毛澤東並不高興。他對每樣事情都抱怨不平。別墅裡的鴨絨枕頭太軟。（毛澤東說：「這怎麼能睡？腦袋都不見了！」[5]）他鬧便祕[6]。底下的人讓他吃冰凍過的魚，而不是新鮮的魚片。[7]除了別墅三樓有一張牌桌外，毫無娛樂設施。[8]個人娛樂當然不是他走了大半個世界，千里迢迢來到莫斯科訪問的目的。他告訴史達林的一名聯絡官：「我不只是來這祝壽。我是來這談公事。」[9]

史達林的生日宴後，毛澤東顯然對主人很失望，甚至懷疑起自己過去依賴蘇聯的善意是否明智。現在，當他衡量中國可能的貿易夥伴時，他注意到其他好幾個國家也想要「和我們做生意」。經過好幾個月對美國及其他西方國家嚴峻詞語後，毛澤東的看法逐漸軟化──至少表面上是如此。毛澤東十二月二十二日發電報給中共中央委員會，提到「雖然，我們自然要把蘇聯放在首位，但同時我們也該準備和波蘭、捷克、東德、英國、日本、美國及其他國家做生意。」[10]如果毛澤東試圖傳達訊息給史達林，一封意有所指的電報可能是最巧妙的手法。史達林為了在談判中占上風，在毛澤東下榻的別墅裝了竊聽器。[11]我們可以合理推論，他也在監聽毛主席的來往電文。

★

毛澤東和史達林在莫斯科互相鬥心機之時，杜魯門和他的幕僚也全力要完成他們的新圍堵戰略。[12]在強生和麥克阿瑟等鷹派人士的心目中，一切作為都要從台灣開始，他們希望從台灣開始阻擋毛澤東的征服。另一方面，艾奇遜則認為美國必須接受毛澤東贏得勝利的現實──包括最後攻占台灣──然後再從這裡開始。艾奇遜在國家戰爭學院向他的聽眾解釋：「在我看來，似乎無可避免地，我們即將生活在一個有極多數人和我們對於人類前途的思想截然不同的地球。我們必須了解，在很長、很長的一段時間，我們都將共同居住在浩浩宇宙中中這個星球上。」[13]

自從十一月中旬和杜魯門及東亞事務專家開會以來，艾奇遜在爭取杜魯門支持的方面有了穩定進展。現在，十二月二十二日，總統終於槓上強生。[14]在布萊爾賓館星期四例行的午餐會中，杜魯門解釋，針對毛澤東革命，他傾向於採取比強生向來主張的更加有耐心的作法。總統說，他沒有要和軍方的分析結果爭辯。他之所以反對國防部的立場純因政治考量；若是建設台灣成為美國可以發動反攻的基地，將會有損他企圖爭取北京擺脫莫斯科桎梏的重大戰略。

或許是意識到戰爭已接近高潮，蔣介石的盟友加強他們爭取總統支持的力度——若此計行不通，就設法弱化他。周以德寫信給康乃狄克州一家報紙的編輯，抱怨杜魯門現在若不抵抗毛澤東，只會造成日後代價更慘重的衝突。周以德寫道：「因為不能理解讓中國留在友人、而非敵人手中，攸關我們自身安全的重要性，我們顯然將在一個世代內第二次陷入世界大戰。」[15]這位明尼蘇達州國會眾議員也對其他的記者表達較為晦澀的影射，堅稱必須「完全移除或調走在我們政府裡主責政策的人士」[16]。

十二月二十三日，國府和強生在國防部的顧問做出最後力挽狂瀾的努力，希望爭取美方支持台灣。蔣介石的期望到現在一直都不變：希望有足夠的裝備可以武裝六個師的兵力，由美國軍事顧問指導，以及提供十多艘海軍軍艦。[17]然而，讓艾奇遜部屬頭痛的是，美國軍方本身的計畫與國府的要求，幾乎無從分別。艾奇遜的一位助理國務卿向他提出警告：參謀首長聯席會議的建議「竟與同一天收到國府增加軍援的要求非常不尋常的雷同」[18]。艾奇遜的團隊不得不懷疑，五角大廈鬼鬼祟祟地與蔣介石及其盟友互通聲息，同步提出要求。

★

儘管內閣部會各懷心機，但隨著假期臨近，杜魯門似乎變得輕鬆起來。聖誕節前不久，一位顧問在日記中提到：「總統的氣色看起來很好，膚色棕黃、眼神清晰，甚至比以前圓胖，非常友善。」[19]不過，天公不作美：杜魯門登機返回密蘇里老家時，華府下起傾盆大雨。[20]在停機坪上，當飛機準備起飛時，雨珠打在窗上，總統調皮地向著窗外搖起雪橇鈴。[21]

老家已經飄雪：厚厚的一層雪花覆蓋了密蘇里的山丘。杜魯門拿出手杖，踩著雪地，像散發糖果給孩子們般，向鄰居問候聖誕快樂。聖誕節前夕，總統慣例做他每年必做的儀式動作：穿上一件帶尖頂翻領的漂亮灰色西裝，然後踏入他白色維多利亞時代宅邸的大前廳。在幾位朋友和家人簇擁下，他在麥克風前坐下，旁邊就是聖誕紅和一幅奧杜邦（John James Audubon）所繪的鳥。他用手指按下一個電報開關，送出點燃華府國家聖誕樹的信號，然後開始慣常的簡短演說。[22]

杜魯門告訴聽眾，今年他一直「想著其他曾經擁有幸福的土地上的家庭。我們不能忘記，在聖誕節前夕，有成千上萬的家庭無家可歸，前途無望、身無分文且陷於絕望」。杜魯門並沒有提到中國或其他任何國家的名字。然而，他在一九四九年的動盪和妥協情境中發表此篇短講，聽起來就像是淒涼的祈禱。杜魯門說：「光從大愛——上帝的愛和人類的愛——將會找到今日所有折磨世界的弊病的解決方案。本著基督之子的精神——作為喜樂平安的孩子——讓我們為國家重新獻身人類同袍的大愛。」[23]

次日，杜魯門和家人慶祝聖誕節。然後，就如同他返家時的快速，立刻趕回華府。總統還有一件重大公事必須在年底前定奪。整個秋天，他的內閣忙著起草、辯論和修正一套可以做為政府未來東亞戰略藍圖的指導方針。這份「國家安全會議四十八號文件」敘明了，把原本設計用在歐洲的圍堵政策，延伸到中國周邊地區的相關計畫。然而，是否將台灣納入此周邊防衛的爭辯卻一路吵到聖誕假期。但總不能永遠吵下去。杜魯門的幕僚排定在十二月二十九日召開國家安全會議，討論並核定最終版本。

當天上午，艾奇遜和參謀首長開會，再度強力表述他的觀點。[24]在他國務院寬敞的辦公室裡，國務卿開始質問將領們為什麼認為台灣那麼重要。奧瑪・布萊德雷將軍（Omar Bradley）回答，台灣一直具有戰略重要性。可是，在過去沒有任何可動用的經費可用來幫助它強化防務。布萊德雷說，現在國會已核准專款可用在「中國一般地區」。他建議美國應該立即派遣一支「考察團」到台灣，好好了解國府領導人的需求。另一位將領也補充說，台灣具有「轉移注意力的價值」（diversionary value）。這位將領主張，如果毛澤東因企圖征服台灣而被牽絆住，他就沒有太多資源可用於介入中南半島、緬甸和暹羅。

各位將領發表完後，艾奇遜一一拆解他們的論述。他促請他們「面對事實」——毛澤東已經贏了。根據他對當天會談所做的備忘錄，他說：「我們也必須面對另一個必然性，共產黨將在整個東南亞設法擴張其宰制，可能是藉由顛覆、而不是入侵的方式。我們必須盡最大力量強化中國的鄰國。」為達成此目標，艾奇遜力促軍方將領與第二次世界大戰後改變整個區域的民族主義勢力言和。一九四九年的大戲已充分證明，美國沒有辦法把其意志強加在世界其他國家身上。艾奇遜說，但是藉由增強中國的南方鄰國至少可以使其他國家不至於轉向共產主義。[25]

但這一切需要時間。艾奇遜促請將領們採取「長期觀點」。他說，毛澤東認為史達林政府是他「最大、唯一的朋友」。他不會在幾個月甚至一年內就切斷這些關係。艾奇遜說，美國應該準備長期抗戰，這可能是長達「六至十二年」的寂靜戰爭。艾奇遜說，北京和莫斯科之間的不和是「無法避免的」。但是它們未必即刻間就爆發。有鑒於此，他提醒，千萬不能有魯莽的行動，逼得毛澤東更加投向史達林的懷抱。他說，武裝台灣的國軍部隊或以其他方式援助他們，只會「激怒（北京），並把統一後中國對洋人的仇恨統統加諸我們身上」。如果台灣在戰略上真的如此重要，或許還值得冒這個風險。然而，艾奇遜確信台灣沒那麼重要。

當天下午大約兩點半，杜魯門和他的國家安全會議成員魚貫走進白宮內閣會議室，圍著一張大型木桌就座。[26]在房間前方的牆上，威爾遜總統的油畫肖像俯瞰著他們。[27]杜魯門打從成年起就一直嚮往效法威爾遜，想要延續這位第二十八任總統的職志，發展「集體良知」和「人類共同意志」[28]，以取代定義了二十世紀上半葉利益衝突之亂象。雖然發生在中國的重大災難並未終結這些希望，卻把它們推出地表，落在視線以外，在地球的範圍內再也遙不可及。因為這區塊再也不是由無私政治家的宏偉信念所治理，而是由相互競爭的個人意志對衡的力量所支配。

這場國家安全會議值得注意的竟是國防部長強生缺席。脾氣暴躁的強生意識到他即將輸給艾奇遜，於是乾脆不參加會議，跑到佛羅里達度假曬太陽。艾奇遜利用強生的缺席，力促杜魯門澄清政府對台灣的立場。艾奇遜說，再次運送裝備到台灣，只是拖延無可避免的結果。艾奇遜盯緊著總統，請他再想一想，這些運補是否真是「值得的代價」。他堅持自秋天以來的立場，主張美國應「避免會使中國的仇外情緒從俄國移轉到我們身上的一切行動」。他又說，美國對台灣的軍事援助只會「使中國的仇外情緒轉向我們，也使我們居於幫補攻擊一個即將被普遍認可的政府之地位」。艾奇遜警告，支持蔣介石這樣的「反動派」將會傷害美國在更大區域中的影響力。

杜魯門覺得艾奇遜的說法很有道理，也向與會人士表示——雖然他是補充說明，他純粹是因為「政治理由」而贊成國務院的作法。[29]與會的閣員同意修訂政策文件後，並於次日呈給總統簽署。新文件[30]的結論是，美國將停止「對中國所有非共產黨份子之一切軍事與政治的支持」[31]，除非這類方案明顯符合國家利益。然而，這項策略仍允許有限度的祕密作業，俾散布宣傳以居間破壞毛澤東和史達林，但是，必須要很小心地避免有「干預的徵象」。

雖然這項戰略用在中國大陸和台灣方面是很小心謹慎的，但它卻贊成在東南亞加強支持反共勢力。國家安全會議建議杜魯門，應鼓勵區域內的主要國家加強彼此間的貿易關係，盼望基於共同經濟利益所集合起來的反共集團能夠更有效地站穩腳步。總統的國安團隊也建議他「精選幾個亞洲反共國家」，增強他們的軍事力量，又建議他應該「特別注意」法國和中南半島越南所達成的政治和解。國家安全會議的結論是，分配國會核准的七千五百萬美元應視為「緊急事件」。十二月三十日，杜魯門簽署了國家安全會議的新計畫[32]——艾奇遜大獲全勝。

★

一位英國作家曾經說，每做一次選擇，同時也是一種自我犧牲。[33]因為選擇一條路也代表捨棄其他所有的路。這種動態關係在過去一整年一直影響著杜魯門的中國政策。批准國家安全會議的新文件後，總統總算做出重大——且又延宕已久——的決定。可是，在這個過程中，他再度斲傷自己的普世主義信念。在核定艾奇遜策略的同一天，杜魯門接到昔日盟友周以德的來電。周以德先祝總統聖誕節快樂，然後解釋他從報上讀到，總統已決定將圍堵政策延伸到亞洲。儘管是親切的祝福，這通電話一定是提醒杜魯門，他所做的選擇之後果、所推遲的目標、以及現在已失去的老朋友。[34]

周以德和杜魯門交談時，立刻發現兩人之間仍有極大的歧見。他說，他認為杜魯門應該「先嘗試拯救福爾摩沙」，總統立即駁斥：「你想派多少美軍子弟到福爾摩沙？」周以德解釋說，他設想的規模不大，就類似美國兩年前在希臘的作法。但杜魯門對於再為台灣爭辯感到不耐煩。杜魯門說：「那將需要十個師的兵力。我不同意。」

周以德抗議他並沒有要求美軍派出地面部隊，但這番對話已開始惹惱杜魯門。周以德日後回憶，總統「變得激昂、憤怒，痛罵中國有史以來最腐敗的政府」。杜魯門重申他的政府「不能幫助不肯嘗試幫助自己的人。我們提供他們援助，他們卻統統投降、交了出去。他們整個軍隊投向共產黨」。周以德試圖阻擋大洪水，辯稱美軍撤退在先，國軍才向解放軍投降——並不是國軍先投降，逼得美軍不得不撤退。但杜魯門不想聽他解說。總統氣憤地說：「我們幹嘛要供應整個中國（共產黨）部隊。」

然而，現在為時已晚，杜魯門無法翻轉路線；他的心意已決。他一再告訴周以德：「我知道自己在說什麼。你和我辯論或我和你辯論，都沒有用。」他說，他已試過所有的備案。他發牢騷現在他必須「回去工作」。周以德說，他還有些主意，但杜魯門打斷他的話。總統說：「請你寫下來，送過來。」然後掛上電話。

杜魯門已做出決定的消息很快地傳遍各官僚機關。肯楠發電報給魏斯納，指示他中止其部門在中國大陸的活動。[35]根據中央情報局的內部報告，肯楠指示魏斯納「在中國大陸所做的承諾應盡可能地快速撤銷，因為沒有信心可以相信任何游擊作戰將得出吻合準備並遵循此路線的風險、與其對政治危害的後果」[36]。魏斯納也得出結論，由於當地「極其危殆的局勢」[37]，他的手下應停止使用中南半島北部的基地。不過，魏斯納並沒有和大陸的中國游擊隊切斷所有關係，他相信，即使再也無法進行更積極的祕密行動，情報蒐集應仍是優先重點。

一九五〇年一月一日星期天上午，杜魯門選擇從布萊爾賓館步行九個街口，前往第一浸信會教堂參加元旦主日。他坐在座位上，聆聽牧師嘆息愈來愈少的美國人參與國家的公民活動；牧師抱怨，他們一直要求權利，可是經常不願意履行他們的民主責任。[38]坐在教堂裡的杜魯門一定意識到這和他自己面對的兩難並不一樣。身為總統，他和公民一樣參與政事，每天都要做出攸關性命的決定。但是這些選擇揭露出先驗的道德悖論[39]，它們是從權力產生出來不可避免的推演。禮拜結束，杜魯門走出教堂，再次孤單地背負著他的決定。

接下來幾天，他和艾奇遜討論如何技巧地向蠢蠢欲動的民眾解說新的對華政策。然而，似乎正是杜魯門本人把他對台灣的決定洩漏給《紐約時報》一位專欄作家，報紙頭版登出此一獨家新聞。[40]只不過，華府的政治栽贓戰才要開始，總統的政敵編造出他們版本的故事。杜魯門和艾奇遜立刻意識到，必須對他們的政策辯護。一月四日，艾奇遜來到白宮，協助杜魯門起草一份聲明[41]，說明總統「沒有意願在福爾摩沙取得特殊權利，或建立軍事基地，或從中國奪走福爾摩沙」[42]。

強生等人反擊，並說服杜魯門從聲明中刪掉「或是從中國奪走福爾摩沙」這句話。[43]但私底下總統對他真正的立場並沒有太多懷疑的空間；記者們已看到聲明的原稿。一月五日上午，白宮一位助理發現總統裸身躺在游泳池畔[44]，接受按摩。杜魯門俯身面地向這位助理說，他即將從他的政敵腳下「抽走地毯」[45]。雖然在當天上午稍後的記者會中，總統最後的用詞遣字沒並有國務院期望的那麼強烈，杜魯門已清楚明白表示他是站在艾奇遜這邊。三天後，艾索浦兄弟在其標題為「強生在福爾摩沙受挫」[46]的專欄文章中宣稱，杜魯門的東亞新政策是國務卿「傲人的勝利」[47]。

# 第二十四章
# 迅猛的力量

經過好幾個星期的焦慮和沮喪後，到了新年，毛澤東終於開始贏得勝利。一九四九年年底，印度宣布決定承認毛澤東的新政權，中國共產黨信心為之大振。然後在新年剛過不久，史達林派他的兩名高級副手米高揚和莫洛托夫（Vyacheslav Molotov）到毛澤東下榻的別墅拜訪。[1]毛澤東在這裡悶了好一陣子，望著窗外的落雪發呆[2]，還一度把自己關在臥室裡[3]，抗議史達林不理睬他。毛澤東告訴俄羅斯的訪客，他希望盡快展開起草中的《中蘇友好條約》的談判。莫洛托夫一口答應；毛澤東被冷落這麼多天之後，一聽到便愣住了，大感意外。他發電報回北京，向中共中央誇稱終於「達成重大突破」[4]。

毛澤東精神大振，狂亂地起草各種計畫，也命令外交部長周恩來專程趕到莫斯科協助擬訂條約。毛澤東隨時隨地——半夜四點鐘、清晨六點鐘——一想到就發電報回北京，交代他所想到的細節。[5]他對中共中央說，新條約有助於蘇聯對中國經濟挹注資金——當然也會提振毛澤東在國外的聲望。他寫道，《中蘇友好條約》可「促使資本主義國家接受我們的條件」[6]，同時阻遏這些國家「採取魯莽的行動」。他在傳回國內的指示中，強調談判過程中同志應保持嚴格的自制，避免「無紀律的語言和行動」[7]。經過多年小心翼翼侍候敏感的史達林，毛澤東希望防止任何不小心的錯誤。

一月六日，英國政府讓毛澤東有理由更加樂觀，倫敦當局正式宣布將承認中華人民共和國。貝文的使節在其聲明中寫下，毛澤東部隊顯然掌握了「中國極大部分領土。在此情勢下，英王政府回應毛主席一九四九年十月一日的宣告，預備在平等互惠和相互尊重原則下，建立外交關係。」[8]毛澤東已成功分化華府和倫敦；現在他要繼續榨取好處。就在貝文宣布的同一天，毛澤東的部隊採取戲劇性的動作，強占北京美國使館區內舊美國軍營。經過一年的動盪起伏，毛澤東終於全面控制了大局。

兩天後，一月八日中午，宋美齡在她姊姊里弗代爾家中的客廳裡，端坐在國家廣播公司笨重銀色麥克風後面的椅子上。[9]她身穿黑衣，神色黯淡，拿起一張薄紙，是她告別演說的腳本。她說道：「朋友們，我今天在此向大家告別，感謝各位的盛情接待，也希望下次我訪問美國時會處於更加開心的氣氛。」她承認她很傷心要離開「這個國家，我不僅是以一個訪客身分來到美國，在這裡度過少女時代，接受學校教育，並獲得各種啟發，以致能為我的人民服務」。即使如此，她告訴聽眾，再過幾天，她將「回到中國」。

她說的中國當然是指台灣，它是蔣介石所剩下為數不多的據點之一。她說，台灣是「我們希望的堡壘，是我們對抗正在蹂躪我們國家的外來勢力的作戰堡壘」。她說，無論有沒有美國人的幫助，她和她的丈夫都會繼續奮戰：「只要我們一息尚存，並且相信全能的上帝，我們會繼續奮鬥。」宋美齡描述中國內戰只是一場更大的賽局中的一小部分。她說：「中國的奮鬥現在是善與惡、自由與共產主義之間巨大衝突的最初階段。」

宋美齡把她最為尖刻的蔑視保留給拋棄國府的「道德懦弱者」。她特別點名英國，「拿國家的靈魂換了幾塊銀元。我對英國說『丟人啊』！總有一天，這些銀元將在自由的戰場上拿英國人的鮮血、汗水和眼淚做為利息。因為道德上是錯誤的，在政治上絕不會是正確的。」

不過，如果她對杜魯門和艾奇遜有所不滿，她還是壓抑住她的挫折感。她說：「美國和中國有著長久的友誼關係，就和美國共和國的歷史一般悠久。貴國許多公民曾住在我國。貴國人民援助我們，給予我們安慰。你們在情感上貢獻良多。」宋美齡宣稱她無法「向美國人要求更多」。不過，她哀怨的語氣掩藏不住她的失望。她說：「要麼你們心中仍然愛著我們，要麼你們的心已離我們而去。」在談話的末尾她淡淡地說：「再見了，朋友們。我感謝你們。」[10]

宋美齡果然言出必行，在發表演說後幾天就飛回中國。在飛機上，她和委員長走遍中國千山萬水的記憶湧上心頭。[11]她想起委員長率軍南征北伐時，她陪著委員長住過的帳篷、泥棚和火車。她日後回憶：「往事歷歷如繪閃過腦海。飛機單調地轟轟作響飛往福爾摩沙時，我從身邊的長方形窗戶往外面看。我看到像綿羊般的雲朵迅速飛過。」[12]她自問，她和她的丈夫究竟犯了什麼錯，結論是她犯了自大的毛病。她說：「我利用上帝，沒有侍奉上帝。」[13]

當宋美齡在馬尼拉中途停留時，大批僑華揮舞著中華民國國旗在停機坪迎接她。[14]她回憶：「對他們來說，我是他們心愛的故國的象徵。任何自由中國都還會繼續奮鬥的信號深深打動他們的心弦。」[15]她深受這一幕感動，隨即登機繼續最後一段行程。宋美齡望向窗外，台灣鬱鬱蔥蔥的地形迎面而來。[16]飛行員安排在一個小型、偏遠的機場降落，躲開人潮。[17]但是人群還是湧來。一位目擊者注意到，她對於有這麼多人接機嚇了一跳，只和委員長「稍微握了手」[18]，然後兩人就坐上汽車，朝著台北近郊山丘駛去。

當美國人正在思考宋美齡回國的消息時，不同的人得出不同的結論。正如她所猜測，有些人繼續認為她是道德領袖，是反共抗爭的象徵。其他人就不是這麼友善了。詹姆斯・芮斯頓（*James Reston*）在《紐約時報》

1950 年 1 月 8 日，宋美齡透過廣播向美國人民道別。她說：「要麼你們心中仍然愛著我們，要麼你們的心已經離我們而去。」（© AP Photo / stf）

撰文寫道，宋美齡的逗留「幫助在美國人心中建立一種最為危險的幻想。這是因為中國和美國在過去不僅是同一事業的盟友，他們也具有相同的信念，忠誠地為了大致相同的目標而奮鬥，並且由毫無疑問的榮譽和誠實的人所代表。」可是，即使芮斯頓也無法讓自己完全譴責她。他寫道：「簡而言之，她的任務是失敗的，但是不論時機是好或是壞，必須承認說她有一定的風格。」[19]

★

在華府，即使宋美齡已啟程飛往台灣，艾奇遜仍然全力戳破對於與國府團結一致所殘留的幻想。一月十二日上午，他在喬治城寓所重新檢閱當天下午將在全國記者俱樂部（National Press Club）發表談話的講稿。[20]想要重申杜魯門政府不會伸出援手協助委員長的訊息，他在黑色活頁夾上匆匆書寫，修改撰稿員替他代擬的、「糟透了」[21]的初稿。後來他在全國記者俱樂部為自己的立場辯護，向聽眾解釋，蔣介石在中國所得到的支持已經「融化」。艾奇遜宣稱，現在委員長只不過是「中國外海一個小島上的難民」。

艾奇遜回顧美國和東亞的關係，堅稱美國無意退出這個地區。他說：「過去一百年，有些美國人前往亞洲，帶去他們認為他們最有價值的東西——他們的信仰。他們希望告訴人們，他們對大自然、以及人類與上帝的關係之了解。」他又說，美國在太平洋具有持久的利益，包括貿易關係，也承諾要保衛從日本琉球群島到南邊菲律賓的周邊。但是艾奇遜沒有提到台灣——也沒有提到韓國。他的結語是：「我們只能在需要我們幫助的地方提供幫助，而且只有在幫助的環境條件真正合情合理的情況下，才能提供幫助。」[22]

★

艾奇遜在全國記者俱樂部的演講，加上一個星期前杜魯門的記者會，讓史達林大為振奮。[23]雖然這位蘇聯領導人整個秋天都保證會協助毛澤東建立他的海軍和空軍，他對鼓勵毛澤東搶攻台灣一事卻一直很謹慎，決心避免挑釁西方國家。現在，聽了艾奇遜的演講，加上英國決定承認中華人民共和國，西方顯然已經不會干預。史達林准許毛澤東動用蘇聯援助中國的數億美元當中的部分款項，增強中國兵力，包括購買更多的海軍裝備。他很精明地理解到，進攻台灣有可能會削弱杜魯門和艾奇遜在國內的支持度，壯大他們國內對手的氣勢——即使入侵台灣失敗。[24]

毛澤東的地位已比過去幾年強大許多。得到史達林日益同情，周恩來也正在兼程趕來莫斯科談判《中蘇友好條約》，毛澤東現在終於敢踏出別墅，稍做觀光遊覽。他搭火車北上列寧格勒，在列寧格勒的河岸漫步，也觀賞拜占庭風格的教堂圓頂。他參觀沙皇舊居——冬宮。在克隆斯塔德（Kronstadt）這個位於芬蘭灣一個島嶼上飽經風霜的嚴峻要塞，寒冬已為此地波羅的海的景色罩上白雪，一月的寒意更讓港口罩上一層薄冰。受到內心某種力量的驅動，毛澤東走向岸邊，然後踏上水面。[25]

# 尾聲

# 天譴

六個月後，一九五〇年六月的最後一週，杜魯門回到獨立城老家，預備和家人輕鬆地休息幾天。星期六晚間，用過晚飯後，全家人移動到圍了紗窗的後陽台，杜魯門的女兒瑪格麗特日後回憶，「大家閒聊，也沒談什麼特別的事。」[1]天氣轉涼，大家又移動到屋內的書房。幾分鐘後，電話響起，杜魯門去接電話。瑪格麗特記得，當他回來時，「表情肅穆」[2]。杜魯門告訴大家：「是狄恩．艾奇遜[3]。共產黨入侵南韓了。」

杜魯門上床睡覺前，還提醒賓客不要過度反應。他說：「明天，我要大家假裝一切如常。」[4]翌日上午的新聞更糟糕。杜魯門從教堂回來，全家人正要坐下來午餐時，艾奇遜再次來電話。瑪格麗特回憶：「我還記得老爸去接電話時，我媽臉上的痛苦表情。這次，狄恩．艾奇遜說，無疑是全面入侵。」[5]艾奇遜向杜魯門報告，北韓下令七個裝甲兵師越過邊境。杜魯門掛了電話，默默吃完午餐，趕回華府，和內閣會商對策。

韓戰是一場內戰，就像中國的國共內戰，是兩個具備極不相同治理哲學的本地派系之間的戰爭。[6]但它也是毛澤東在一九四九年大勝——以及因它產生的超級力量的捭闔縱橫——的直接遺緒。日本在第二次世界大戰戰敗後，美國和蘇聯以北緯三十八度線為界，將朝鮮半島分割為北韓和南韓。美軍在一九四五年夏天抵達，填補日本戰敗退出所留下的真空。雖然後來美國把南韓的控制權移交給聯合國，華府仍然深刻介入其中。[7]美國的思維是，南韓復興可以增進日本的安全及經濟，針對亞洲大陸提供防衛縱深，同時又替日本商品創造一個市場，也提供原物料給予日本工業。[8]然而，到了一九四九年，金日成領導的北韓共產政權和美國支持的南韓極端民族主義政府之間的衝突，已危及到此一不安的均勢。

毛澤東在一九四九年的勝利終於使天平偏向全面戰爭。數萬名朝鮮族戰士曾經與毛澤東部隊並肩打過中國內戰；然而在一九四九年前，他們陸續回到北韓，使金日成增加許多有豐富實戰經驗的戰士。[9]甚至更重要的是，中國共產黨的勝利改變了鄰近朝鮮半島的基本力量之動態關係。一九四九年之前，金日成的北韓政權被夾在南邊的美國占領軍與蔣介石在邊境另一頭不友善的中央政府兩者之間。[10]美軍在二戰後逐漸縮編，最後美軍司令官終於下令要撤出剩餘的美軍部隊。[11]毛澤東的勝利同時也消除蔣介石對金日成北翼的威脅，使得這位北韓領導人壓力大減，大膽發動全面進犯——企圖將整個半島統一在他治理之下。

一九四九年各個事件也影響史達林對於金日成揮師南下的態度。這位北韓領導人遊說史達林支持他的南侵行動已一年多。但由於忌諱歐洲尚未安定，又不願在亞洲引爆和美國的交戰，這位蘇聯領導人一直拒絕。[12]然而，在一九五〇年，美國干預的可能性似乎不大；畢竟美國在一九四九年除了象徵性的動作外，並沒有阻擋毛澤東的勝利。一九五〇年一月底，史達林終於表示願意討論這個議題。[13]金日成稍後在春天訪問莫斯科，再度提出這個議題，這次史達林終於默許。[14]不過，他提醒金日成，需要向北京——而非莫斯科——求助。史達林告訴金日成：「你若是被踢落牙齒，我是不會動根手指幫你的。你必須向毛澤東全面求助。」[15]即使如此，史達林還是送俄國武器給金日成，並派遣顧問，以便在戰爭前夕強化北韓的兵力。[16]

毛澤東對於北韓南侵的前景也相當矛盾。[17]他的首要任務是完成自己的革命，鞏固他對大陸的控制。不過，中國歷代成功的領導人——從古代皇帝以降——也都了解，如忽略中國邊疆領土會削弱自身在中央的政權。[18]這個挑戰是在於確認哪個緊鄰地區最重要，然後衡量利弊得失。譬如，如果北韓侵略刺激到華府採取軍事反應，就會殃及到毛澤東征服台灣的企圖。[19]然而，金日成最後還是自行決定發動攻擊，訂出突擊的時間。[20]毛澤東也決定支持他的左翼同志。

杜魯門的回應和史達林、毛澤東的反應一樣，都是受到一九四九年諸多災難事件的影響。毛澤東的勝利促使這位美國總統將圍堵戰略擴大到全球，從歐洲延伸到亞洲。杜魯門在國務院的顧問已促請總統，在中國周邊沿線的戰略要點抵擋住共產黨推進。然而，困難之處就是細節——要決定在哪裡守衛的立場。杜魯門及其助理已決定東南亞是其中之一；到了一九五〇年五月，政府開始運送武器給法國人，支助他們與越盟（Viet Minh）的作戰。[21]現在，金日成南侵後，杜魯門決定朝鮮就是另一個戰略要點，誓言要擊敗北韓的進軍。

接下來的戰爭對於涉及的各方都是悲劇——不只是韓國人身受其害。共有兩百五十萬人於戰爭中喪生。但對如今退守在台灣的蔣介石夫婦而言，卻因韓戰而暫時得救。[22]韓戰爆發前幾個月，毛澤東在華南集結部隊，準備攻打國府最後的基地。[23]同時，台灣內部有一股敵對勢力醞釀要政變，推翻蔣介石——即使美國官員沒有全力支持，但至少知其內情。[24]然而，北韓的入侵改變了一切。杜魯門迅速命令美國海軍第七艦隊駛入台灣海峽，在台灣和中國大陸之間布下障礙。表面上，這個動作是展現實力，意在守住台灣以北防線。但是，它也可以做為防止蔣介石利用亂局，從這個海島基地發動反攻。[25]蔣介石向杜魯門提議可派三萬三千名國軍部隊參加韓戰，杜魯門立刻拒絕——再次確認他在一九四九年年底那幾天所做的艱難決定。[26]

可是，杜魯門內閣的鷹派人士不肯放手。尤其是強生一再促請總統徵求蔣介石幫忙。強生希望在台灣海峽布雷，並從這座由國府控制的海島對大陸發動轟炸空襲。[27]麥克阿瑟將軍發表一篇聲明，似乎在指控總統和國務院放棄台灣——其中含糊地提到「主張在太平洋姑息和失敗主義的人士」[28]——杜魯門命令麥克阿瑟收回這段評語。總統氣憤至極，艾奇遜日後回憶，他可以看到杜魯門「雙唇緊閉，毫無血色」[29]。強生不以為然，向艾奇遜高聲抗議，質疑杜魯門是否「膽敢」[30]在戰爭進行期間，和他民間聲望極高的前司令官槓上。

但是杜魯門堅守他的立場。他日後回憶，他對國防部長愈來愈難以忍受，因為強生「開始表現出過度自大的態度，想要主導整個政府」[31]。基於這個以及其他原因，杜魯門在九月間某日召見強生，要求這位國防部長提出辭呈。[32]強生有如五雷轟頂，在夜裡躑躅獨行五英里，從華府康乃迪克大道走到查維卻斯鎮（Chavy Chase）。[33]次日，強生又和杜魯門見面，落淚哭求總統不要革他的職。[34]強生說：「你這樣會毀了我。」[35]但是杜魯門心意已決。杜魯門告訴一位助理：「開革強生是我最艱難的決定。我（覺得）就像鞭打我女兒瑪格麗特一樣。」[36]

★

不過，整體而言，夏天最後幾週的發展讓杜魯門精神大振。美國率領的聯合國部隊開始逆轉共產黨在朝鮮半島的戰果。九月中旬，在仁川大膽的兩棲登陸後，盟軍一路打進北韓，占領平壤，甚至即將制伏敵軍的勢力。毛澤東的使節慌張地與史達林會商，史達林要求中國介入。雖然毛澤東沒有任何正式責任與義務要參戰，他最後還是聽從史達林的建議。他決定派出數十萬大軍跨過鴨綠江，協助北韓。聽到消息後，年邁的史達林感動得含淚歡呼：「中國同志一級棒！」[37]

中國參戰促使美國鷹派更加極力主張恢復與蔣介石的舊交情。麥克阿瑟將軍希望徵求台灣國軍的協助，開闢第二戰場，從毛澤東的南翼進行騷擾。依照麥克阿瑟的戰略，蔣介石要恢復他在一九四九年執行的相同政策，包括針對大陸封鎖海岸和空襲轟炸。[38]然而，杜魯門和艾奇遜仍然不願意擴大戰事，堅守他們在過去一年所發展出來的較為謹慎的立場。最後，到了一九五一年四月，杜魯門受不了麥克阿瑟一再抗命，決定開除這位不聽話的大將。杜魯門透過電視演講，重申過去兩年他東亞政策的邏輯。杜魯門問道：「有什麼事情比起我們的軍事力量投注在和中國全面戰爭，更吻合克里姆林宮的野心？」[39]

同一時期，毛澤東也野心勃勃地在中國另一周邊地區確立其勢力。毛澤東長期以來擔心——也不是全無道理——美國特務在西藏陰謀鼓動反對的勢力。隨著一九五〇年時序展開，艾奇遜在私下表示，希望見到西藏「悄悄強化」[40]，美國在西藏首府拉薩的特務也爭取予以軍事援助[41]。中國共產黨的軍事指揮官還拿出曾經替老美工作的白俄間諜所蒐集的情報，揭穿美方的陰謀。[42]最後，毛澤東受不了，在一九五〇年十月下令九萬名軍隊開進西藏，迅速擊敗地方上的反抗戰士。[43]

毛澤東認為東南亞的動盪是他鞏固邊界的另一個機會。特別在中南半島，法國部隊持續激戰，要剿平胡志明領導的民族主義革命。胡志明是曾經在蘇聯研習的共產黨員，能說流利中國話[44]，似乎就是天生的盟友。毛澤東宣布中華人民共和國建政時，胡志明從越南北部步行十七天到中國，與華南的中共官員會商；[45]後來又前往莫斯科，會見史達林。[46]到了一九四九年底，毛澤東已定期送武器越過邊境，從廣西到中南半島北部，來協助胡志明的游擊隊。[47]

同一時間，杜魯門及其團隊也對共產黨在中南半島發動革命的前景產生戒心，因此開始增運軍事物資到中南半島。到了一九五〇年秋天，杜魯門政府已送了數十架地獄貓（Hellcat）和熊貓（Bearcat）戰鬥機到越南，又派遣美軍顧問及其他轟炸機、推土機及重機械。[48]杜魯門及其高級助理現在把中南半島戰事視為最高優先事項之一；唯有朝鮮半島的部隊能獲得更多的美國軍事援助[49]。

最後，隨著韓戰戰情膠著，甚至一度備受輕蔑的蔣介石在台部隊也開始在美國的戰爭計畫扮演更重要的角色。到了一九五一年，由於冷戰的軍事化程度上升，中央情報局在這個國民黨所控制的島上建立了一個繁忙的工作站，在台北近郊一個代號為武昌新村的營地活動。[50]中央情報局成立了一家空殼公司——「西方公司」（Western Enterprises）[51]，用來掩護美國在台軍官的活動。實際上，美軍在台灣培訓游擊戰士，教他們利用傳單、無線電和熱汽球向大陸散播宣傳。[52]一九五四年，因為愈來愈關注共產主義在東亞的影響力升高，美國簽署了《東南亞集體防禦公約》（Southeast Asia Collective Defense Treaty）[53]——這是一九四九年蔣介石倡導的《太平洋公約》的溫和版。同年，美國又與蔣介石簽署《中美共同防禦條約》（Sino-American Mutual Defense Treaty），防衛台灣免受侵略。

這些措施成功地確保蔣介石此一海島基地的生存。但是，中央情報局企圖破壞毛澤東在大陸統治的努力則證明不是那麼順利。到了一九五〇年代末期，中央情報局已空降數百名特務進入大陸，企圖蒐集情報和製造事端。然而，誠如艾奇遜所預測的，這些任務都無法發揮作用。中央情報局一位站長日後回憶：「我們透過無線電聯繫，然後就音訊全無了。」[54]

★

華德．李普曼在毛澤東勝利後幾個月，頗有先見之明地寫道，一九四九年的事件「需要以較長期的觀察去理解，而非僅靠明天的頭條新聞就能知其內情」。李普曼認為艾奇遜的政策基本上是合理的，他特別欽佩國務卿「拒絕以挑激美國與赤色中國的衝突，來遮掩（與俄羅斯的）衝突」。不過，他指出，艾奇遜的忍耐策略要好幾年才會見效——最後，也果真如此。他寫道：「我們不能繃緊神經等待毛澤東違抗史達林的新聞。上天有眼，不是不報，只是時候未到，在亞洲的報應特別慢。」[55]

艾奇遜雖有耐心，但他不是姑息主義者。他不喜歡強生，不是因為強生好勇鬥狠，而是因為國防部長觸動杜魯門最宏偉的幻想——包括美國可以在某種程度上拯救中國的這個信念。艾奇遜是個註冊的民主黨員，具有進步的思想，但是他不能容忍某位現代作家所謂的「廉價、輕快的普世主義」（cheap and cheerful universalism）[56]。艾奇遜認為，杜魯門最喜歡的詩〈洛克斯萊廳〉預言和平即將到來，其實包含「重大的謬誤」[57]。艾奇遜後來解釋，丁尼生的樂觀主義忽視了人類生存的悲慘、嫉妒和敵意面，這些故意的衝突模式在地球上已存在數千年之久。

艾奇遜說服杜魯門在一九四九年採納的策略，依賴於黑暗但是連貫的世界觀。艾奇遜雖然是一位聖公會主教的兒子，卻不是傳統的虔誠信教者，不過他仍然吸收了聖經的宇宙論——尤其是理解人類意志的矛盾方面。一方面，人類是自由、強有力的；另一方面，不受約束的自由卻必然導致戰爭和毀滅。[58]艾奇遜後來解釋，他認為「武力和暴力」[59]雖冷酷，但在人世間卻是不可避免的現實。艾奇遜指出，美國的敵人——譬如史達林和毛澤東這類的人——都精明地基於「實力估算」[60]的策略。美國如果打算在這個危險的世界生存下去，就需要做同樣的事情——但是需要謹慎小心。

或許艾奇遜的世界觀不是那麼開朗、樂觀，但也不是不抱希望。對艾奇遜而言，在無情的世界中禁得起風雨拂逆的第一步，就是試著看清楚現實。從悲劇的角度來看，認識到美國的敵人也只是人，受到同樣的弱點和判斷失誤的影響，甚至還有一種安慰作用。[61]最重要的是，悲劇性的世界觀以其對人類理性界線的懷疑，為最終的救贖打開了前景。如同肯楠曾在日記中寫下，「認識到人類智慧的局限性，並允許真正的悲劇情境存在」的世界觀，也承認「人類不易察覺的解決方法……」[62]的可能性。

★

對毛澤東而言，他不搞這些形而上學的臆測。他認為行使人類的意志時，沒有所謂矛盾這回事，只看機會是否存在。毛澤東學生時代時曾在一本課本邊緣潦草地寫下他的感想：「有人說，我們必須相信道德律法來自上帝的命令，因為只有這樣，它才能被執行而不被藐視。但其實這是一種奴性的心態。你為什麼要服從上帝而不是服從自己呢？」[63]一九四九年勝利後的幾年裡，毛澤東似乎運用這種意識作為他的模板——容忍不斷擴大的個人崇拜，並大膽試圖推翻中國古代正統的觀念。

毛澤東在戰後的政策包括野心勃勃、唐吉訶德式的社會和經濟改造作為。一九五〇年代末期展開的大躍進運動，毛澤東試圖藉由激烈改造其經濟，強力迫使中國踏進現代時代。[64]他渴望提升中國的工業和農業產出，為鋼鐵和穀物產量訂下不切實際的目標——然後要求透過一系列激烈改革達成這些目標。中國的農村被改組為人民公社，毛澤東希望透過經濟規模和分工制度，增進效率。同時，個人及公社在後院土法煉鋼，希望提升產量。農村到處可以聽到勞工高唱「超英趕美」[65]的愛國歌曲。

然而，毛澤東並沒有經濟經驗，大躍進帶來了巨大災難。後院煉鋼爐生產的鋼鐵毫無用處，反而占用可以用在其他地方的勞動力。農耕方式的創新——有些是由毛澤東本人設想出來的——所產生的各種荒謬的作法：富有想像力但不切實際的新奇事物，層出不窮，包括拿朝鮮薊和向日葵、南瓜和木瓜交叉繁殖[66]。不幸的是，一連串惡劣的氣候——包括中國某些地區鬧颱風和洪水，其他地區卻發生無情的乾旱——加劇了痛苦。農民們到處找樹葉、樹皮和蠕蟲吃，勉強求活命。[67]由於改革失敗和隨後發生的飢荒，約有兩、三千萬農民活活餓死。

然而，毛澤東的政權竟然挺過此一瘋狂決策造成的災禍，存活下來，到了一九六〇年代，他又投入心力要改造中國社會。他和盟友在一九六〇年代末期發動所謂的「無產階級文化大革命」運動，企圖消滅資產階級影響力的最後痕跡，純化全國。毛澤東的信徒把它當做是合乎一九四九年革命邏輯的延伸，持續當年礙於現實考量而未完成的蛻變。現在毛澤東的忠實信徒指示，「只要是一切不符合社會主義制度及無產階級專政的事物都應該予以批鬥」[68]。他們把激進青年組織為紅衛兵，派他們四處塗毀舊文化的標誌，攻擊他們所認為食古不化的中國知識份子或甚至任何政敵。

在這場大屠殺中，對毛澤東的個人崇拜卻達到巔峰。朝聖者揮舞著《毛語錄》，跋涉數日參觀這位「偉大的舵手」昔日的「革命聖地」。民族主義的激情經常表現為尖銳的狂熱。狂熱的追隨者高呼反美口號，揮舞假想的刺刀。[69]然而，最終這個原本就雜亂無章的運動開始分裂，引發了一系列內部的破壞性暴力，嚴重傷害中國經濟，也破壞毛澤東在海外的聲望。

即使如此，毛澤東繼續自視為世界舞台上的要角，提供武器和人員協助世界各地的革命黨，譬如越南的胡志明游擊隊。[70]一九六〇年代末期，被稱為一九四九年「私生子遺緒」（bastardlegacy）[71]的越戰，打得如火如荼。傷亡日益慘重、分裂益發加劇的戰事，逼得已退休多年的杜魯門和艾奇遜重新評估他們在亞洲圍堵政策的後果。林登・詹森（Lyndon Johnson）總統明白，杜魯門政府當年第一步走向的這場戰爭現在已危及到他的施政，因此經常試圖爭取這位前任總統支持他升高越戰的決定——甚至幾度親赴獨立城拜訪年邁的杜魯門，向他請益。[72]至少在公開場合中，杜魯門是保持沉默的。但是，艾奇遜則不吝提供意見。一九六七年艾奇遜在白宮某次會議中向詹森表示：「我們當然不應退出越南。」[73]他又說，唯有展現美國的決心，才能說服胡志明放棄他對南越的企圖。然而，到了翌年，由於越共發動的春節大攻勢（Tet Offensive），加上美國及英國陷入經濟危機，艾奇遜開始對越戰失去信心。他現在勸詹森退出越南，專注於「力所能及」[74]的地區——主要在歐洲。

不過，一九四九年杜魯門和艾奇遜共同制訂的戰略，也指向二十年後尼克森總統所採行的對北京比較親善的政策。[75]到了一九七〇年代，尼克森想退出越南，推動翻轉數十年來美國孤立毛澤東的政策。多年來，莫斯科和北京之間的關係逐漸磨損，部分是因為美國設法煽動這兩個共產主義大國彼此針鋒相對。雖然尼克森的戰略和艾奇遜的戰略不盡相同，兩個人卻確實共同有著宏觀的意識：試圖鼓動中蘇交惡將有利於美國。一九七二年二月，尼克森成為第一位訪問中國，並與毛澤東會面的美國總統。此時的毛澤東日薄崦嵫，變成「孤立、癡肥、喃喃自語、不時流口水的獨裁者」[76]。將近七年後，華府終於承認中華人民共和國——結束長達三十年的外交邊緣政策。

★

艾奇遜在晚年時並沒有因為北京和莫斯科逐漸失和而感到欣慰。中國問題玷汙了他一度閃耀的聲譽；右翼的反共人士和左翼的反戰抗議者都為他感到可惜。[77]最後，一九四九年的遺緒——儘管艾奇遜在某些方面做了最大的努力——包括長達三十年不承認共產中國，長達數十年支持台灣，以及韓戰和越戰。艾奇遜指責「狂熱追求神靈的人」，只要涉及到中國的辯論，就立刻「熱血湧上耳朵」[78]。但他的世界觀卻一直保有神學色彩。有一次在阿拉巴馬州一個空軍基地演說時，艾奇遜引用了切斯特頓（G. K. Chesterton）的一首詩；切斯特頓是對人類心理頗有研究的作家。艾奇遜朗讀：「我告訴你，不是為了安慰你／是的，不是因為你盼望／除了天空變得愈來愈黑暗／而海面升高。」[79]一年多後，艾奇遜在馬里蘭州的鄉村別墅因中風去世，享年七十八歲。[80]

杜魯門也感受到中國崩潰的打擊和背叛。在某種意義上，他從未放棄過挽救遠方麻煩焦點的願望。他在卸任告別演說中說：「我對自由人的命運抱持深刻而持久的信念。有了耐心和勇氣，我們終有一天進入一個新時代——一個美好的黃金時代——我們可以利用科學為我們打造的和平工具，來泯除地球各處的貧困和人類的苦難。」[81]不過，杜魯門認識到自己遠遠沒有達到這個理想，尤其是中國問題方面。杜魯門卸任後，有一次，在拍攝一部關於他的東亞政策的紀錄片時，影片製作人注意到，這位前總統一再溜進隔壁房間，裡頭有一瓶已經打開的波本威士忌。[82]隨著說話愈來愈語無倫次，杜魯門開始胡言亂語，大罵「清客」

和「黃膚老中」[83]。製作人受不了，厭惡地逃離房間。艾奇遜去世一年以後——也就是尼克森訪問北京數月後——杜魯門也因病去世。[84]

到了一九七〇年代，毛澤東的聲譽就和杜魯門和艾奇遜一樣，都因為自己的政策而蒙塵。就像對待一九四九年的其他勝利者一樣，時間和命運都很無情。雖然中國國內崇拜毛澤東的狂熱達到巔峰，但除了中國以外，外國政治家都在嘲笑他的低能。到了晚年，即使一向狂妄、大談人類意志力的毛澤東似乎也開始懂得反省，緩和下來。他在紫禁城寓所接受一位美國的記者專訪，喝著茅台時，他提到人類非常需要崇拜某種東西或某個人。[85]這位中國領導人似乎愈來愈介意自己的死亡。他向這位記者提到，即使是他也要「很快去見上帝」[86]。隨著一九七六年到來，他多次心臟病發；九月間，毛澤東死了。

周以德比毛澤東長壽近二十年，得以親見中華人民共和國經濟崛起的第一道閃光。他覺得被尼克森總統向中國開放的政策所出賣，致函尼克森抗議此「尖銳的大翻轉」[87]。即使到了一九八〇年代，周以德依然極力抗議北京政府所構成的威脅。他不能理解，已有數十年的事實證據，為什麼美國人還不能看清中共政權的真正本質。一九八二年，周以德出現在威廉．巴克萊（William F. Buckley）主持的電視節目《火線》（*Firing Line*）後，收到一位觀眾的來信：八十五歲的宋美齡讚許他持續不斷揭露中共政權的「獸性」，也責備「心懷報復、包藏顛覆禍心的左派群體」[88]過去錯誤的策略。一如過去五十年，周以德繼續到處旅行、演講多年。[89]最後，他在一九九四年與世長辭，享年九十五歲。

宋美齡回到台灣後，與丈夫定居在台北北郊山上的一棟花崗岩別墅。這個舒適的寓所遍植五彩繽紛的杜鵑花和蘭花[90]，她作畫、祈禱，並思索計策[91]。台灣在她丈夫的統治下出現殘暴的鎮壓，壓制政治異議份子。但一九七五年蔣中正去世後，島內的政治氣氛逐漸變得不那麼高壓。[92]經濟上也蓬勃發展，成為東亞最具活力的地區之一，號稱「亞洲四小龍」之一。隨著昔日的敵意消退，宋美齡回到美國，最後在曼哈坦上城東區買下一戶公寓。[93]她在這裡反省，憶起「當年的緊張時期，深深焦慮的日子，遭逢和克服拂逆的時刻」[94]，這些場景「像萬花筒般，一一在我的腦海中閃過」。當二十世紀終於轉到二十一世紀時，她早已歡慶百歲嵩壽。在一九四九年眾多戰士中，她最長壽。

★

天命繼續演進。宋美齡在二〇〇三年去世，高齡一百零六歲。她去世後十多年，東亞仍繼續演進。現在，我們可以在不到十四個小時內從紐約飛到北京，但是我們再也看不到一九四九年的中國。昔日的中國長期被兩位數字經濟成長率、政府改造和意識形態淨化等消除殆盡，早已遠颺。儘管現代中國政治人物對毛澤東推崇備至，但是中國的蓬勃發展並非是因為毛澤東的影響力。毛澤東的繼任者繼續進行市場改革，對於中國二十一世紀的經濟崛起，發揮更重要的作用。不過，某些學者仍然提醒說，徹底否定毛澤東革命的淨化作用也是錯誤的。他們拿它與「森林大火」[95]做比較，其雖然具有破壞性，也為「新的成長」奠定基礎。

不論原因為何，今天中國再次讓人無法漠視。當它的股市下挫時，全世界都會密切注意。當它的海軍在南海某個島礁加強工事時，超級大國就坐立不安。北京的政策和軍事領導人擔心現代版的美國圍堵政策，但是，實際上，那場戰鬥早已結束。不論是利是弊，中國早已整合進入全球經濟。中國有位著名的將領最近宣稱，他的國家「再也不會被圍堵」[96]。基本上，他說得沒錯。

話雖如此，一九四九年的迴聲卻無處不在。美國人仍在辯論如何針對充滿活力的中國做出最好的回應——無論與其領導人接觸，或與之對抗；如果是的話，又應該在哪裡畫下紅線。一九四九年最波動的地區，仍然是今天最不穩定的地區之一。特別是台灣的未來，似乎不如過去幾年那麼令人放心。島內的政治——部分是因一九四九年毛澤東在大陸勝利而播遷來台的移民所塑造——仍然非常棘手。蔣介石的國民黨曾以鐵腕治理台灣，現在它再也無法獨斷獨行。在二〇一六年的總統大選中，台灣人推選的蔡英文是出自蔣介石國民黨以外（民進黨）的第二位總統。國內政治是台北最不用擔心的問題。雖然川普總統處理東亞事務種種不可預測的方式鼓勵了一些台灣人，但其他人更擔心，輕率的挑釁只會進一步破壞東亞地區的穩定。

與此同時，只要在政治上有用處，北京領導人從不吝於試圖重新創造一九四九年的魔力。在經濟不穩定時，這種民族主義的手法特別有吸引力，此時軍事強悍可以分散老百姓的注意力。然而，即使在旺盛時期，歷史回憶也有著誘人的力量。散布在現代中國各地，到處都有路標指向充滿英雄、惡棍和受害者的革命歷史。在西柏坡毛澤東舊基地的紀念館裡，隨著遊客腳步走動，可以看到牆上張貼了習近平的一句話：「任務尚未完成。」這是很好的提醒，一九四九年的內戰尚未結束。

# 致謝

撰寫本書時，我仰仗一些讀過我早期版本的手稿、以其善意和過人的判斷力分享其印象和專業知識的學者和朋友。王克文（Ke-wen Wang）是一位聰明優雅的中國現代史學者，他在梳理初稿時，便提出許多有益的建議。王克文和撰寫過最棒的蔣介石夫人傳記的李台珊（Laura Tyson Li），協助我追查到存放在台北某檔案館中蔣介石和宋美齡之間數十封解密電報。著名的越戰和美國外交政策歷史學者喬治・赫林（George Herring）同意再次嚴格審查我的稿件。我的老朋友艾文・歐斯諾（Evan Osnos）提供資料來源和相關報導的建議。劉美蓮（Melinda Liu）親切地介紹我接觸北京的同事。孔華潤（Warren I. Cohen）讀了手稿後提出幾個出色的觀點。大衛・艾布拉罕森（David Abrahamson）是我在西北大學最喜歡的教授之一，他一絲不苟地讀了我的初稿。艾文・托馬斯（Evan Thomas）曾撰寫關於艾奇遜、魏斯納及早期冷戰的經典著作，從一開始就鼓勵我進行本項寫作計畫。西蒙和奧黛莉・陶平（Seymour and Audrey Topping）夫婦歡迎我進入他們的家，分享他們對中國內戰的回憶，並介紹我接洽其他目擊者。Ying Ying Li 親切地讀了這本書，並提出一些有用的建議。伍德羅爾遜國際學者歷史和公共政策項目中心（Woodrow Wilson International Center for Scholars' History and Public Policy Program）的查爾斯・克勞斯（Charles Kraus），引導我該中心數位檔案館中有用文件的查閱方向。史蒂文・考克斯（Steven Cox）分享他父親從中國寄回家的信件，內容豐富。潘蜜拉・霍華德（Pamela Howard）交給我一份很難發現的備忘錄。尼希德・哈加利（Nisid Hajari）寫過一本關於印度分治的專書，他審閱我的文稿中關於尼赫魯的部分。最後，我與張緒心（Gordon H. Chang）、易明（Elizabeth Economy）、佛蘭西斯・費茲傑羅（Frances FitzGerald）、約翰・路易士・賈迪斯（John Lewis Gaddis）、傅鐸若（Dora Fugh Lee）、潘文（John Pomfret）、羅易・羅文（Roy Rowan）、舒爾勒・舒歐登（Schuyler Schouten）和文安立（Odd Arne Westad）等人，在討論東亞和美國外交政策的過程中，讓我受益良多。

很幸運地，一如既往，有平姬・厄爾班（Binky Urban）在一旁輔翼。她是一位精明的經紀人和策略家，也是敏銳的讀者和忠誠的朋友。我在皇冠出版社（Crown）的編輯羅傑・蕭爾（Roger Scholl），早早開始在紐約利用午餐時間協助規劃本書，然後在編輯階段又大力幫忙。羅傑的智慧、敏銳的結構感和善意的探問，讓這本書變得更好。我在皇冠出版社的前任編輯芃妮莎・莫布雷（Vanessa Mobley）很早就支持這個項目，並幫助我完備整個計畫。我也很感謝西恩・戴士蒙（Sean Desmond）這位出色的編輯，七年前把我帶到皇冠出版社。最後，感謝 Molly Stern、Kinsley Rosner、Christopher Brand、Julia Elliott 和皇冠出版社團隊的其他成員，在整個出版過程中，巧妙地引導這份稿件形成今天的面貌。

幾位才華橫溢的同事在不同階段的研究過程中提供協助。孜孜不倦的 Chad Frazier 是喬治城大學優秀的歷史系博士生，他上窮碧落下黃泉地翻遍國家檔案館。Wang Zhenru 協助中文資料的來源，蒐集難以找到的文獻，並翻譯難以理解的重要文件。James Yin 在中國是一位極好的嚮導和有趣的旅伴。Lawrence Chiu 利用他寶貴的午餐時間來複製電報。我也要感謝台北國史館吳淑鳳的指導。Natalia Alexandrova 和 Tenei Nakahara 追踪並翻譯資料文獻。我還要感謝 Anna Nemtsova 介紹我與 Natalia 相識。

我的研究要求逼得好幾個圖書館的同仁差點瘋了。Everett Perdue 熟練地議論各種各樣的書籍、文章、博士論文和委員會紀錄的論點——有時借助他的幽默和一點蘇格蘭威士忌，更能大放厥詞。Tina Bothe 幫助我向遠距圖書館調閱數十本書，還愉快而巧妙地回答我的問題。美國參議院和眾議院的歷史辦公室的 Kate Scott、

Farar Elliott 和 Matthew Wasniewski，則幫助我找到一些差點已經湮沒的照片。

我很幸運能夠生在一個優秀的編輯家庭中。我的父親 Sam Peraino 小心翼翼地閱讀草稿，發現了其他人都沒注意到的錯誤。當我們考慮書名和封面時，我的母親 Donna Peraino 提供了很受用的意見。我的兄弟 Jim Peraino 仔細閱讀原稿，修掉陳腔濫調和過熱的文字。我的姊姊 Joanna Musumeci 和姊夫 Joe Musumeci 在寫作的不同階段中，都提出寶貴的建議。我的岳家親戚 Mathew 和 Molly Ninan，在我旅行期間，協助我們照顧孩子。多年來，Tony 和 Seena Ninan 也忍受我對中國歷史嘮嘮叨叨的種種看法。我的孩子 Jack 和 Kate，每天至少五十次跑到我書房探頭探腦，逗他們的老爸發笑。內人 Reena 再次耐心地容忍她的丈夫每天和已故的死者度過無數個小時——她喜歡這樣說。沒有她的愛和支持，我無法寫出這本書；謹將本書獻給她。

# 註釋

縮寫

AH Academia Historica, Taipei, Taiwan（國史館，台灣台北）
APRF Arkhiv Prezidenta Rossiskoi Federatsii [Archive of the President of the Russian Federation], Moscow（俄羅斯聯邦總統檔案館，莫斯科）
BLCU Butler Library, Columbia University, New York, N.Y.（哥倫比亞大學巴特勒圖書館），紐約市。
CKS Chiang Kai–shek（蔣介石）
CPR Chinese Press Review, Shanghai edition（中國報，上海版）
CR *Congressional Record,*Washington, D.C.: Government Printing Office（《國會紀錄》，華府：政府印刷局）
CWIHP Cold War International History Program at WWICS（冷戰國際史計畫，設於伍德羅・威爾遜國際學者中心）
FRUS *Foreign Relations of the United States,* Washington, D.C.: Government Printing Office（《美國外交關係》，華府：政府印刷局）
HI Hoover Institution, Stanford, Calif.（胡佛研究所，加州史丹福大學）
HST Harry S. Truman（哈利・杜魯門）
JZZD Jiang Zhongzheng Zongtong Dang'an [President Chiang Kaishek Collection] (at AH)（蔣中正總統檔案，存於國史館）
LOC Library of Congress, Washington, D.C.（國會圖書館，華府）
MCKS Madame Chiang Kai–shek（蔣夫人宋美齡）
MZ Mao Zedong（毛澤東）
NCDN *North–China Daily News*（《字林西報》）
NA U.S. National Archives and Records Administration, College Park, Md.（美國國家檔案紀錄局，馬里蘭州大學公園市）
NDE Shuguang Zhang and Jian Chen, eds., *Chinese Communist Foreign Policy and the Cold War in Asia: New Documentary Evidence, 1944–50,* Chicago:

Imprint Publications, 1996（張曙光、陳兼編），《關於中國共產黨對外政策與亞洲冷戰的新文獻1944–50》，芝加哥：銘印出版社，1996）

NYT *New York Times*（《紐約時報》）

OH Oral history（口述歷史）

PSF President's Secretary's Files (in Truman Papers, TL)（總統祕書檔案收在「杜魯門文件」中）

RG Record Group (at NA)（紀錄組，美國國家檔案紀錄局）

SMOF Staff Member and Office Files (in Truman Papers, TL)（幕僚人員及辦公室檔案，收在「杜魯門文件」中）

SW *Selected Works of Mao Zedong*, online at Marxists.org（《毛澤東選集》，可從Marxist.org線上查閱）

TL Harry S. Truman Library and Museum, Independence, Mo.（杜魯門圖書紀念館，密蘇里州獨立鎮）

TLP Truman Library Photographs (at TL)（杜魯門圖書館照片，收在杜魯門圖書館）

WCA Wellesley College Archives, Mass.（衛爾斯禮學院檔案，麻薩諸塞州衛爾斯禮）

WWICS Woodrow Wilson International Center for Scholars, Washington, D.C.（伍德羅・威爾遜國際學者中心，華府）

## 序幕

1 *NCDN*, October 3, 1949; William Empson notes, reprinted in Empson, "Red on Red," pp. 66–67. See also Quan, *Mao Zedong*, pp. 120–22; and Schell and Delury, *Wealth and Power*, p. 229

2 Li Zhisui, *Private Life*, pp. 51, 82, and 108; Snow, *Red Star*, p. 90; Pantsov and Levine, *Real Story*, p. 309; Westad, *Decisive Encounters*, p. 364n48.關於毛澤東這段期間的健康和相貌，另參見Pantsov and Levine, *Real Story*, pp. 359 and 363, and Kartunova, "Vstrechi v Moskve, "p. 126.

3 二〇一五年六月三日，陳勇在北京接受本書作者採訪。

4 "Xi Urges China to Keep Red," *Xinhua*, July 12, 2013.

5 Ian Johnson, "In Creating 'Martyrs' Day,' China Promotes a Vision of the Past," *NYT*, September 29, 2014.

6 Hans Morgenthau, introduction to Tsou, *America's Failure*, p. viii. 摩根索指出美國傳統、理想主義式看待中國的作法之迷思和感情，不過讀者亦應注意，摩根索本人現實主義的範式也是一種理論建構。然而，摩根索說得沒錯，「秉實撰寫歷史」涉及到「依據合理基礎，針對我們對華政策之迷思提出論辯」。

7 安德森《想像的共同體》對此有最上乘的分析。安德森在第十一章〈記憶與遺忘〉引述Ernest Renan的一句話：「國家的本質是所有個人都有許多共同點，但是所有的人也都遺忘某些事。」

## 第一章

1 "Douglas VC–54C 'Sacred Cow,'" www.nationalmuseum.af.mil/Visit/MuseumExhibits/FactSheets/Display/tabid/509/Article/195813/douglas-vc-54c-sacred-cow.aspx (accessed October 5, 2015). See also "The World's Biggest Jig-Saw Puzzle," pp. 76–79.

2 *Baltimore Sun,* December 2, 1948; *NCDN,* December 2 and December 11, 1948; *Rochester Times–Union* (N.Y.), December 4, 1948; *New York Herald Tribune,* December 2, 1948; *Evening Star* (Washington), December 1, 1948; *Washington Post,* December 2, 1948; *NYT,* December 2, 1948. See also Koo OH, vol. 6, pt. H, sec. 3, pp. 84–85, Wellington Koo Papers, BLCU; and Li, *Madame Chiang,* p. 295.

3 Mr. C. S. Li to T. V. Soong, telegram, December 4 to 6, 1948, T. V. Soong Papers, frame 325, reel 23, HI.

4 *NCDN,* December 3, 1948; *Time,* December 6, 1948.

5 *Time,* December 6, 1948.

6 See Mitter, *Forgotten Ally,* passim.

7 Chassin, *Communist Conquest,* p. 191; Herring, *Colony to Superpower,* p. 632.

8 Mydans and Mydans, *Violent Peace,* p. 53.

9 Rowan, *Chasing the Dragon,* loc. 1687; Liu, *Fall and Rise,* pp. 30, 43; Topping, *Journey Between,* pp. 16, 25–26, 28; Topping, *On Front Lines,* pp. 56–57.

10 *NCDN,* November 30, December 2, 4, and 9, 1948, January 6, 1949. See also Westad, *Decisive Encounters,* p. 270, and Liu, *Fall and Rise,* p. 59

11 CKS diary, December 1, 1948, HI.

12 Stuart dispatches, November 10 and December 1, 1948, in Stuart, *Forgotten Ambassador,* pp. 281, 283–84. See also *Time,* December 6, 1948.

13 CKS to MCKS, December 1, 1948, JZZD, AH (two telegrams). 我要感謝李台珊、王克文、吳淑鳳和 Lawrence Chiu 協助我找到這些電報。

14 Acheson, *Present,* p. 213.

15 Melby, *Mandate of Heaven,* p. 169.

16 Pakula, *Last Empress,* p. 473.

17 Marshall memorandum, in *FRUS* 1948, vol. VIII, pp. 299–301.

18 MCKS to CKS, December 5, 7, and 9, 1948, JZZD, AH. See also CKS diary, December 2, 1948, HI.

19 *NCDN,* December 14, 1948

20 坊間有兩本關於宋美齡的英文上乘傳記，一是Laura Tyson Li, Madame Chiang Kai-shek: *China's Eternal First Lady*；一是Hannah Pakula, *The Last Empress: Madame Chiang Kai-shek and the Birth of Modern China*。〔譯註：台灣都有中譯本，前者為黃中憲譯、李台珊著《宋美齡：走在蔣介石前頭的女人》（台北：五南，二〇一一）。後者為本書譯者林添貴譯，漢娜．帕庫拉著，《宋美齡新傳：風華絕代一夫人》（台北：遠流，二〇一一）〕。我在描述宋美齡時，相當倚重它們。韓素音的《宋氏姊妹》已經過時，不過仍然有用。席格瑞夫的《宋家王朝》雖然讀來有趣，採用它時必須謹慎。

21 Pakula, *Last Empress*, p. 8.

22 Hahn, *Soong Sisters*, p. 8.

23 關於十八、十九世紀中國社會的演變，見Spence, *Search*, pp. 5, 77–79, 82, 108, 110, 164, 168, 216, 以及 passim; and Schram, *Thought of Mao*, pp. 2–3.

24 Taylor, *Generalissimo*, p. 14; Dong, *Shanghai*, pp. 3–4, 7; Cohen, *America, 7; Cohen, 1*, pp. 5–6.

25 Mitter, *Forgotten Ally*, p. 36.

26 Spence, *Search*, p. 219.

27 *Sunday Telegram* (Worcester, Mass.), March 7, 1943.

28 Hahn, *Soong Sisters*, p. 63.

29 Tuell recollections, box 1, Mayling Soong Chiang Papers, WCA.

30 Mayling Soong to Emma Mills, December 7, 1917, Emma DeLong Mills Papers, WCA.

31 Hahn, *Soong Sisters*, p. 75; Pakula, *Last Empress*, p. 100.

32 Basil Mathews, "Soong Family Has U.S. Roots," *Christian Science Monitor*, December 23, 1942, scrapbook in WCA.

33 Mayling Soong to Emma Mills, July 6, 1921, Emma DeLong Mills Papers, WCA.

34 Mayling Soong to Emma Mills, July 24, 1919, ibid.

35 Mayling Soong to Emma Mills, December 7, 1918, ibid.

36 Dong, *Shanghai*, p. 191.

37 Hahn, *Soong Sisters*, pp. 138–39.

38 *Shanghai Times*, *China Press*, and *North-China Herald* clips, cited ibid., pp. 39–42.

39 Dong, *Shanghai*, pp. 183–85.

40 Pantsov and Levine, *Real Story*, pp. 187–202.

41 Pakula, *Last Empress*, pp. 215, 232–33.

42 Schell and Delury, *Wealth and Power*, p. 192.

43 Taylor, *Generalissimo*, pp. 91, 101.

44 Chiang, *Sure Victory*, p. 26.

45 二〇一六年十一月四日王克文對本書作者提到。

46 Gellhorn, *Travels with Myself*, p. 57.

47 Audrey Ronning Topping二〇一五年一月六日在紐約州Scarsdale接受本書作者採訪。

48 Schell and Delury, *Wealth and Power*, p. 186.

49 Li, *Madame Chiang*, p. 71.

50 Spence, *Search*, pp. 401–2; Mitter, *Forgotten Ally*, pp. 62–64, 268–69. 史景遷指出，這些傷亡數字出自「住在南京的外國觀察家」，又說：「其他中國觀察家當時的估計更是高出十倍，因此很難得出確實的數字。」

51 MCKS to Emma Mills, May 10, 1939, Emma DeLong Mills Papers, WCA.

52 例如參見Schaller, *U.S. Crusade*, pp. 68–69.

53 關於滇緬公路，參見Spence, *Search*, pp. 409, 419–21.

54 史迪威的經典傳記是Barbara W. Tuchman, *Stilwell*. 關於史迪威的戰略亦可參見Spence, *Search*, pp. 419–21與 Mitter, *Forgotten Ally*, pp. 250–51.

55 Taylor, *Generalissimo*, p. 198.

56 Tuchman, *Stilwell*, pp. 192, 217.

57 Herring, *Colony to Superpower*, pp. 576–77.

58 Chennault quoted in Tuchman, *Stilwell*, p. 217.

59 Alsop, "I've Seen the Best of It," p. 218.

60 Frank McNaughton, "Mme. Chiang in the U.S. Capitol," *Life*, March 8, 1943; Nancy Maclennan, "China's First Lady Captivates Congress with Words and Smile," *Boston Herald–N.Y. Times Dispatch*, February 18, 1943; and "Text of Address by Mme. Chiang," Associated Press, February 18, 1943, clippings in WCA.

61 Frank McNaughton, "Mme. Chiang in the U.S. Capitol," *Life*, March 8, 1943.

62 Li, *Madame Chiang*, p. 200.

63 W. H. Lawrence, "Mme. Chiang Tells Roosevelt Lord Admires Little Self–Help," *Boston Herald/NYT*, February 19, 1943, clipping in WCA.

64 Pakula, *Last Empress*, p. 417.

65 Roosevelt, *Autobiography of Eleanor*, pp. 249–50.

66 Li, *Madame Chiang*, p. 204; Jespersen, *American Images*, p. 88. 石之瑜的〈Eros of International Politics〉對此有生動的描述，指出宋美齡「很容易就贏得男性救援者的同情，而這也正是美國在第二次大戰期間自命的領導形象」（頁九二）。

67 quoted in Shih, "Eros of International Politics," p. 93

68 Jespersen, *American Images*, p. 88; Li, *Madame Chiang*, p. 201.

69 "Madame Chiang in Hollywood," *Life*, April 19, 1943, p. 36.

70 Herring, *Colony to Superpower*, p. 576.

71 Stilwell quoted in U.S. Department of State, *United States Relations with China*, p. 68.

72 CKS quoted in Mitter, *Forgotten Ally*, p. 298.

73 U.S. Department of State, *United States Relations with China*, pp. 66–68.

74 Mitter, *Forgotten Ally*, p. 339; Herring, *Colony to Superpower*, p. 577.

75 Logevall, *Embers of War*, p. 57; Hunt, *Genesis*, p. 199; Herring, *Colony to Superpower*, p. 577.

76 Westad, *Decisive Encounters*, p. 69.

77 Mitter, *Forgotten Ally*, pp. 5, 268, 277, and 378.

78 Goncharov, Lewis, and Xue, *Uncertain Partners*, pp. 12–14.

## 第二章

1 Schram, *Thought of Mao*, pp. 78–79.

2 關於我對毛澤東的描述，主要取材自*Snow, Red Star*; Schram, *Thought of Mao*; Pantsov and Levine, *Mao: The Real Story*; and Chang and Halliday, *Unknown Story*,後者材料蒐集豐富，但頗有爭議。關於針對張戎和哈利戴一書的批評文章，Gregor Benton與Lin Chun編了一本選集*Was Mao Really a Monster?: The Academic Response to Changand Halliday's Mao: The Unknown Story*（New York, 2010）。其他學者，如哈佛大學教授文安立（Odd Arne Westad）則比較推許。不過，文安立也不認同張戎和哈利戴的某些結論，他讚許他們的研究，但認為「研究中國問題的學界專家應該更密切注意」。（Westad, "Author's Response," *H-Diplo Roundtable Reviews* 15, no. 2 [2013]: 45.）〔譯註：Alexander V. Pantsov and Steven I. Levine, *Mao: The Real Story*，中文本由本書譯者翻譯，林添貴譯，潘佐夫及梁思文著《毛澤東：真實的故事》（台北：聯經，二〇一五）。張戎及

哈利戴中文版《毛澤東：鮮為人知的故事》（香港：開放出版社，二〇〇六）。〕

3 Chang and Halliday, *Unknown Story*, p. 3; Snow, *Red Star*, p. 134.

4 Snow, *Red Star*, p. 138; Chang and Halliday, p. 3.

5 Snow, *Red Star*, pp. 132–34.

6 Westad, *Decisive Encounters*, p. 20.

7 Snow, *Red Star*, p. 133; Schell and Delury, *Wealth and Power*, p. 200.

8 Chang and Halliday, *Unknown Story*, p. 6.

9 Snow, *Red Star*, p. 133; Pantsov and Levine, *Real Story*, p. 21; Chang and Halliday, *Unknown Story*, pp. 4, 6.

10 Snow, *Red Star*, p. 132.

11 Ibid., p. 144.

12 Ibid., pp. 67, 138, 144.

13 Ibid., p. 133.

14 Schell and Delury, *Wealth and Power*, pp. 91–116.

15 Liang quoted in Levenson, *Liang Ch'i–ch'ao*, p. 117. See also Schell and Delury, *Wealth and Power*, p. 101.

16 Schell and Delury, *Wealth and Power*, p. 116.

17 Schram, *Mao's Road*, p. 1:116.

18 Ibid., p. 1:119.

19 Ibid., p. 1:124.

20 Ibid., p. 1:318.

21 關於共產國際和毛澤東早期的組織工作，見Spence, *Mao Zedong*, pp. 47, 52, 56–59, 60, 63.

22 Schram, *Mao's Road*, 56–5p. 2:237.

23 Spence, *Mao Zedong*, p. 70.

24 Schram, *Mao's Road*, p. 2:430.

25 Spence, *Mao Zedong*, pp. 61, 63–67.

26 Ibid., pp. 63 and 67.

27 Ibid., p. 70.

28 Ibid.

29 Schram, *Mao's Road*, p. 2:434.

30 Spence, *Mao Zedong*, p. 98.

31 Chang and Halliday, *Unknown Story*, pp. 52–56.

32 Schram, *Thought of Mao*, p. 53.

33 Spence, *Mao Zedong*, p. 78.

34 MZ quoted in Pantsov and Levine, *Real Story*, p. 222.

35 Chang and Halliday, *Unknown Story*, pp. 128–33. 另參見 Javier C. Hernandez, Levine, "With Odes to Military March, China Puts Nationalism into Overdrive," *NYT*, November 14, 2016.

36 Snow, *Red Star*, p. 125.

37 Ibid., pp. 92, 96.

38 Ibid., p. 90.

39 Chang and Halliday, *Unknown Story*, p. 127

40 Goncharov, Lewis, and Xue, *Uncertain Partners*, p. 8.

41 Mao quoted in Schram, *Thought of Mao*, p. 68.

42 Sheng, *Battling Western Imperialism*, pp. 6, 9–10.

43 Schram, *Thought of Mao*, p. 84.

44 Ibid., p. 85.

45 Ibid. See also Leese, *Mao Cult*, p. 8.

46 Snow, *Red Star*, p. 154.

47 Schram, *Mao's Road*, p. 1:108.

48 Snow, *Red Star*, p. 94. See also Cohen, *America's Response*, p. 161.

49 "Talk with the American Correspondent Anna Louise Strong," August 6, 1946, WWICS, History and Public Policy Program Digital Archive, *Mao Zedong xuanji* [Selected Works of Mao Zedong] (Beijing: Renmin chubanshe, 1996), pp. 4:1191–92. Translation from the Ministry of Foreign Affairs of the People's Republic of China and the

Party Literature Research Center under the Central Committee of the Communist Party of China, eds., *Mao Zedong on Diplomacy* (Beijing: Foreign Languages Press, 1998), 45–48, http://digitalarchive.wilsoncenter.org/document/121327 (accessed October 27, 2015). See also Sheng, *Battling Western Imperialism*, p. 151.

50 Chang and Halliday, *Unknown Story*, p. 286.

51 MZ quoted in Gaddis, *We Now Know*, p. 63.

52 Connelly notes, March 7, 1947, box 1, Matthew Connelly Papers, TL.

53 Melby, *Mandate of Heaven*, p. 228.

54 Li, *Madame Chiang*, p. 282.

55 CKS to MCKS, December 6 and 7, 1948; MCKS to CKS, December 9, 1948; all in JZZD, AH.

56 *NYT*, December 11, 1948; *NCDN*, December 12, 1948; *Baltimore Sun*, December 11, 1948; *Evening Star* (Washington, D.C.), December 11, 1948.

57 Koo OH, vol. 6, pt. H, sec. 3, p. 99, Wellington Koo Papers, BLCU.

58 Reuters report in *NCDN*, December 17, 1948.

59 *NYT*, December 9, 1948.

60 *Pittsburgh Post–Gazette* cartoon in *NYT*, December 12, 1948.

61 上海《和平日報》，一九四八年十二月二十七日，CPR。

62 CKS diary, December 24, 1948, HI.

63 Topping, *Journey Between*, p. 49.

## 第三章

1 *NYT*, December 25, 1948; *New York Herald Tribune*, December 25, 1948; TLP, accession numbers 66–2870 and 66–3096.

2 *NYT*, December 26, 1948; *Chicago Tribune*, December 26, 1948; *New York Herald Tribune*, December 26, 1948; *Washington Post*, December 26, 1948.

3 Hamby, *Man of People*, pp. 293,297.

4 Ibid., pp. 486–87, 506.

5 *NYT*, December 25, 1948.

6 譯註：此時應該仍稱為北平。

7 Ibid., December 26, 1948.

8 Rearden, *History of Office*, pp. 221–25.

9 *NYT*, December 26, 1948.

10 Rearden, *History of Office*, p. 225; Hoopes and Brinkley, *Driven Patriot*, pp. 437, 440.

11 *NYT*, December 30, 1948; TLP, accession numbers 77–831 and 77–832.

12 Ayers diary, entry for December 13–18, 1948, box 20, Eben A. Ayers Papers, TL.

13 *Newsweek*, January 17, 1949.

14 Beisner, *Dean Acheson*, pp. 107–8.

15 *Fort Wayne Journal–Gazette*, June 28, 1949.

16 Forrestal, *Diaries*, p. 547.

17 Pearson diary, entry for January 13, 1949, in Pearson, *Diaries*, p. 9.

18 Forrestal, *Diaries*, p. 544.

19 McFarland and Roll, *Louis Johnson* 是有關強生最棒的傳記。

20 Pearson diary, entry for January 13, 1949, in Pearson, *Diaries*, p. 9.

21 Lilienthal diary, entry for April 13, 1949, in Lilienthal, *Journals*, p. 2:508.

22 Alsop, "Matter of Fact," *Washington Post*, January 10, 1949.

23 *Washington Star*, January 10, 1949.

24 關於杜魯門的早年生活，我主要取材自McCullough的*Truman*和Hamby的*Man of People*。

25 McCullough, *Truman*, p. 83.

26 譯註：chink意思為小窄眼，用在輕蔑華人，一般音譯為「清客」。Dago源自西班牙文Diego，一般用在輕蔑義大利人。

27 HST to Bess Wallace, June 22, 1911, Family, Business, and Personal Affairs Papers, Harry S. Truman Papers, TL.

28 McCullough, *Truman*, p. 55.

29 HST note, ca. May 1931, PSF, Harry S. Truman Papers, TL. See also Hamby, *Man of People*, p. 57.

30 譯註：加拉哈德是亞瑟王傳說中的一名圓桌武士，他在亞瑟王朝的地位十分獨特，因為只有他最後找到聖杯的下落。他是亞瑟王座下首席武士蘭斯洛（Lancelot）的私生子。

31 Hamby, *Man of People*, p. 57.

32 McCullough, *Truman*, p. 106.

33 McCullough, *Truman*, pp. 117–35; Hamby, *Man of People*, pp. 62–78; Donald, *Citizen Soldier*, pp. 48–56.

34 McCullough, *Truman*, p. 138.

35 譯註：紐約自由女神像面向東南方，象徵歡迎外來船隻和旅客訪問美國。

36 HST, longhand note, PSF, Harry S. Truman Papers, TL.另參見 Miscamble, "Evolution of Internationalist," p. 269. Miscamble 的文章對杜魯門出任總統之前如何發展出他的外交政策思想有深刻的討論。

37 Hamby, *Man of People*, p. 78.

38 Ninkovich, *Modernity*, p. 39.

39 Miscamble, "Evolution of Internationalist," p. 268.

40 Ibid., p. 270.

41 Dallek, *Truman*, pp. 12–14.

42 McCullough, *Truman*, pp. 294–95, 299, 314, 320; Dallek, *Truman*, pp. 14–15.

43 Wallace quoted in Ross, "Uncommon Man," *New Yorker*, October 14, 2013.

44 McCullough, *Truman*, p. 314.

45 Miscamble, "Evolution of Internationalist," p. 281.

46 Offner, *Another Such Victory*, p. 18; Miscamble, "Evolution of Internationalist," p. 282.

47 Dallek, *Truman*, pp. 16–17.

48 Hamby, *Man of People*, p. 293.

49 Dallek, *Truman*, p. 23; McCullough, *Truman*, pp. 376–77.

50 Hamby, *Man of People*, p. 268; Miscamble, "Evolution of Internationalist," p. 280.

51 Dallek, *Truman*, p. 19.

52 HST, "Truman Address in San Francisco at the Closing Session of the United Nations Conference," June 26, 1945, in *Public Papers of the Presidents: Harry S. Truman*, 1945, p. 144. See also Hamby, *Man of People*, p. 321.

53 Ibid., p. 332.

54 Herring, *Colony to Superpower*, p. 594.

55 Herring, *Colony to Superpower*, p. 594.

56 Dong, *Shanghai*, pp. 280–81.

57 Harriman quoted in Rosenthal, *Righteous Realists*, p. 39.

58 See Isaacson and Thomas, *Wise Men*, passim.

59 Gaddis, *Cold War*, p. 11.

60 Offner, *Another Such Victory*, p. 128.

61 Offner, *Another Such Victory*, p. 126; Dallek, *Truman*, p. 42.

62 Dallek, *Truman*, p. 53.

63 Ibid., p. 49.

64 Isaacson and Thomas, *Wise Men*, pp. 386–87.

65 Patterson, p. 130.

66 Dallek, *Truman*, pp. 79, 81.

67 譯註：《時代》週刊創辦人亨利・魯斯的妻子。

68 Hamby, *Man of People*, p. 439; McCullough, *Truman*, p. 629; Dallek, *Truman*, p. 78.

69 Hamby, *Man of People*, p. 457.

70 Ibid.

71 Goodno, "Walter H. Judd," p. 271.

72 Li, *Madame Chiang*, p. 294.

73 McCullough, *Truman*, p. 718.

74 *NYT*, January 21, 1949.

75 See, for example, Lilienthal diary, entry for February 9, 1949, in Lilienthal, *Journals*, pp. 2:463–64.

76 *NYT*, January 21, 1949; *NCDN*, January 22, 1949; McCullough, *Truman*, pp. 723–25, 727–33.

77 Lilienthal diary, entry for January 21, 1949, in Lilienthal, *Journals*, p. 2:448.

78 *NYT*, January 21, 1949.

79 Hamby, *Man of People*, p. 33.

80 Pearson diary, entry for January 20, 1949, in Pearson, *Diaries*, p. 13.

81 Walter Lippmann, try for January 20, 1949, 49, i24, 1949, copy in box 110, George M. Elsey Papers, TL.

82 R. H. Hillenkoetter memo, December 16, 1948, box 2, CIA File, NSC File, SMOF, Harry S. Truman Papers, TL; R. H. Hillenkoetter memo, December 28, 1948, ibid.; R. H. Hillenkoetter memo, December 15, 1948, CIA 23006, box 152, PSF, Harry S. Truman Papers, TL.

83 Stuart dispatches, January 8 and 15, 1949, in Stuart, *Forgotten Ambassador*, pp. 297–300.

84 MCKS to CKS, January 19, 1949, JZZD, AH. See also MCKS to CKS, January 21, 1949, JZZD, AH.

85 CKS diary, entries for December 31, 1948, and January 4, 1949, cited in Taylor, *Generalissimo*, pp. 397–98.

86 *Qianxian ribao*, January 19, 1949, *CPR*.

87 Westad, *Decisive Encounters*, p. 219.

88 Koo OH, vol. 6, pt. I, p. 6, Wellington Koo Papers, BLCU; Tucker, *Patterns in Dust*, p. 240n11.

89 *NYT*, January 22, 1949; *NCDN*, January 22, 1949.

## 第四章

1 Ledovsky, "Mikoyan's Secret Mission," p. 84; Shi, "With Mao and Stalin," p. 37; Quan, *Mao Zedong*, p. 109; Montefore, *Stalin*, p. 590.關於西柏坡的描述，見Rittenberg（李敦白）and Bennett, *Man Who Stayed*, locs. 2198, 2296. 關於米高揚一九四九年一月三十日至二月六日發給史達林的電報（下稱Mikoyan Memorandum），收藏在APRF，英文譯本可從WWICS History and Public Policy Program Digital Archive 網路查閱。http://digitalarchive.wilsoncenter.org/collection/172/conversations-with-mao-zedong (accessed October 27, 2015). See also "Anastas Mikoyan's Recollections of His Trip to China," September 4, 1958, History and Public Policy Program Digital Archive, Provided to the National Security Archive/Svetlana Savranskaya by Sergo Mikoyan. With permission of the National Security Archive. Translated by Sergey Radchenko. http://digitalarchive.wilsoncenter .org/document/121774 (accessed March 4, 2017).

2 Montefore, *Stalin*, pp. 48, 50, 68, 515, 520.

3 Stalin to Mao, January 14, 1949, WWICS, History and Public Policy Program Digital Archive, APRF, f. 45, op. 1, d. 330, pp. 110–13, http://digitalarchive.wilsoncenter.org/document/116969 (accessed October 27, 2015). See also Westad, *Decisive Encounters*, pp. 217, 232.

4 Mikoyan memorandum, January 30 and 31, 1949, APRF, WWICS.

5 Bodde, *Peking Diary*, pp. xvii, 7, 90.

6 CKS diary, entry for December 12, 1948, quoted in Chang and Halliday, *Unknown Story*, pp. 309.

7 Chang and Halliday, *Unknown Story*, p. 308.

8 Titov, "Looking Back," pp. 84–87.

9 Westad, *Decisive Encounters*, p. 226.

10 Ibid., p. 203.

11 Quan, *Mao Zedong*, pp. 44, 136.

12 Mikoyan memorandum, January 30, 1949, APRF, WWICS.

13 Bodde diary, entry for January 31, 1949, *Peking Diary*, p. 100.

14 Shi, "With Mao and Stalin," p. 45.

15 Quan, *Mao Zedong*, p. 109.

16 MZ, "Resolution, CCP Central Committee Politburo, 'The Current Situation and the Party's Tasks in 1949,' " January 8, 1949, in *NDE*, pp. 93–94.

17 Ibid., p. 93.

18 Ibid., p. 94.

19 Mikoyan memorandum to Stalin, January 31, 1949, APRF, WWICS.

20 Shi, "With Mao and Stalin," p. 40.

21 Mikoyan memorandum, February 4, 1949, APRF, WWICS; Ledovsky, "Mikoyan's Secret Mission," pp. 87–88.

22 Mikoyan memorandum, February 4, 1949, APRF, WWICS.

23 經濟統計數字見Chen, China's Road, p. 11.

24 Mikoyan memorandum, February 6, 1949, APRF, WWICS.

25 關於金圓券改革,見Eastman, *Seeds of Destruction*, pp. 172–202; Dong, *Shanghai*, pp. 287–89.

26 Townsend, *China Phoenix*, pp. 36–37.

27 Westad, *Decisive Encounters*, p. 185.

28 Mikoyan memorandum, February 4, 1949, APRF, WWICS.

29 State Department Daily Staff Summary, January 31,1949, box 7, entry 396I, RG 59, NA.

## 第五章

1 Isaacson and Thomas, *Wise Men*, p. 387.

2 譯註：《根特條約》是一八一四年十二月二十四日，美、英兩國在荷蘭根特（今天屬於比利時）簽署的和平條約，結束美英兩國的一八一二年戰爭，將領土及權利關係恢復到戰前狀態。

3 Hamburger, "Mr. Secretary," pt. 1, pp. 42–44.

4 Acheson, *Acheson Country*, pp. 25–26,108, 110–13, 151–52, 211.

5 James Reston quoted in Gaddis, *George F. Kennan*, p. 339.

6 *NYT*, January 22, 1949.

7 Acheson, *Present*, p. 257.

8 Stuart, *Fifty Years*, p. 175.

9 Shaw, *American Missionary*, pp. 146–47. See also Osnos, *Age of Ambition*, p. 298.

10 Stuart to Acheson, February 5, 1949, in Stuart, *Forgotten Ambassador*, pp. 302–5.

11 Ibid.

12 Beisner, *Dean Acheson*, p. 112.

13 Philip Harkins, "Mysterious Mr. X," *This Week*, January 4, 1948.

14 Kennan, *Memoirs*, p. 1:326.

15 Chang, *Friends and Enemies*, p. 14.

16 Policy Planning Staff Paper (PPS) 39, September 7, 1948, *FRUS* 1948, vol. VIII, pp. 146–55; Chang, *Friends and Enemies*, p. 14.

17 Acheson, *Acheson Country*, pp. 63, 130, 213.

18 Acheson, *Present*, p. 68.

19 Schoenbaum, *Waging Peace*, p. 193.

20 Acheson, *Acheson Country*, pp. 89–90.

21 Chace, *Acheson*, p. 19.

22 Beisner, *Dean Acheson*, p. 8.

23 Chace, *Acheson*, p. 19.

24 Acheson, *Morning and Noon*, p. 23.

25 Ibid., p. 7.

26 Ibid., p. 23.

27 Ibid., p. 18.

28 Acheson, *Morning and Noon*, pp. 1–2; Chace, *Acheson*, pp. 15–16.

29 Hamburger, "Mr. Secretary," pt. 2, p. 40.

30 Chace, *Acheson*, p. 23.

31 Ibid., p. 24.

32 譯註：格羅頓中學是美國麻薩諸塞州格羅頓鎮由聖公會辦的一所私立高中住宿學校，目前收三百七十多名由八年級至十二年級的男女學生，一年學雜費五萬七千美元以上。學校在產官學各方面有許多傑出校友，包括小羅斯福總統，麥克喬治·彭岱（甘迺迪和詹森總統的國家安全顧問）等。

33 Ibid., p. 32.

34 Acheson, *Present*, p. 8.

35 譯註：雅禮協會是成立於一九〇一年的一個非政府及非營利組織。在過去的一百多年裡，雅禮協會一直致力於通過開展文化交流活動來增進中美兩國人民的相互了解。雅禮協會與美國耶魯大學有密切的聯繫，並為耶魯大學的國際交流項目提供資助。二十世紀上半葉，它在湖南開辦一所預備學校雅禮中學、雅禮大學（之後遷至武漢，並合併其他兩所教會學校，成立華中大學）、湘雅醫學院、護理學院。一九五一年，中共新政府沒收了雅禮在長沙的資產，雅禮協會在中國代表被囚禁經年後驅逐出境。不過，在台北汀州路、今三軍總醫院附近有一所「雅禮補校」，即今天的南華高中。

錢穆及一些中國知識分子在香港成立新亞書院，努力保存傳統中國文化和價值。一九五四年初，雅禮與新亞書院建立正式聯繫。港英政府在一九五〇年代末期選擇新亞書院、聯合書院以及崇基書院，於一九六三年聯合創建香港中文大學，香港中文大學並於一九六九至一九七三年間遷入現今沙田校址。雅禮多方籌措資金，建設了許多校園樓宇，包括大學保健醫療中心、雅禮賓館、會友樓以及新亞書院學生宿舍。

36 Acheson quoted in Chace, *Acheson*, p. 211.

37 Hamburger, "Mr. Secretary," pt. 1, p. 39.

38 Acheson, *Morning and Noon*, p. 40.

39 Ibid.

40 Ibid., p. 63.

41 Ibid., p. 62.

42 Ibid., p. 63.

43 Chace, *Acheson*, p. 58.

44 Ibid., p. 78. See also Acheson, *Present*, pp. 19–20, 22–27.

45 Acheson, *Present*, p. 39.

46 Beisner, *Dean Acheson*, p. 17.

47 Acheson, *Fragments of Fleece*, p. 153.

48 Beisner, *Dean Acheson*, p. 79.

49 Malcolm Muggeridge, "Mr. Acheson Brings a New Touch to an Unchanged Policy," *London Telegraph and Morning Post*, January 10, 1949.

50 Acheson, *Present*, p. 103.

51 Acheson, *Morning and Noon*, p. 165.

52 Acheson, *Present*, p. 104.

53 Hamby, *Man of People*, p. 314.

54 Acheson, *Fragments of Fleece*, p. 23.

55 Acheson, *Present*, p. 112.

56 Ibid., p. 135.

57 Isaacson and Thomas, *Wise Men*, p. 462.

58 Acheson, *Present*, p. 249.

59 Isaacson and Thomas, *Wise Men*, p. 464.

60 Acheson, *Present*, p. 239.

61 Schram, *Mao's Road*, p. 1:434.

62 Bodde diary, entry for February 3, 1949, *Peking Diary*, pp. 102–4.

63 *NYT*, February 8, 1949.

64 "Memorandum for the President," February 4, 1949, box 188, PSF, Harry S. Truman Papers, TL.

65 Connelly notes, February 4, 1949, box 2, Matthew Connelly Papers, TL; "Memorandum of Conversation with the Cabinet," February 4, 1949, Dean Acheson Papers, TL.

66 "Memorandum of Off-the-Record Meeting with Congressional Leaders, the President, and the Vice President," February 7, 1949, Dean Acheson Papers, TL; "Memorandum of Conversation with the President," February 7, 1949, Dean Acheson Papers, TL.

67 "An Address by John F. Kennedy, at Salem, Mass.," January 30, 1949, reprinted in Keeley, *China Lobby Man*, pp. 406–10.

## 第六章

1 Judd to Gideon Seymour, January 31, 1949, folder A, box 159, Walter H. Judd Papers, HI.

2 Edwards, *Missionary for Freedom*, p. xi.

3 Stuart, *Fifty Years*, p. 135.

4 Blum, *Drawing the Line*, p. 39. For the text of the document, see "Letter from 51 congressmen to President Truman," February 7, 1949, folder 7, box 37, Walter H. Judd Papers, HI.

5 Letter to HST, February 7, 1949, ibid.

6 Lilienthal diary, entry for February 14, 1949, in Lilienthal, *Journals*, pp. 2:470–75.

7 George F. Kennan, "Basic Factors in American Foreign Policy," lecture at Dartmouth College, February 14, 1949, p. 10, folder 23, box 299, George F. Kennan Papers, Public Policy Papers, Department of Rare Books and Special Collections, Princeton University Library. See also Rosenthal, *Righteous Realists*, p. 152.

8 "Memorandum of Conversation with the President," February 15, 1949, Dean Acheson Papers, TL.

9 我主要取材自Edwards, *Missionary for Freedom*; Goodno, "Walter H. Judd"與"GOP Keynoter Judd an Expert on Asian Policy," *Congressional Quarterly Weekly Report* 18 (July 15, 1960).

10 Edwards, *Missionary for Freedom*, p. 8.

11 Ibid.

12 Ibid., p. 9.

13 Ibid.

14 譯註：「海外傳道學生志願者運動」是一八八六年成立於美國的組織，召募美國大學生赴海外傳教。許多美國大學畢業生受此推動，前往中國等國家傳教。這個組織初期最重要的領導人是畢爾遜（Arthur Tappan Pierson）。

15 Ibid., p. 17.

16 Ibid., pp. 26–27.

17 "GOP Keynoter Judd an Expert on Asian Policy," *Congressional Quarterly Weekly Report* 18 (July 15, 1960), p. 1266.

18 Goodno, "Walter H. Judd," p. 9.

19 Ibid.

20 Edwards, *Missionary for Freedom*, pp. 35.

21 Ibid., p. 34.

22 Ibid., pp. 57–62.

23 Ibid., p. 57.

24 Goodno, "Walter H. Judd," p. 14.

25 Ibid., p. 39.

26 Ibid., p. 62.

27 Ibid., p. 63.

28 Judd OH, interview by Jerry N. Hess, April 13, 1970, pp. 2–10, TL, www.trumanlibrary.org/oralhist/judd.htm (accessed March 26, 2016).

29 Ibid., p. 5.

30 Judd, "Which Direction?" p. 13.

31 Judd, "Control of Asia," p. 19.

32 Goodno, "Walter H. Judd," p. 236.

33 *CR*, March 1, 1949, p. 1678, in folder 5, box 37, Walter H. Judd Papers, HI.

34 Goodno, "Walter H. Judd," p. 258.

35 Ibid., p. 226.

36 Ibid., p. 214.

37 Judd to Father Thomas Cushen, August 26, 1949, folder C, box 159, Walter H. Judd Papers, HI.

38 Acheson OH, Princeton Seminars, July 22, 1953, p. 15, reel 2, box 79, Dean Acheson Papers, TL.

39 Acheson press conference, February 25, 1949, box 72, Dean Acheson Papers, TL.

40 *Life*, February 21, 1949.

41 Lilienthal diary, entry for May 4, 1949, in Lilienthal, *Journals*, p. 2:520.

42 Judd OH, interview by Jerry N. Hess, April 13, 1970, p. 117, TL, www.trumanlibrary.org/oralhist/judd.htm (accessed March 26, 2016).

43 "Secretary Dean Acheson's Handwritten Notes for Meeting with Republican Congressmen," February 24, 1949, Dean Acheson Papers, TL.

44 Judd quoted in Blum, *Drawing the Line*, p. 41.

45 Koo OH, vol. 6, pt. I, p. 69, Wellington Koo Papers, BLCU. See also *NYT*, February 25, 1949.

46 Acheson quoted in Blum, *Drawing the Line*, p. 41.

47 Acheson, *Present*, p. 306.

48 Beisner, *Dean Acheson*, p. 101.

49 Acheson, *Present*, p. 306.

50 譯註：羅伯・米契是一九五〇、六〇年代美國知名電影明星，一九五四年和瑪麗蓮・夢露（Marilyn Monroe）合演《大江東去》（*River of No Return*）。

51 *NCDN*, February 17, 1949.

52 *NYT*, February 17, 1949.

53 *NYT*, May 22, 1949; May 23, 1949.

54 Herring, *Colony to Superpower*, p. 3.

55 Tucker, *Patterns in Dust*, p. 157.

56 Li, *Madame Chiang*, pp. 258, 302.

## 第七章

1 *NYT*, March 1, 1949.

2 譯註：布朗克斯是紐約市五大行政區之一，里弗代爾位於布朗克斯區西北隅，西濱哈德遜河，不少名流居住在此地區，如名指揮家托斯卡尼尼（Arturo Toscanini）、名作家馬克吐溫（Mark Twain）、甘迺迪總統的父親和手足等。

3 Tucker, *Patterns in Dust*, p. 76.

4 Horton, "China Lobby," pt. 2, p. 5; Li, *Madame Chiang*, p. 302.

5 Roy Howard notes, "Strictly Confidential Memorandum," January 14, 1949, Roy Howard Private Papers, courtesy of Pamela Howard.我要感謝李台珊協助我找到這份文件。

6 CKS to MCKS, January 8, 1949; MCKS to CKS, January 8, 1949, both in JZZD, AH.

7 Horton, "China Lobby," pt. 2, p. 6.

8 MCKS to CKS, January 9, 1949, JZZD, AH.

9 Koo OH, vol. 6, pt. I, p. 32, Wellington Koo Papers, BLCU.

10 MCKS to CKS, January 27, 1949; CKS to MCKS, January 14, 1949, and February 1, 1949; all in JZZD, AH.

11 MCKS to CKS, March 6, 1949, JZZD, AH.

12 CKS to MCKS, February 1, 1949, JZZD, AH.

13 CKS quoted in Taylor, *Generalissimo*, p. 400.

14 CKS to MCKS, February 11 and 16, 1949, JZZD, AH.

15 MCKS to CKS, February 15, 1949, and March 6, 1949, JZZD, AH. See also MCKS to CKS, January 22, 1949, JZZD, AH.

16 Pakula, *Last Empress*, p. 573.

17 Wertenbaker, "China Lobby," p. 4; Pakula, *Last Empress*, p. 337; Stueck, *Road to Confrontation*, p. 12; Morgenthau Diary (China), vol. 2 (Washington, 1965), pp. 1486–88; Schaller, *U.S. Crusade*, p. 98.

18 Alsop, "*I've Seen the Best of It*," p. 162.

19 譯註：瑪莎・姬兒虹被譽為二十世紀美國最偉大的戰地記者之一，六十年的職業生涯中幾乎報導過每一件世界重大戰爭，包括西班牙內戰、芬蘭戰爭、第二次世界大戰、中國抗日戰爭、越南戰爭等。從一九四〇至一九四五年，她也是名作家海明威（Ernest Hemingway）的第三任妻子，夫妻倆到過重慶採訪。二〇一二年，菲立普・考夫曼（Philip Kaufman）執導的電影《海明威與姬兒虹》（*Hemingway and Gellhorn*），聚焦於兩人的感情糾葛，由妮可・基曼（Nicole Kidman）飾演瑪莎・姬兒虹。

20 Gellhorn, *Travels with Myself*, p. 56.

21 Ibid.

22 Alsop, "*I've Seen the Best of It*," p. 220.

23 Ibid., p. 227.

24 Wertenbaker, "China Lobby," pp. 22–24.

25 MCKS to CKS, January 27, 1949, JZZD, AH.

26 Kung to Judd, September 9, 1948, folder 2, box 165, Walter H. Judd Papers, HI.

27 Koo OH, vol. 6, part I, p. 84, Wellington Koo Papers, BLCU.

28 NSC 34/2, *FRUS* 1949, vol. IX, p. 492.

29 "Statement by the Secretary of State at the Thirty–Fifth Meeting of the National Security Council on the Formosan Problem," March 3, 1949, *FRUS* 1949, vol. IX, p. 295.

30 Beisner, *Dean Acheson*, p. 180.

31 NSC 41, *FRUS* 1949, vol. IX, pp. 826–34.

32 Logevall, *Embers of War*, p. 5.

33 FitzGerald, *Fire*, pp. 53–56; Logevall, *Embers of War*, p. 8.

34 Logevall, *Embers of War*, pp. 9, 49, 97; Herring, *America's Longest War*, p. 3.

35 Herring, *America's Longest War*, pp. 5–6; Logevall, *Embers of War*, pp. 19, 67–71.

36 Logevall, *Embers of War*, p. 72.

37 Herring, *America's Longest War*, p. 6; Logevall, *Embers of War*, pp. 71–72.

38 Herring, *America's Longest War*, p. 3.

39 Ibid., pp. 22–23; Logevall, *Embers of War*, p. 175.

40 Logevall, *Embers of War*, p. 99.

41 *NCDN*, March 5, 1949.

## 第八章

1 *NYT*, March 8, 1949.關於杜魯門的臥室，另見 TLP, accession number 66–996.

2 "Summary of Daily Meeting with the Secretary," March 8, 1949, folder 2, box 1, entry 393, RG 59, NA. See also Beisner, *Dean Acheson*, pp. 51 and 112; and Acheson, *Present*, p. 237.

3 Acheson, *Present*, p. 302.

4 U.S. Senate, *Economic Assistance*, p. 35.

5 Platt, Autumn, and Spence, *God's Chinese Son*. Platt 指出，雖然有許多中國學者認為太平天國是「原型的共產主義農民起義」，他認為「聲稱他們建立某種農民烏托邦則是誇大之詞」（頁xxviii）。

6 U.S. Senate, *Economic Assistance*, p. 35.

7 Ibid., p. 24.

8 Ibid.

9 Ibid., p. 26.

10 Ibid., pp. 26–27.

11 Ibid., p. 27.

12 Ibid., p. 28.

13 CKS quoted in Eastman, *Seeds of Destruction*, p. 208.

14 Mitter, *Forgotten Ally*, pp. 343–44.

15 Ibid., pp. 338–39.

16 U.S. Senate, *Economic Assistance*, p. 30.

17 Ibid., p. 34.

18 Ibid, p. 30.

19 Ibid., pp. 38–39.

## 第九章

1 Salisbury, *New Emperors*, p. 8.

2 Pang, *Mao Zedong Nianpu*, entry for March 23, 1949, vol. 3.

3 MZ, "Turn the Army into a Working Force," February 8, 1949, *SW*, vol. 4, www.marxists.org/reference/archive/mao/selected-works/volume-4/mswv4_54.htm (accessed December 8, 2015).

4 MZ, "Report to the Second Plenary Session of the Seventh Central Committee of the Communist Party of China," March 5, 1949, *SW*, vol. 4, www.marxists.org/reference/archive/m the Seventh Central Committee of the Communist Party of China, v March 5, 1949, *SW*, vol. 4, www.marxists.org/reference/archive/mao/selected-works/volume-4/mswv4_58.htm (accessed December 8, 2015).

5 Salisbury, *New Emperors*, p. 10.

6 Bodde diary, entry for March 4, 1949, in *Peking Diary*, p. 114.

7 *Renmin ribao*, March 26, 1949, cited in Salisbury, *New Emperors*, p. 11.

8 一九四九年三月二十五日新華社，剪報張貼於中國西柏坡紀念館。

9 Li Zhisui, *Private Life*, p. 45.

10 Kartunova, "Vstrechi v Moskve," p. 122.

11 Nixon quoted in Li, *Madame Chiang*, p. 411.

12 Mao quoted in Salisbury, *New Emperors*, p. 64.

13 Kartunova, "Vstrechi v Moskve," p. 121.

14 Salisbury, *New Emperors*, p. 64.

15 Li Zhisui, *Private Life*, p. 83.

16 Li Min, *Wo de fuqin*, pp. 29fuqi

17 State Department Daily Staff Summary, February 15, 1949, box 7, entry 396I, RG 59, NA.

18 Goncharov, "Stalin–Mao Dialogue," pt. 1, pp. 106–8. See also Goncharov, Lewis, and Xue, *Uncertain Partners*, p. 58–59.

19 Goncharov, Lewis, and Xue, *Uncertain Partners*, p. 59.

20 Goncharov, "The Stalin–Mao Dialogue," pt. 1, p. 107.

21 MZ, "Instruction, CCP Central Military Commission, 'Take Precautions against the Enemy's Harassment of Our Rear Areas," February 28, 1949, in *NDE*, p. 104

22 MZ, "Report to the Second Plenary Session of the Seventh Central Committee of the Communist Party of China," March 5, 1949, *SW*, vol. 4, www.marxists.org/reference/archive/mao/ selected-works/volume-4/mswv4_58.htm (accessed December 8, 2015).

23 MZ,"Turn the Army into a Working Force,"February 8, 1949, *SW*, vol. 4, www.marxists.org/reference/archive/mao/selected-works/volume-4/mswv4_54.htm (accessed December 8, 2015).

24 MZ, "Report to the Second Plenary Session of the Seventh Central Committee of the Communist Party of China," March 5, 1949, *SW*, vol. 4, www.marxists.org/reference/archive/mao/selected-works/volume-4/mswv4_58.htm (accessed December 8, 2015).

25 Ibid.

26 Ibid.

27 Chen, *China's Road*, p. 43.

28 Chang, *Friends and Enemies*, pp. 14–15.

29 Ovendale, "Britain, United States," pp. 144, 150.

30 Churchill quoted in Tucker, *Patterns in Dust*, p. 20.

31 HST diary, entry for March 24, 1949, PSF, Harry S. Truman Papers, TL.

32 Churchill speech and photographs, OV1 and OV2 boxes, Clare Booth Luce Papers, LOC.

33 *NYT*, March 31, 1949.

34 Acheson, *Sketches from Life*, p. 2; see also pp. 22–23, 27.

35 Ayers diary, entry for March 21, 1949, box 20, Eben A. Ayers Papers, TL.

36 Acheson, *Sketches from Life*, p. 1..

37 Ibid., p. 29.

38 Ibid., p. 3.

39 Ibid., p. 5.

40 *FRUS* 49, vol. VII, pt. 2, pp. 1138–41.

41 *NCDN*, April 3, 1949.

42 Ceremony program, box 154, Dean Acheson Papers, TL; *NCDN*, April 5, 1949; *New York Herald Tribune*, April 5, 1949; *NYT*, April 5, 1949; *Washington Times–Herald*, April 6, 1949.

43 譯註：《波吉和貝絲》（*Porgy and Bess*）是在一九三五年首度公演的美國歌劇，以一九二〇年代在南卡羅萊納州查爾斯頓地區虛擬的農村非洲裔美國人生活為背景。這部歌劇在一九六〇年代已被認為是經典之作，然而在一開始時對於它的主題卻一直有爭議，有些批評者認為它是一種種族主義的非裔美國人的寫照。

44 See also undated clipping, *Pathfinder*, folder 4, box 37, Walter H. Judd Papers, HI.

45 *CR*, April 4, 1949, p. 3828.

46 Ibid.

47 *CR*, April 4, 1949, pp. 3827–28.

48 Judd to Jean S. Gates, April 12, 1949, "Correspondence, general, 1949 (C)" folder, box 159, Walter H. Judd Papers, HI.

49 *NCDN*, April 4, 1949.

50 Bodde diary, entry for April 1, 1949, in *Peking Diary*, p. 144.

51 *NCDN*, March 24, 1949.

52 Goncharov, Lewis, and Xue, *Uncertain Partners*, p. 51.

53 C.I.A. report, "Prospects for Soviet Control of a Communist China," in Hutchings, *Tracking the Dragon*, p. 35

54 Ibid., p. 34.

55 Ibid.

56 Judd remarks, *CR*, April 4, 1949, p. 3827.

## 第十章

1 譯註：棕櫚主日（Palm Sunday）是每年復活節之前的星期天，據《聖經》福音書記載，主耶穌基督在這天騎驢進入耶路撒冷，受到民眾手持棕櫚樹枝歡迎，有如迎接君王般崇隆他。由於主耶穌基督在這一週遭到出賣、審判，並被釘上十字架處死，這天也稱為基督受難主日。

2 Stuart, *Fifty Years*, p. 230.

3 *NYT*, April 12, 1949.

4 *NYT*, April 13, 1949.

5 *NYT*, April 14, 1949.

6 *NYT*, April 15, 1949.

7 Ibid.

8 *NYT*, December 27, 1948. See also Patterson, *Grand Expectations*, p. 17; the Association of Religion Data Archives, "Episcopal Church," http://www.thearda.com/Denoms/D_849.asp (accessed Dec. 12, 2016).

9 *NYT*, April 16, 1949.

10 譯註：「眾神之庭」是位於美國科羅拉多州城市科羅拉多泉的一座公立公園；一九七一年被選為國家自然地標。

11 *NCDN*, April 13, 1949.

12 *NYT*, June 26, 1949.

13 Schram, *Mao's Road*, p. 1:273. Stuart Schram 編輯了毛澤東革命時期若干文章。他提到毛澤東的親筆批注是「除了上帝、還有上帝嗎？」但是根據段落意思，中、美學者都認為毛澤東本意是寫為「你就是上帝，除了你自己，還有上帝嗎？」另見Stuart Schram, *Mao's Road to Power: Revolutionary Writing, 1912-49*, p.1: 312n30.

14 *NYT*, April 18, 1949.

15 Bodde diary, entry for April 18, 1949, in *Peking Diary*, p. 152.

16 Taylor, *Generalissimo*, p. 90.

17 Ibid., pp. 90–91.

18 Townsend, *China Phoenix*, p. 35.

19 Ezpeleta, *Red Shadows*, p. 5.

20 Topping, *Journey Between*, p. 15.

21 Pakula, *Last Empress*, p. 205.

22 Townsend, *China Phoenix*, p. 35.

23 Seymour Topping and Audrey Ronning Topping在二〇一五年一月六日接受本書作者採訪。另參見 Topping, *China Mission*, p.316.

24 Seymour Topping and Audrey Ronning Topping在二〇一五年一月六日接受本書作者採訪。

25 Stuart, *Fifty Years*, p. 208.

26 Audrey Ronning Topping在二〇一五年一月六日接受本書作者採訪。

27 Topping, *Journey Between*, pp. 16–17.

28 Barber, *Fall of Shanghai*, p. 96.

29 Westad, *Decisive Encounters*, p. 241.

30 Tsou, *America's Failure*, p. 495.

31 Ronning diary, entry for April 25, 1949, in Ronning, *Memoir of China*, p. 136.

32 Barber, *Fall of Shanghai*, pp. 81–82; *Dagong bao*, June 5, 1949, *CPR*.

33 *Dagong bao*, June 5, 1949, *CPR*.

34 Barber, *Fall of Shanghai*, p. 84.

35 C.I.A. memorandum, April 19, 1949, box 2, CIA File, NSC File, SMOF, Harry S. Truman Papers, TL.

36 *NCDN*, April 21, 1949; Barber, *Fall of Shanghai*, pp. 85–86.

37 Barber, *Fall of Shanghai*, p. 86.

38 *NCDN*, April 22, 1949; Barber, *Fall of Shanghai*, p. 88.

39 *NCDN*, April 22, 1949.

40 Westad, *Decisive Encounters*, p. 245.

41 MZ, "CCP Central Military Commission to Su Yu and Zhang Zhen," April 21, 1949, in *NDE*, p. 105.

42 MZ, "CCP Central Military Commission to CCP General Front–line Committee," April 22, 1949, in *NDE*, pp. 105–6.

43 Townsend, *China Phoenix*, pp. 48–50; Barber, *Fall of Shanghai*, p. 82.

44 Barber, *Fall of Shanghai*, p. 95.

45 Ronning diary, entry for April 21, 1949, in Ronning, *Memoir of China*, p. 135.

46 Topping dispatch, *NCDN*, April 25, 1949; Topping, *Journey Between*, pp. 16, 72–73.

47 Topping, *Journey Between*, p. 76.

48 Westad, *Decisive Encounters*, p. 244.

49 傅鐸若在二〇一二年一月十二日接受本書作者採訪。

50 Stuart to Acheson, April 25, 1949, *FRUS* 1949, vol. VIII, p. 723.

51 Ibid.

52 MZ, "Instruction, CCP Central Military Commission, 'Report and Ask for Instructions before Doing Anything in Diplomatic Affairs,' " April 26, 1949, in *NDE*, pp. 107–8.

53 Stuart to Acheson, April 29, 1949,Stuart, *Forgotten Ambassador*, p. 321; Stuart diary, entry for May 7, 1949, box 1, John Leighton Stuart Papers, HI.

54 Lin, *Accidental State*, pp. 6–7, 74, and passim. See also Westad, *Decisive Encounters*, p. 182.

55 State Department Daily Staff Summary, April 26, 1949, box 7, entry 396I, RG 59, NA.

56 Lin, *Accidental State*, pp. 84–85, 89.

57 Ibid., p. 86.

58 Ibid., pp. 82–83.

59 Ibid., p. 83.

60 CKS to MCKS, April 23, 1949, JZZD, AH.

61 Taylor, *Generalissimo*, p. 407; Chiang, *Calm*, p. 208.

62 R. H. Hillenkoetter memo, April 28, 1949, box 2, CIA File, NSC File, SMOF, Harry S. Truman Papers, TL.

63 R. H. Hillenkoetter memo, April 26, 1949, ibid.

## 第十一章

1 Bodde diary, entry for April 24, 1949, in *Peking Diary*, p. 164.

2 Pang, *Mao Zedong Nianpu*, entry for May 1, 1949, pp. 3:495–96.

3 Ibid.

4 MZ, "Instruction, CCP Central Military Commission, 'On Preparations for Taking Over Shanghai,' " April 27, 1949, in *NDE*, pp. 108–9.

5 Ibid, p. 109.

6 Stalin to Kovalev, April 26, 1949, WWICS, History and Public Policy Program Digital Archive, APRF: f. 45, op. 1, d. 3331 [sic, probably 331], l. 3. Reprinted in Andrei Ledovskii, Raisa Mirovitskaia, and Vladimir Miasnikov, *Sovetsko–Kitaiskie Otnosheniia*, vol. 5, bk. 2, 1946–*February* 1950 (Moscow: PamiatnikiIstoricheskoi Mysli, 2005), p. 126. Translated for CWIHP by SergeyRadchenko, http://digitalarchive.wilsoncenter.org/document/113357 (accessed December 23, 2015).

7 MZ, "Instruction, Central Military Commission, 'Our Policy Toward British and American Citizens and Diplomats,' " April 28, 1949, in *NDE*, p. 110.

8 Ibid., pp. 110–11.

9 Acheson to Stuart, May 13, 1949, *FRUS* 1949, vol. IX, pp. 21y 13

10 Ibid.

11 See, for example, Gaddis, *We Now Know*, p. 64.

12 Hamby, *Man of People*, p. 520.

13 國家安全會議34/2文件遮住的第十八段，見於中央情報局最近解密、描述美國一九四九年在中國大陸作業情況的內部歷史：Cox, "Civil Air Transport," p. 12。

14 Ibid.

15 See Thomas, *Very Best Men*, pp. 17–31.

16 "Memo from ADPC [Wisner] to State/PP (Joyce), n, 'Our Policy Toward British and American Citizens and Diploma,' " March 8, 1949, cited in Cox, "Civil Air Transport," p. 12.

17 "Memo from State/PP (George H. Butler), 'Subject: Interpretation of NSC 34/2," March 23, 1949, cited ibid., pp. 12–13.

18 Ibid., p. 13.

19 Ibid.

20 "Memo of Conversation with Major General C. L. Chennault, USA (ret.), unsigned," May 10, 1949, cited ibid., p. 15.

21 Claire Chennault, *Way of a Fighter* [reprint pamphlet], folder 5, box 198, Walter H. Judd Papers, HI.

22 *CR*, February 3, 1949, p. 812, clipping in folder 5, box 37, ibid.

23 Claire Chennault, "Summary of Present Communist Crisis in Asia," May 10, 1949, pp. 3 and 6, box 11, "History-Civil War" folder, Claire Chennault Papers, HI.中央情報局有關魏斯納對話的備忘錄仍未解密，但是這份文件標示日期是華盛頓飯店會面之後的翌日，列舉出陳納德計畫的基本元素。

24 Ibid., p. 8.

25 Ibid., p. 10.

26 Ibid., p. 7.

27 Ibid., p. 9.

28 Chennault testimony, "Stenographic Transcript of Hearings Before the Joint Committee on Foreign Economic Cooperation," May 3, 1949, p. 18, box 12, "Declassifed Records-Misc-2011 July Release" folder, Claire Chennault Papers, HI.

29 Leary, *Perilous Missions*, p. 72.

30 State Department Daily Staff Summary, May 3, 1949, box 7, entry 396I, RG 59, NA.

31 Stuart to Acheson, March 10, 1949, in Stuart, *Forgotten Ambassador*, p. 309.

32 Ibid., p. 310.

33 Topping, *Journey Between*, p. 82.

34 Stuart, *Fifty Years*, p. 247.

35 Topping, *Journey Between*, p. 81.

36 Stuart to Acheson, May 11, 1949, in Stuart, *Forgotten Ambassador*, pp. 322–23.

37 Ibid.

38 Ibid.

39 Ibid.

40 Ibid.

41 Shen and Xia, *Mao and Sino–Soviet*, p. 33. 42 MZ, "Telegram, CCP Central Committee to CCP Nanjing Municipal Committee," May 10, 1949, in *NDE*, pp. 111–12.

43 Ibid., p. 112.

44 Ibid.

45 Ibid.

46 Stuart to Acheson, May 14, 1949, in Stuart, *Forgotten Ambassador*, pp. 324–26.

47 Ibid.

48 Ibid.

49 Ibid.

50 Ibid.

51 Lilienthal diary, entry for May 11, 1949, in Lilienthal, *Journals*, p. 2:525.

52 Ibid.

53 Ibid.

54 Ibid.

55 Ibid.

56 Ibid.

57 Li, *Madame Chiang*, p. 310; Pakula, *Last Empress*, p. 600.

58 MCKS to CKS, May 9, 1949, JZZD, AH.

59 MCKS to CKS, May 18, 1949, JZZD, AH.

60 MCKS to CKS, April 27, 1949, JZZD, AH.

61 MCKS to CKS, May 9, 1949, JZZD, AH.

62 Ibid.

63 Ibid.

64 Ibid.

65 MCKS to CKS, May 6, 1949, JZZD, AH.

66 Ibid.

67 CKS diary, entry for May 12, 1949, cited in Lin, *Accidental State*, p. 91.

68 MCKS to CKS, May 16, 1949, JZZD, AH.

69 CKS to MCKS, May 21, 1949, JZZD, AH.

70 Connelly notes, May 13, 1949, box 1, Matthew Connelly Papers, TL.

71 Ibid.

72 Ibid.

73 Ibid.

74 Alsop, "Better Late Than Never," *New York Herald Tribune*, May 23, 1949, p. 21.

75 Ibid.

76 Ibid.

77 Ibid.

## 第十二章

1 *Washington Post*, May 21, 1949. See also TLP, accession nos. 66–2331–33.

2 *Washington Post*, May 21, 1949.

3 "Memorandum of Conversation with V. K. Wellington Koo," May 11, 1949, Acheson papers, TL. See also Koo OH, vol. 6, pt. I, p. 129, Wellington Koo Papers, BLCU.

4 *Washington Post*, May 21, 1949.

5 George F. Kennan, PPS 45, in *FRUS* 1948, vol. VIII, p. 214.

6 Ibid.

7 "Summar[ies] of Daily Meeting with the Secretary," May 9–11, 1949, folder 2, box 1, entry 393, RG 59, NA; "Meeting with the President," May 12, 1949, Dean Acheson Papers,TL; Ayers diary, entries for May 13 and 17, 1949, box 20, Eben A. Ayers Papers, TL.

8 Ayers diary, entries for May 13 and 17, 1949, box 20, Eben A. Ayers Papers, TL.

9 Acheson OH, Princeton Seminars, July 22, 1953, pp. 19–20, reel 2, box 79, Dean Acheson Papers, TL.

10 Acheson press conference, May 18, 1949, box 72, Dean Acheson Papers, TL.

11 Ibid.

12 *NYT*, May 15 and 24, 1949.

13 *NYT*, May 24, 1949.

14 Acheson, *Sketches from Life*, p. 8.

15 *NYT*, May 24, 1949.

16 *NYT*, May 22, 1949.

17 Hoopes and Brinkley, *Driven Patriot*, pp. 464–65.

18 譯註：索福克里斯是西元前五世紀古希臘著名詩人，號稱三大悲劇詩人之一，留給後人《伊底帕斯王》（*Oedipus*）等著作。

19 *NYT*, May 23, 1949.

20 *NYT*, May 19 and 20, 1949.

21 *NYT*, May 23, 1949.

22 *NYT*, May 26, 1949.

23 Dong, *Shanghai*, p. 2.

24 Ezpeleta, *Red Shadows*, pp. 7–8.

25 Dong, *Shanghai*, p. 10.

26 Snow, *Red Star*, p. 40.

27 Dong, *Shanghai*, p. 15.

28 Barber, *Fall of Shanghai*, p. 24; Rowan, *Chasing the Dragon*, loc. 40.

29 *NCDN*, May 17, 1949.

30 Dong, *Shanghai*, pp. 130–34.

31 Ibid., pp. 139–44.

32 Ezpeleta, *Red Shadows*, p. 9.

33 *NCDN*, May 14 and 16, 1949; Ezpeleta, *Red Shadows*, pp. 107, 108, 180; Forman, *Blunder in Asia*, p. 51.

34 Crozier, *Man Who Lost*, p. 336.

35 Forman, *Blunder in Asia*, p. 57.

36 *NCDN*, May 21, 1949.

37 Ezpeleta, *Red Shadows*, pp. 146–48; Forman, *Blunder in Asia*, pp. 52–53; Dong, *Shanghai*, p. 292.

38 Ezpeleta, *Red Shadows*, p. 146.

39 Forman, *Blunder in Asia*, p. 66; Ezpeleta, *Red Shadows*, pp. 111, 160.

40 *NCDN*, May 12, 1949.

41 Forman, *Blunder in Asia*, p. 66.

42 譯註：「行軍進入喬治亞」是亨利．克萊．沃克（Henry Clay Work）一八六五年南北戰爭末期所譜寫的一首軍歌，描述一八六四年底北軍將領威廉．薛曼（William Sherman）進軍喬治亞，攻占南軍據守的莎娃娜港（Savannah）的故事。

43 譯註：《字林西報》前身為《北華捷報》（*North China Herald*），曾經是在中國出版的最有影響的一份英文報紙。英國僑民奚安門（Henry Shearman）於一八五〇年八月三十日在上海創刊《北華捷報》，每週六出刊，是上海境內第一份近代意義上的報紙。當時在華的英國僑民稱廣東為南華，稱長江流域及以北為北華。《北華捷報》內容有英國快訊、上海英僑動態、中外商務情報、廣告及船期公告等。報館於一八五六年增出日刊《每日航運新聞》（*Daily Shipping News*）。一八六二年改名為《每日航運和商業新聞》（*Daily Shipping and Commercial News*）。一八六四年六月一日，發行人字林洋行將原來《北華捷報》的副刊《每日航運和商業新聞》改為《字林西報》，原來的《北華捷報》周報改為副刊，偏重於時事政治，隨《字林西報》贈送。一九五一年三月三十一日，《字林西報》停刊，結束了長達百年的發行歷史，大樓也被中共上海市人民政府接收。

44 *NCDN*, May 23, 1949.

45 Ezpeleta, *Red Shadows*, pp. 176–77; *NCDN*, May 25, 1949; Forman, *Blunder in Asia*, pp. 62–65; *NYT*, May 24, 1949.

46 Forman, *Blunder in Asia*, pp. 62–65.

47 *NCDN*, May 25, 1949.

48 Ibid.

49 Ibid.

50 Ezpeleta, *Red Shadows*, p. 181.

51 Forman, *Blunder in Asia*, p. 67.

52 *NCDN*, May 26, 1949.

53 *NYT*, May 25, 1949.

54 Ibid.
55 *NCDN*, May 26, 1949; *Dagong bao*, June 9, 1949, *CPR*.
56 Ezpeleta, *Red Shadows*, pp. 185–86.
57 Forman, *Blunder in Asia*, pp. 72–74.
58 Ibid., p. 72.
59 Ibid.
60 Ibid.
61 Cabot reminiscence in Barber, *Fall of Shanghai*, p. 153.
62 Forman, *Blunder in Asia*, p. 75.
63 Cabot diary, entry for May 26, 1949, quoted in Barber, *Fall of Shanghai*, p. 153.
64 Forman, *Blunder in Asia*, p. 78.
65 *NCDN*, May 28, 1949.
66 *NCDN*, May 26, 1949.
67 Ibid.
68 *Shanghai renmin*, May 27, 1949, *CPR*.
69 *China Daily Tribune*, June 2, 1949, *CPR*.
70 *NCDN*, May 28, 1949.
71 State Department Daily Staff Summaries (May 10, May 16, and May 27, 1949), box 7, entry 396I, RG 59, NA.
72 MZ, "Instruction, CCP Central Military Commission, 'Policies Concerning the Prevention of Imperialist Intervention against the Chinese Revolution,' " May 28, 1949, in *NDE*, p. 114.

## 第十三章

1 Ayers diary, entries for May 28–30, 1949, box 20, Eben A. Ayers Papers, TL.
2 MacDonald, "President Truman's Yacht," pp. 48–49.
3 Ibid.

4 Ayers diary, entry for May 28, 1949, box 20, Eben A. Ayers Papers, TL.

5 Ibid., May 29, 1949.

6 *FRUS* 1949, vol. VIII, p. 358.

7 Ibid.

8 Ibid., p. 359.

9 Ibid., p. 360.

10 Stuart diary, entry for June 3, 1949, John Leighton Stuart Papers, HI.

11 Cohen, "Conversations with Chinese Friends," p. 88.

12 Chen, *China's Road*, pp. 241–42n82.

13 Chang, *Friends and Enemies*, p. 304n60.

14 Ibid. See also Cohen, "Conversations," pp. 287–88.

15 N.S.C. memo, May 27, 1949, box 2, CIA File, NSC File, SMOF, Harry S. Truman Papers, TL.

16 Ibid.

17 See, for example, *Cedar Rapids Gazette*, May 8, 1949, folder 7, box 37, Walter H. Judd Papers, HI.

18 Acheson OH, Princeton Seminars, July 22, 1953, p. 21, reel 2, box 79, Dean Acheson Papers, TL.

19 *NYT*, June 7, 1949.

20 *NYT*, June 12, 1949.

21 Dallek, *Truman*, p. 54.

22 Tanenhaus, *Whittaker Chambers*, p. 283.

23 Ibid., June 7, 1949.

24 Beisner, *Dean Acheson*, pp. 283, 289.

25 MCKS to CKS, January 8, 1949, JZZD, AH.

26 Beisner, *Dean Acheson*, pp. 289–90.

27 Ibid.

28 McCrum, "Masterpiece That Killed Orwell."

29 Pantsov and Levine, *Real Story*, p. 346.

30 Koo OH, vol. 6, pt. I, pp. 173–74, Wellington Koo Papers, BLCU.

31 Hillenkoetter/C.I.A. memo, December 10, 1948, no. 27065–A, box 152, PSF, Harry S. Truman Papers, TL.

32 Koo OH, vol. 6, pt. I, pp. 173–74, Wellington Koo Papers, BLCU.

33 CKS to MCKS, May 20, 1949, JZZD, AH.

34 Koo OH, vol. 6, pt. I, p. 152, Wellington Koo Papers, BLCU.

35 MCKS to CKS, June 13, 1949, JZZD, AH (two telegrams, same date).

36 CKS to MCKS, June 15, 1949, JZZD, AH.

37 MCKS to CKS, June 15, 1949, JZZD, AH.

38 Ibid. See also MCKS to CKS, June 2, 1949, JZZD, AH.

39 Koo memo, June 15, 1949, box 130, folder 3, Wellington Koo Papers, BLCU. See also Koo OH, vol. 6, pt. I, p. 174, ibid.

40 Koo memo, June 15, 1949, box 130, folder 3, Wellington Koo Papers, BLCU.

41 Acheson, *Present*, p. 192.

42 *NYT*, June 19, 1949.

43 Ibid.

44 C.I.A. report, "Probable Developments in China," June 16, 1949, in Hutchings, *Tracking the Dragon*, pp. 39–60.

45 *FRUS* 1949, vol. VIII, p. 388.

46 Ibid., p. 384.

47 Xinhua, June 19, 1949, *CPR*. See also *FRUS* 1949, vol. VIII, pp. 965–67.

48 *FRUS* 1949, vol. VIII, pp. 965.

49 Westad, *Decisive Encounters*, p. 307.

50 See, for example, Cox, "Civil Air Transport."

51 Roy Rowan 在二〇一五年二月三日接受本書作者採訪。另參見 Rowan, *Chasing the Dragon*, loc. 1275.

52 Chen, *China's Road*, p. 56. See also Westad, *Decisive Encounters*, p. 307.

53 Acheson, *Sketches from Life*, p. 16.

54 *NYT*, June 22, 1949.

55 Ibid.

56 *NYT*, June 21, 1949.

57 Ibid.

58 *Jiefang ribao*, June 21, 1949, *CPR*; *NCDN*, June 22–23, 1949. See also *NCDN*, June 30, 1949.

59 "Summary of Daily Meeting with the Secretary," June 22, 1949, folder 2, box 1, entry 393, RG 59, NA.

60 *NCDN*, June 23, 1949.

## 第十四章

1 Koo memorandum of conversation with Truman, June 22, 1949, box 130, folder 3, Wellington Koo Papers, BLCU.

2 Ibid.

3 Press conference, June 23, 1949, box 72, Dean Acheson Papers, TL.

4 Ibid.

5 "Summary of Daily Meeting with the Secretary," June 13, 1949, folder 2, box 1, entry 393, RG 59, NA.

6 Acheson quoted in Leary and Stueck, "Chennault Plan," p. 353.

7 MCKS to CKS, June 24, 1949, JZZD, AH.

8 關於台灣人口史有趣的討論，可參見Austin Ramzy, "Taiwan's President Apologizes to Aborigines for Centuries of Injustice," *NYT*, August 1, 2016.

9 Lin, *Accidental State*, p. 85. 譯註：中文版為黃中憲譯，林孝庭著《意外的國度》（台北：遠足文化，二〇一七年）。林孝庭很巧妙地描述蔣介石及其對手如何布局爭奪對台灣的影響力。

10 Ibid., p. 96.

11 Taylor, *Generalissimo*, p. 411.

12 CKS to MCKS, June 25, 1949, JZZD, AH.

13 MZ, "Telegram, CCP Central Military Commission to Shanghai Municipal Committee," June 23, 1949, in *NDE*, p. 117.

14 Hunt, *Genesis*, pp. 221–24; Schell and Delury, *Wealth and Power*, pp. 68–69.

15 Hunt, *Genesis*, p. 16.

16 MZ, "Telegram, CCP Central Military Commission to Su Yu and others," June 14, 1949, in *NDE*, p. 117.

17 See Herring, *America's Longest War*, pp. 21–23; and Logevall, *Embers of War*, pp. 210–12.

18 Schaller, *American Occupation*, pp. 152–53.

19 Chen, *China's Road*, p. 26; Chen, *Mao's China*, p. 122.

20 "Cable, Filippov [Stalin] to Mao Zedong [via Kovalev]," June 18, 1949, WWICS, History and Public Policy Program Digital Archive, APRF: f. 45, op. 1,d. 331, Ll. 119. Reprinted in Andrei Ledovskii, Raisa Mirovitskaia, and Vladimir Miasnikov, *Sovetsko–Kitaiskie Otnosheniia*, vol. 5, bk. 2,1946–*February* 1950 (Moscow: Pamiatniki Istoricheskoi Mysli, 2005),p. 148. Translated for CWIHP by Sergey Radchenko. http://digitalarchive.wilsoncenter.org/document/113379 (accessed January 23, 2016). See also Mao to Stalin, June 14, 1949, ibid., pp. 141–46.

21 Shi,"With Mao and Stalin,"pt. 2, p. 69. 石之瑜的文章寫於事實發生後多年，但他把旅行的日期弄錯了一個星期。根據最近解密的文件，關於正確的時間表，參見 Westad, *Decisive Encounter*, p.266.

22 "Memorandum of Conversation Between Stalinand CCP Delegation," June 27, 1949, WWICS, History and Public Policy Program Digital Archive, APRF: f. 45, op. 1, d. 329, Ll. 1–7. Reprinted in Andrei Ledovskii, Raisa Mirovitskaia, and Vladimir Miasnikov, *Sovetsko–Kitaiskie Otnosheniia*, vol. 5, bk. 2, 1946–*February* 1950 (Moscow: Pamiatniki Istoricheskoi Mysli, 2005), pp. 148–51. Translated for CWIHP from Russian by Sergey Radchenko. Publishedin *CWIHP Bulletin*, no. 16. http://digitalarchive.wilsoncenter.org/document/113380 (accessed January 23, 2016).

23 Ibid.

24 Stuart to Acheson, June 30, 1949, in *FRUS* 1949, vol. VIII, p. 766–67.

25 MZ, "On the People's Democratic Dictatorship: In Commemoration of the Twenty–eighth Anniversary of the Communist Party of China," June 30, 1949, WWICS, History and Public Policy Program Digital Archive, Translation from *Selected Works of Mao Tse–tung* (Peking: Foreign Languages Press, 1961),pp. 4:411–23, http://digitalarchive.wilsoncenter.org/document/119300 (accessed January 23, 2016).

26 *NYT*, July 1, 1949.

27 *NYT*, July 1, 1949. See also Blum, *Drawing the Line*, p. 63.

28 Acheson cable quoted in Blum, *Drawing the Line*, p. 64. Blum 指出該文件檔的*FRUS*版本稍具不準確性。

29 Stuart to Acheson, July 6, 1949, in Stuart, *Forgotten Ambassador*, p. 335.

30 Stuart diary, entry for July 10, 1949, John Leighton Stuart Papers, HI.

## 第十五章

1 *NYT*, July 5, 1949.

2 Kennan memorandum of conversation with MacArthur, March 1, 1948, *FRUS* 1948, vol. VI, p. 697.

3 Ibid., p. 698.

4 Ibid.

5 *NYT*, February 23, 1949.

6 Ibid.

7 *NYT*, May 22, 1949.

8 Schaller, *American Occupation*, p. 163.

9 Policy Planning Staff Paper on United States Policy Toward Southeast Asia (PPS 51), March 29, 1949, *FRUS* 1949, vol. VII, pt. 2, p. 1129.

10 Schaller, *American Occupation*, p. 205. See also Kagan, *World America Made*, p. 42.

11 Policy Planning Staff Paper on United States Policy Toward Southeast Asia (PPS 51), March 29, 1949, *FRUS* 1949, vol. VII, pt. 2, pp. 1128–33.

12 *FRUS* 1949, vol. VII, pt. 2, p. 1149.

13 Judd to Henry Luce, July 7, 1949, folder 11, box 31, Walter H. Judd Papers, HI.

14 Cox, "Civil Air Transport," pp. 16–17.

15 Ibid., pp. 17–20.

16 MCKS to CKS, July 5, 1949, JZZD, AH.

17 MCKS to CKS, July 7, 1949, JZZD, AH.

18 MCKS to CKS, July 6, 1949, JZZD, AH.

19 CKS to MCKS, July 4, 1949, JZZD, AH.

20 *NYT*, July 6, 1949.

21 CKS diary, entries for July 10 and July 12, 1949, HI; Chiang, *Calm*, pp. 242–44.

22 State Department Daily Staff Summary, July 14, 1949, box 7, entry 396I, RG 59, NA.

23 "Summary of Daily Meeting with the Secretary," July 14, 1949, folder 1, box 1, entry 393, ibid.

24 "Memorandum of Conversation with the President," July 14, 1949, Dean Acheson Papers, TL.

25 State Department Daily Staff Summary, July 15, 1949, box 7, entry 396I, RG 59, NA.

26 *Dagong bao*, July 18, 1949, *CPR*.

27 Johnson quoted in Borklund, *Men of Pentagon*, p. 68.

28 Lilienthal diary, entry for December 25, 1949, in Lilienthal, *Journals*, p. 2:614.

29 Acheson, *Present*, p. 374.

30 Acheson quoted in McFarland and Roll, *Louis Johnson*, p. 320.

31 Johnson quoted ibid., p. 255.

32 Ibid., pp. 116–26.

33 Pearson diary, entry for April 15, 1952, in Pearson, *Diaries*, p. 209.

34 Lilienthal diary, entry for July 19, 1949, in Lilienthal, *Journals*, p. 2:547.

35 "Memorandum of Conversation with the President," July 14, 1949, Dean Acheson Papers, TL.

36 Koo OH, vol. 6, pt. I, sec. 5, pp. 245949, in lington Koo Papers, BLCU.

37 Lilienthal diary, entry for July 14, 1949, in Lilienthal, *Journals*, p. 2:543.

38 Koo OH, vol. 6, pt. I, sec. 5, pp. 245, vol. 6, pt. I, sec. 5, y 14, 194

39 Melby OH, p. 173, John F. Melby Papers, TL.

40 "Memorandum of Telephone Conversation with Secretary of Defense Louis Johnson," July 15, 1949, Dean Acheson Papers, TL.

41 "Memorandum of Conversation with the President," July 18, 1949, ibid.

42 Ibid.

43 Acheson memo (top secret), July 18, 1949, quoted in Jessup, *Birth of Nations*, p. 29.

44 Johnson to Acheson, July 21, 1949, quoted in McFarland and Roll, *Louis Johnson*, pp. 256–57.

45 Koo OH, vol. 6, pt. I, sec. 5, pp. 248–49, Wellington Koo Papers, BLCU; McFarland and Roll, *Louis Johnson*, p. 257. 譯註：波希米亞樹林是北加州一塊兩千多英畝的森林露營區，為舊金山地區只限男士入會的「波希米亞俱樂部」（Bohemian Club）所有。每年七月到八月，俱樂部邀請著名的名流和權勢人士到此聚會聯誼，大話天下。

46 "Memorandum of Conversation with the President," July 21, 1949, Dean Acheson Papers, TL.

47 Koo OH, vol. 6, pt. I, sec. 5, p. 248, Wellington Koo Papers, BLCU.

48 Ibid., p. 255.

49 Lilienthal diary, entry for July 28, 1949, in Lilienthal, *Journals*, p. 2:557.

50 State Department Daily Staff Summary, July 28, 1949, box 7, entry 396I, RG 59, NA.

51 *NYT*, July 30, 1949.

52 "Memorandum of Conversation with the President," July 29, 1949, Dean Acheson Papers, TL.

53 *NYT*, July 30, 1949.

54 Judd to CKS, July 30, 1949, folder 17, box 163, Walter H. Judd Papers, HI.

55 *NYT*, August 1, 1949.

56 "Memorandum of Conversation with the President," July 29, 1949, Dean Acheson Papers, TL.

57 *NYT*, August 6, 1949.

## 第十六章

1 Tuell recollections, box 1, Papers of Mayling Soong Chiang, WCA.

2 Audrey Ronning Topping, interview by author, January 6, 2015, Scarsdale, N.Y. See also Topping, *China Mission*, p. 306.

3 MCKS to CKS, June 9, 1949; CKS to MCKS, June 10, 1949, both in JZZD, AH.

4 Mayling Soong to Emma Mills, December 7, 1917, Emma DeLong Mills Papers, WCA.

5 Mills diary, entry for March 13, 1949, vol. 17, Emma DeLong Mills Papers, WCA.

6 Oursler, *Behold*, pp. 349 –53.

7 Mills diary, entry for August 15, 1949, vol. 17, Emma DeLong Mills Papers, WCA. See also DeLong, *Madame Chiang*, pp. 201–2.

8 Stuart to Acheson, July 11, 1949, in Stuart, *Forgotten Ambassador*, p. 337.

9 Stuart, *Fifty Years*, pp. 260–69.

10 Ibid.

11 Ibid., pp. 267, 269.

12 U.S. Department of State, *United States Relations with China*, p. xiv.

13 Acheson OH, Princeton Seminars, July 16, 1953, p. 18, reel 5, box 79, Dean Acheson Papers, TL.

14 *CR*, August 5, 1949, p. 10875, copy in folder 5, box 37, Walter H. Judd Papers, HI.

15 Judd to Chennault, August 1949; and Chennault to Judd, August 9, 1949, both in folder 15, box 163, Walter H. Judd Papers, HI.

16 Acheson testimony, August 8, 1949, quoted in Blum, *Drawing the Line*, p. 131.

17 Ayers diary, entry for August 8, 1949, box 20, Eben A. Ayers Papers, TL.

18 TLP, accession nos. 66–2393 and 66–2391; *NYT*, August 9, 1949.

19 "Dinner at the Carlton Hotel," May 21,1949 to January 19, 1950, Files of the White House Social Office, Social Function File, box 59, Harry S. Truman Papers, TL.

20 Quirino remarks to the U.S. Senate, reprinted in *NYT*, August 10, 1949.

21 "Memorandum of Conversation with the President of the Philippines Elpidio Quirino," August 9, 1949, Acheson papers, TL.

22 Koo memorandum of conversation with Quirino, August 10, 1949, box 130, folder 3, Wellington Koo Papers, BLCU.

23 Ibid.

24 Koo OH, vol. 6, pt. I, sec. 5, pp. 257–58, Wellington Koo Papers, BLCU.

25 *CR*, August 9, 1949, p. 11140, copy in folder 5, box 37, Walter H. Judd Papers, HI.

26 *NYT*, August 12, 1949.

27 Ibid.

28 譯註：福特翰大學位於紐約市，是天主教耶穌會創辦的一所著名私立大學。它和麻省理工學院、喬治城大學等校組成一個同盟，是菁英取向的一所全科大學。尼克森總統的司法部長約翰・米契爾（John Mitchell）、雷根總統的中央情報局長威廉・凱西（William Casey）都是該校校友。川普總統也在福特翰大學念了兩年才轉學到賓州大學。

29 *NCDN*, August 14, 1949.

30 *NYT*, August 15, 1949.

31 *Wenhui bao*, August 10, 1949, *CPR*.

32 *Jiefang ribao*, August 13, 1949, *CPR*.

33 *Wenhui bao*, August 12, 1949, *CPR*.

34 Ibid., August 10, 1949, *CPR*.

35 *Dagong bao*, August 13, 1949, *CPR*.

36 C.I.A. memo, July 14, 1949, box 2, CIA File, NSC File, SMOF, Harry S. Truman Papers, TL.

37 *NYT*, August 14, 1949.

38 Pantsov and Levine, *Real Story*, p. 363.

39 U.S. Department of State, *United States Relations with China*, p. xvi. See also Hunt, *Genesis*, p. 196, and McLean, "American Nationalism," p. 25.

40 Mao, "Cast Away Illusions, Prepare for Struggle," August 14, 1949, *SW*, vol. 4, www.marxists.org/reference/archive/mao/selected-works/volume-4/mswv4_66.htm (accessed February 6, 2016).

41 He Di, "Last Campaign," pp. 3–4.

42 "Telegram, CCP Central Committee to Liu Shaoqi, July 26, 1949 (extract)," in *NDE*, p. 123.

43 Chen, *China's Road*, p. 76.

44 Ibid., pp. 76–77.

## 第十七章

1 Ayers diary, entry for August 17, 1949, box 20, Eben A. Ayers Papers, TL.

2 *NYT*, October 8, 1949.

3 *CR*, August 17, 1949, p. 11676, in folder 5, box 37, Walter H. Judd Papers, HI.

4 Ibid., p. 11678.

5 Blum, *Drawing the Line*, p. 132.

6 *CR*, August 18, 1949, p. 11788, in folder 5, box 37, Walter H. Judd Papers, HI.

7 "Summary of Daily Meeting with the Secretary," August 18, 1949, folder 1, box 1, entry 393, RG 59, NA.

8 "Memorandum of Conversation with the President," August 18, 1949, Dean Acheson Papers, TL.

9 "Memorandum of Conversation with the Minister of Foreign Affairs of Burma and Others," August 15, 1949, ibid.

10 *CR*, August 18, 1949, p. 11787, in folder 5, box 37, Walter H. Judd Papers, HI.

11 *CR*, August 17, 1949, p. 11677, Walter H. Judd Papers, HI.

12 *CR*, August 18, 1949, p. 11787, Walter H. Judd Papers, HI.

13 Blum, *Drawing the Line*, p. 133.

14 *CR*, August 19, 1949, p. 11882, in folder 5, box 37, Walter H. Judd Papers, HI.

15 Ibid.

16 *NYT*, August 21, 1949.

17 *NYT*, August 22, 1949.

18 *New York Herald Tribune*, September 6, 1949.

19 "Summar [ies] of Daily Meeting with the Secretary," August 22 and 23, 1949, folder 1, box 1, entry 393, RG 59, NA.

20 Kennan diary, entry for August 23, 1949, in Kennan, *Diaries*, p. 221.

21 Acheson press conference transcript, August 24, 1949, in box 72, Dean Acheson Papers, TL.

22 Acheson off–the–record press conference transcript, August 26, 1949, ibid.

23 Merchant to Sprouse, *FRUS* 1949, vol. IX, p. 871.

24 Chennault, "Last Call for China," *Life*, undated clipping, box 11, Claire Chennault Papers, HI.

25 Leary and Stueck, "Chennault Plan," p. 355.

26 Alsop, "Asia—Summing Up: II," *New York Herald Tribune*, August 24, 1949.

27 State Department Daily Staff Summary, August 25, 1949, box 8, entry 396I, RG 59, NA.

28 Stuart diary, entry for August 25, 1949, John Leighton Stuart Papers, HI.

29 Cox, "Civil Air Transport," p. 20.

30 Ibid.

31 Ibid.

32 Ibid., p. 21.

33 MZ, "Farewell, Leighton Stuart!" August 18, 1949, in *SW*, vol. 4, www.marxists.org/reference/archive/mao/selected-works/volume-4/mswv4_67.htm (accessed February 15, 2016).

34 Ibid.

35 *Shen bao*, February 14, 1949, *CPR*.

36 *Jiefang ribao*, July 10, 1949, *CPR*.

37 Cabot to Acheson, July 9, 1949, *FRUS* 1949, vol. VIII, pp. 1220–22.

38 *Dagong bao*, August 20, 1949, *CPR*.

## 第十八章

1 David Sentner, "Mme. Chiang Plans Return to Stand by Generalissimo," *New York Journal–American*, September 7, 1949; Sentner, "Chiang Convinced MacArthur Could Turn Back Red Tide," *New York Journal–American*, September 8, 1949.

2 Chiang, *Sure Victory*, pp. 22–23; Li, *Madame Chiang*, p. 316.

3 Wedemeyer, "Memorandum for Record [Reynolds visit]," September 13, 1949, folder 20, box 165, Walter H. Judd Papers, HI.

4 Ibid.

5 Stuart diary, entry for September 8, 1949, John Leighton Stuart Papers, HI.司徒雷登的日記也顯示，他在九月四日與Reynolds家人一道上教堂，他在當天的日記中有一句「邀請魏德邁」。但是魏德邁本身的日記顯示，至少直到九月九日，Reynolds並未接觸他。

6 Stuart diary, entry for September 11, 1949, John Leighton Stuart Papers, HI.

7 Wedemeyer, "Memorandum for Record [Stuart visit]," September 13, 1949, folder 20, box 165, Walter H. Judd Papers, HI.

8 CKS to MCKS, September 10, 1949, JZZD, AH.

9 CKS to MCKS, September 11, 1949, JZZD, AH.

10 MCKS to CKS, September 13, 1949, JZZD, AH.

11 Johnson memo, September 9, 1949, box 9, NSC File, SMOF, Harry S. Truman Papers, TL.

12 *NYT*, September 13, 1949. See also *NYT*, September 11, 1949.

13 Mills diary, entry for September 14, 1949, Emma DeLong Mills Papers, WCA. 這段記載描述宋美齡與周以德在九月十三日會面。

14 Ibid.

15 Acheson, *Sketches from Life*, pp. 19es from Life, *Most Noble Adventure*, p. 258. 關於《南太平洋》的劇情見Klein, "Family Ties," pp. 50–64.

16 Klein, "Family Ties," p. 59.

17 Acheson, *Sketches from Life*, pp. 19–20.

18 Ibid.

19 Yost, "Discussion of Far Eastern Affairs in Preparation for Conversations with Mr. Bevin," September 16, 1949 [meeting held September 13, 1949], *FRUS* 1949, vol. VII, pt. 2, p. 1205.

20 Jones to Acheson, September 3, 1949, *FRUS* 1949, vol. VIII, p. 519. 九月十三日的會議（見前註），幕僚大體上同意這份Jones電文no. 1994的分析。

21 Yost, "Discussion of Far Eastern Affairs in Preparation for Conversations with Mr. Bevin," September 16, 1949[meeting held September 13, 1949], *FRUS* 1949, vol. VII,

pt. 2, p. 1205.

22 Ibid.

23 Jones to Acheson, September 3, 1949, *FRUS* 1949, vol. VIII, p. 520.

24 同前註。但另參見艾奇遜對此一政策內含的矛盾之質疑。Yost, "Discussion of Far Eastern Affairs in Preparation for Conversations with Mr. Bevin," September 16, 1949 [meeting held September 13, 1949], *FRUS* 1949, vol. VII, pt. 2, p. 1206.

25 Yost, "Discussion of Far Eastern Affairs in Preparation for Conversations with Mr. Bevin," September 16, 1949 [meeting held September 13, 1949], *FRUS* 1949, vol. VII, pt. 2, p. 1206.

26 Ibid., p. 1207.

27 Butterworth, "Memorandum of Conversation," September 12, 1949, *FRUS* 1949, vol. VII, pt. 2, p. 1198.

28 Ibid., p. 1199.

29 Acheson,1199. pt. 2, p. 1198. 1949, Bevinember 13, 1949, *FRUS* 1949, vol. IX, p. 81.

30 Ibid.

31 Ibid., p. 82.

32 Ibid.

33 Ibid., p. 83.

34 Ibid., p. 85.

35 Ibid., p. 84.

36 Gaddis, *We Now Know*, p. 72; Zubok, "To Hell with Yalta!" p. 25.

37 關於維諾納專案，見Haynes and Klehr, *Venona*.

38 Ovendale, Klehr, 81., p. 1 States, le, Klehr, 81., p. *Guy Burgess*, locs. 4635–46.

39 Holzman, *Guy Burgess*, locs. 392, 481, 613.

40 Burn, "The Burgess," *Times* (London), May 9, 2003, cited in Holzman, *Guy Burgess*, loc. 860.

41 John S. Mather, ed., "The Great Spy Scandal," *U.S. News & World Report*, February 17, 1956, pp. 121–29, clipping in "Burgess and Maclean file," box 21, Alfred Kohlberg Papers, HI.

42 Ibid.

43 Nicolson quoted ibid.

44 Ovendale, "Britain, United States," p. 140.

45 Ibid., p. 145.

46 Ibid., p. 147.

## 第十九章

1 譯註：朱爾・凡爾納是十九世紀法國作家，被譽為「現代科幻小說之父」。他的著名作品有《地心歷險記》、《海底兩萬里》和《環遊世界八十天》等。

2 Holloway, *Stalin*, pp. 213–16. See also "First Soviet Test," *American Experience*, PBS, www.pbs.org/wgbh/amex/bomb/peopleevents/pandeAMEX53.html (accessed February 26, 2016).

3 Komel'kov quoted Holloway, *Stalin*, p. 217.

4 Kurchatov quoted in "First Soviet Test," *American Experience*, PBS.

5 Isaacson and Thomas, *Wise Men*, p. 480.

6 Acheson quoted in Ninkovich, *Modernity*, p. 183.

7 Lilienthal diary, entry for September 21, 1949, in Lilienthal, *Journals*, pp. 2:570–71.

8 *NYT*, September 24, 1949.

9 Ibid.

10 Kennan diary, entry for September 24, 1949, in Kennan, *Diaries*, p. 226.

11 Pearson diary, entry for September 23, 1949, in Pearson, *Diaries*, p. 75.

12 Halberstam, *Summer of '49*, p. 287.

13 Ibid., p. 18.

14 Ibid., p. 229.

15 Cox, "Civil Air Transport," p. 22.

16 Gup, *Book of Honor*, loc. 399; Laird, *Into Tibet*, p. 111. See also Frank Bessac, "This Was the Perilous Trekto Tragedy," *Life*, November 13, 1950. On Mackiernan, see also "Remembering CIA's Heroes: Douglas S. Mackiernan," C.I.A, www.cia.gov/news-information/featured-story-archive/2010-featured-story-archive/douglas-s.-mackiernan.html (accessed February 26, 2016).

17 Gup, *Book of Honor*, loc. 399; Laird, *Into Tibet*, p. 111.

18 Frank Bessac, "This Was the Perilous Trek toTragedy," *Life*, November 13, 1950.

19 Halper and Halper, *Tibet*, p. 81.

20 "State Department Daily Staff Summary," September 16 and 27, 1949, folder 1, box 1, entry 393, RG 59, NA.

21 "State Department Daily Staff Summary," September 30, 1949, ibid.

22 Westad, *Decisive Encounters*, p. 270.

23 Goncharov, Lewis, and Xue, *Uncertain Partners*, p. 74.

24 Quan, *Mao Zedong*, pp. 119–120. 這段敘述是根據毛澤東衛士李銀橋的回憶，但和其他的說法不一，譬如毛澤東的私人醫生李志綏說，毛澤東上午十點現身。不過，當時的新聞報導指毛澤東於下午三點現身，和權延赤的說法一致。

25 Becker, *City*, p. 15.

26 Schell and Delury, *Wealth and Power*, p. 229.

27 Empson, "Red on Red," p. 67.

28 Soong Chingling quoted in Li, *Madame Chiang*, p. 315.

29 Rana Mitter 在多年之後觀察到，中國共產黨也運用「抗日戰爭的記憶」試圖「療癒國共內戰留下的傷痕」。見Rana Mitter, *Forgotten Ally*, p. 9.〔譯按：中文本由本書譯者翻譯，林添貴譯，芮納・米德著《被遺忘的盟友》（台北：天下文化，二〇一四）。〕

30 MZ, "Proclamation of the Central People's Government of the PRC," October 1, 1949, WWICS, History and Public Policy Program Digital Archive, *Renmin ribao* [People's Daily], October 2, 1949. English translation from Kau and Leung, *Writings of Mao*, pp. 1:10–11, http://digitalarchive.wilsoncenter.org/document/121557 (accessed February 26, 2016).

31 *Jiefang ribao*, September 30 and October 5, 1949, both in *CPR*. See also *NCDN*, October 3 and 5, 1949.

32 *Xinwen ribao*, October 9, 1949; *Jiefang ribao*, October 9, 1949; both in *CPR*. See also *NCDN*, October9–12.

33 *NCDN*, October 9, 1949.

34 *NCDN*, October 11, 1949.

35 CIA Intelligence Memorandum no. 231, October 7, 1949, box 213, PSF, Harry S. Truman Papers, TL.

36 Halper and Halper, *Tibet*, p. 71.

37 Acheson, "Memorandum of Conversation with Jawaharlal Nehru, Prime Minister of India," October 12,1949, Dean Acheson Papers, TL; Acheson, *Present*, p. 335.

38 *NYT*, October 12, 1949.

39 Ayers diary, entry for October 13, 1949, box 20, Eben A. Ayers Papers, TL.

40 Stewart Alsop, "Nehru," *New York Herald Tribune*, August 5, 1949.

41 Henderson quoted in Halper and Halper, *Tibet*, p. 56.

42 Acheson, *Present*, p. 334.

43 Acheson, "Memorandum of Conversation with Jawaharlal Nehru, Prime Minister of India," October 12, 1949, Dean Acheson Papers, TL.

44 Hamburger, "Mr. Secretary," pt. 1, p. 41; Hamburger, "Mr. Secretary," pt. 2, pp. 60–61.

45 Acheson, "Memorandum of Conversation with Jawaharlal Nehru, Prime Minister of India," October 12, 1949,Dean Acheson Papers, TL.

46 Acheson, *Present*, p. 335.

47 Ibid.

48 Acheson, "Memorandum of Conversation with Jawaharlal Nehru, Prime Minister of India," October 12, 1949, Dean Acheson Papers, TL.

49 Ibid.

50 Halper and Halper, *Tibet*, p. 273n97.

51 Acheson, "Memorandum of Conversation with the President and Jawaharlal Nehru," October 13, 1949, Dean Acheson Papers, TL.

52 Acheson OH, Princeton Seminars, July 23, 1953, p. 9, reel 3, box 79, ibid.

53 Halper and Halper, *Tibet*, p. 61.

54 Pearson diary, entry for October 31, 1949, in Pearson, *Diaries*, p. 88.

55 Halper and Halper, *Tibet*, p. 61.

56 Ibid.

57 Pearson diary, entry for October 31, 1949, in Pearson, *Diaries*, p. 88.

58 Halper and Halper, *Tibet*, p. 61.

59 Judd to Rev. E. Ezra Ellis, October 19, 1949, folder 5, box 143, Walter H. Judd Papers, HI.

## 第二十章

1 Wisner approval, October 12, 1949, TS–31918, cited in Cox, "Civil Air Transport," pp. 26, 132.

2 Cox, "Civil Air Transport," p. 24.

3 Ibid., p. 27.

4 Alfred T. Cox 致 Dorothy and Steve Cox 家書，一九四九年十月十四日。Alfred T. Cox Private Papers，感謝 Steve Cox 提供。

5 Cox, "Civil Air Transport," pp. 28–29.

6 Alfred T. Cox 致 Dorothy and Steve Cox 家書，一九四九年十月十九日。Alfred T. Cox Private Papers，感謝 Steve Cox 提供。

7 "Resumé of Conversation between Generalissimo Chiang Kai–shek and General C. L. Chennault regarding private aid for resistance to Communism in China; conversation occurred 16 October 1949 by Chennault, undated, pouched to Headquarters from Hong Kong, passed [redacted] to OPC 30 November 1949," cited in Cox, "Civil Air Transport," pp. 29.

8 Chennault, "Last Call for China," *Life*, undated clipping, box 11, Claire Chennault Papers, HI.

9 Lin, *Accidental State*, pp. 109–11.

10 Ibid., p. 111.

11 Cox, , p. 111.e, box 11, Claire Chenna

12 Alfred T. Cox 致 Dorothy and Steve Cox 家書，一九四九年十月十九日。Alfred T. Cox Private Papers，感謝 Steve Cox 提供。

13 Cox, "Civil Air Transport," pp. 32–33.

14 Ibid., p. 34.

15 Ibid.

16 Ibid.

17 Ibid., p. 35.

18 "Progress Report Number 1, to O.P.C. from Alfred T. Cox, 26 October 1949, TS–35270," cited in Cox, "Civil Air Transport," pp. 36–37, 133.

19 Alfred T. Cox 致 Dorothy and Steve Cox 家書，一九四九年十月十九日。Alfred T. Cox Private Papers，感謝 Steve Cox 提供。

20 "From the Diary of N.V. Roshchin: Memorandum of Conversation with Chairman Mao Zedong on 16 October 1949,"December 1, 1949, WWICS, History and Public Policy Program Digital Archive, AVPRF, f. 0100, op. 42, por. 19, pap. 288, ll. 28–31. Translated for CWIHP by David Wolff. http://digitalarchive.wilson.center.org/document/117863 (accessed March 4, 2016).

21 MZ, "Mao Speech After Receiving the Credentials of Soviet Ambassador to China N. V. Roshchin, October 16, 1949," *Jianguo Yilai Mao Zedong Wengao Diyi Ce* (1949.9–1950.12) [Mao Zedong's Manuscripts Since the Founding of the Republic, vol. 1, September 1949–December 1950], p. 71, translated and reprinted in Goncharov,

Lewis, and Xue, *Uncertain Partners*, p. 235.

22 "From the Diary of N.V. Roshchin: Memorandum of Conversation with Chairman Mao Zedong on 16 October 1949," December 1, 1949, WWICS, History and Public Policy Program Digital Archive, AVPRF, f. 0100, op. 42, por. 19, pap. 288, ll. 28–31. Translated for CWIHP by David Wolff. http://digitalarchive.wilsoncenter.org/document/117863 (accessed March 4, 2016).

23 "Instruction, New China News Agency, 'On the Propaganda Concerning Establishing Diplomatic Relations with Britain and the United States," October 16, 1949, in *NDE*, pp. 125–26.

24 State Department Daily Staff Summary, October 17, 1949, box 8, entry 396I, RG 59, NA.

25 Acheson, "Memorandum of Conversation with the President," October 17, 1949, Dean Acheson Papers, TL.

26 State Department Daily Staff Summary, October 19, 1949, box 8, entry 396I, RG 59, NA.

27 Johnson to N.S.C., October 18, 1949, box 213, PSF, Harry S. Truman Papers, TL.

28 Ibid.

29 Koo OH, v. 6, pt. J, sec. 2, p. 111, Wellington Koo Papers, BLCU; McFarland and Roll, *Louis Johnson*, p. 258.

30 Koo memorandum of conversation, June 30, 1950, box 180, folder 1, Wellington Koo Papers, BLCU.

31 Schaller, *American Occupation*, p. 206.

32 譯註：艾爾佛瑞德・伊曼紐・史密斯（Alfred Emanuel Smith, 1873–1944），曾於一九一九至二〇年和一九二三年至二八年擔任紐約州長，並且是民主黨一九二八年提名的總統候選人。他也是美國第一個信奉天主教的總統候選人。為了紀念他，艾爾佛瑞德・史密斯紀念基金會（Alfred E. Smith Memorial Foundation）從一九四五年起，每年十月第三個星期四在紐約市華爾道夫大飯店舉行晚宴，專為幫助兒童籌募慈善捐助。

33 *NYT*, October 21, 1949.

34 *NYT*, October 25, 1949. See also TLP, accession nos. 92–193 and 92–196.

35 *NYT*, October 25 and 26, 1949.

36 *NYT*, October 25, 1949.

37 譯註：格雷西大廈位於紐約曼哈坦地區，興建於一七九九年，是紐約市長官邸。這棟建築物已被列為國家史蹟。

38 Ibid.

39 Elden B. Erickson OH, Association for Diplomatic Studies and Training, Foreign Affairs Oral History Project, June 25, 1992, interviewed by Charles Stuart Kennedy,

www.adst.org/OH%20TOCs/Erickson,%20Eldon%20B.toc.pdf (accessed March 4, 2015).

40 Ibid.

41 艾奇遜於十月二十六、二十七日與東亞事務專家開會。見Ogburn, Jr., memorandum, "Decisions Reached by Consensus at the Meetings with the Secretary and the Consultants on the Far East," *FRUS* 1949, vol. IX, pp. 160–62.

42 Acheson press conference transcript, October 26, 1949, box 72, Dean Acheson Papers, TL.

43 James E. Webb, "Meeting with the President" [top secret], October 31, 1949, box 1, entry 394, RG59, NA.

44 HST diary, entry for November 1, 1949, PSF, Harry S. Truman Papers, TL; McCullough, *Truman*, p. 751.

## 第二十一章

1 TLP, accession nos. 92–202, 92–204. See also Lilienthal diary, entry for November 7, 1949, in Lilienthal, *Journals*, pp. 2:591–92.

2 Hillenkoetter memo, November 1, 1949, box 2, CIA File, NSC File, SMOF, Harry S. Truman Papers, TL.

3 Alfred T. Cox致Dorothy and Steve Cox家書，一九四九年十月三十日。Alfred T. Cox Private Papers，感謝Steve Cox提供。

4 Leary and Stueck, "Chennault Plan," pp. 357–58.

5 Hillenkoetter memo, November 1, 1949, box 2, CIA File, NSC File, SMOF, Harry S. Truman Papers, TL.

6 Hillenkoetter memo, October 25, 1949, ibid.

7 "Summary of Daily Meeting with the Acting Secretary," November 15, 1949, folder 1, box 1, entry 393, RG 59, NA.

8 "PRC Central Committee Cable to Ambassador Wang Jiaxiang re Mao Zedong's Departure for Moscow," November 9, 1949, and "Mao Cable to Stalin re I. V. Kovalev Accompanying Him," November 12, 1949, both reprinted in Goncharov, Lewis, and Xue, *Uncertain Partners*, p. 236. See also *NDE*, pp. 127–28.

9 See, for example, Chen, "Ward Case," p. 165.

10 Webb memo, November 14, 1949, *FRUS* 1949, vol. VIII, p. 1008.

11 *NCDN*, November 12, 17, 19, and 20, 1949; *NYT*, November 16, 1949.

12 Stuart diary, entry for November 17, 1949, box 1, John Leighton Stuart Papers, HI.

13 "Outline of Far Eastern and Asian Policy for Review with the President," November 14, 1949, *FRUS* 1949, vol. VII, pt. 2, pp. 1210–14.

14 Acheson memorandum of conversation with HST, November 17, 1949, Dean Acheson Papers, TL.

15 Hillenkoetter memo, November 18, 1949, box 2, CIA File, NSC File, SMOF, Harry S. Truman Papers, TL.

16 Ibid.

17 Bradley to Johnson, November 18, 1949, *FRUS* 1949, vol. VIII, p. 1011.

18 Bai to Chennault, November 13, 1949, "China. President" folder, box 10, Claire Chennault Papers, HI.

19 Leary and Stueck, "Chennault Plan," p. 358.

20 Cox, "Civil Air Transport," p. 38.

21 Alfred T. Cox 致 Dorothy Cox 家書，一九四九年十一月。Alfred T. Cox Private Papers，感謝 Steve Cox 提供。

22 Alfred T. Cox 致 Dorothy Cox 家書，一九四九年一月二十九日。同前註。

23 Judd to Hannon, November 18, 1949, "Correspondence General, 1949 (A)" folder, box 159, Walter H. Judd Papers, HI.

24 *NYT*, November 27, 1949.

25 Westad, *Decisive Encounters*, p. 288.

26 *NYT*, December 3, 1949.

27 CKS diary, entry for November 30, 1949, quoted in Taylor, *Generalissimo*, p. 419.

28 *NYT*, November 29, 1949.

29 *NYT*, December 4, 1949.

30 Ibid.

31 Souers memo, December 1, 1949, box 2, CIA File, NSC File, SMOF, Harry S. Truman Papers, TL.

32 "Summary of Daily Meeting with the Secretary," December 1, 1949, folder 1, box 1, entry 393, RG 59, NA.

33 Stuart, *Fifty Years*, p. 285. See also Shaw, *American Missionary*, pp. 265, 274.

34 *NYT*, November 24, 1949.

35 Judd, "Rep. Judd Clarifes Stand on Ward Incident," *Minneapolis Tribune*, December 5, 1949.

36 MCKS to CKS, December 5, 1949, JZZD, AH.

37 Chiang, *Sure Victory*, p. 23.

38 Ibid.

39 MCKS to CKS, December 5, 1949, JZZD, AH.

## 第二十二章

1 Shi, "I Accompanied Chairman Mao," pp. 128–29; Goncharov, "Stalin's Dialogue with Mao," pp. 57, 70–71;Goncharov, Lewis, and Xue, *Uncertain Partners*, p. 84; Pantsov and Levine, *Real Story*, p. 368; Salisbury, *New Emperors*, pp. 92–93.

2 MZ to Mao Xusheng, November 15, 1949, in Kau and Leung, *Writings of Mao*, p. 35.

3 MZ to Yang Kaizhi, October 9, 1949, ibid., p. 14.

4 Russian medical report, December 10, 1949, cited in Pantsov and Levine, *Real Story*, p. 363. See also p. 370.

5 Kartunova, "Vstrechi v Moskve," p. 126.See also Pantsov and Levine, *Real Story*, p. 363.

6 Goncharov, "Stalin's Dialogue with Mao," p. 57.

7 Ibid.

8 Taylor, *Generalissimo*, p. 416; Westad, *Decisive Encounters*, p. 299.

9 He Di, "Last Campaign," p. 6.

10 MZ quoted in Westad, *Decisive Encounters*, pp. 299–301.

11 Chen, *China's Road*, pp. 99, 101.

12 Ibid., p. 77.

13 Ibid.

14 Ibid.

15 Pakula, *Last Empress*, p. 587.

16 Lin, *Accidental State*, p. 119.

17 Westad, *Decisive Encounters*, p. 290.

18 Taylor, *Generalissimo*, p. 419.

19 "Memorandum Regarding Formosa," December 6, 1949, Dean Acheson Papers, TL.

20 Cohen, *America's Response*, p. 186.

21 "Memorandum Regarding Formosa," December 6, 1949, Dean Acheson Papers, TL.

22 Schaller, *American Occupation*, pp. 195, 203.

23 Johnson memo, December 15, 1949, quoted in Rearden, *History of Office*, p. 236.

24 Schaller, *American Occupation*, pp. 195, 203.

25 Acheson quoted in Beisner, *Dean Acheson*, p. 200.

26 Ovendale, "Britain, United States," p. 148; Schaller, *American Occupation*, p. 215.

27 State Department Daily Staff Summary, December 19, 1949, box 8, entry 396I, RG 59, NA.

28 Shi, "I Accompanied Chairman Mao," pp. 128–29; Short, *Mao*, p. 422.

29 Goncharov, "Stalin's Dialogue with Mao," p. 70.

30 Short, *Mao*, p. 422.

31 Goncharov, "Stalin's Dialogue with Mao," p. 71.

32 Ibid.

33 MZ speech, December 16, 1949, in Goncharov, Lewis, and Xue, *Uncertain Partners*, pp. 237–38.

34 *NYT*, December 17, 1949.

35 Montefore, *Stalin*, pp. 603 –4.

36 Ibid., pp. 115, 436–37.

37 Stalin quoted in Chang, *Friends and Enemies*, p. 64.

38 Montefore, *Stalin*, pp. 4–5, 466.

39 Ibid., pp. 513, 525.

40 Ibid., p. 525.

41 Khrushchev quoted ibid., p. 514.

42 "Conversation Between Stalin and Mao, Moscow, 16 December 1949," *CWIHP Bulletin*, nos. 67, pp. 5–7.

43 MZ quoted in Chen, *China's Road*, p. 80.

44 "Conversation Between Stalin and Mao, Moscow, 16 December 1949," *CWIHP Bulletin*, nos. 67, pp. 5–7.

45 Ibid.

46 Ibid.

47 MZ to Liu Shaoqi, December 18, 1949, reprinted in *CWIHP Bulletin*, nos. 89, p. 226.

48 Montefore, *Stalin*, p. 590.

49 MZ quoted in Pantsov and Levine, *Real Story*, pp. 346–47.

50 MZ quoted in Westad, *Decisive Encounters*, p. 312.

51 TLP, accession no. 92–215; *NCDN*, December 21, 1949; Ayers diary, entry for December 20, 1949, box 20, Eben A. Ayers Papers, TL.

52 McFarland and Roll, *Louis Johnson*, p. 260.

53 Acheson, memorandum of conversation with Truman, December 20, 1949, Dean Acheson Papers, TL.

54 Alfred T. Cox致Dorothy Cox家書，一九四九年。Alfred T. Cox Private Papers，感謝Steve Cox提供。另參見Leary and Stueck, "Chennault Plan," p. 358.

55 Cox, "Civil Air Transport," p. 40.

56 Ibid., pp. 42–44.

57 Ibid., p. 48.

58 Ibid., p. 47.

59 Wisner to Frank, Lindsay, and Office, "Policy Guidance on OPC Operations in China," December 19, 1949, TS–35688, cited in Cox, "Civil Air Transport," p. 53.

60 Acheson to Henderson, *FRUS* 1949, vol. IX, pp. 1096–97.

61 "Summary of Daily Meeting with the Secretary," December 14, 1949, folder 1, box 1, entry 393, RG 59, NA.

62 Cox, "Civil Air Transport," pp. 47–49, 52.

63 State Department Daily Staff Summary, December 21, 1949, box 8, entry 396I, RG 59, NA.

64 Acheson, 1, 1949, box 8, National War College, x 8, entry 396I, RG 59, NA.9, 1949, TS–356 Papers, TL.

65 Kennan, "Where Do We Stand?" December 21, 1949, folder 32, box 299, Kennan Papers, Public Policy Papers, Department of Rare Books and Special Collections, Princeton University Library.

66 Ibid.

67 Ibid.

## 第二十三章

1 Montefore, *Stalin*, pp. 604–6; Salisbury, *New Emperors*, p. 96.

2 Montefore, *Stalin*, p. 605; Pantsov and Levine, *Real Story*, p. 369.

3 MZ, "Mao Congratulatory Speech at the Ceremony in Honor of Stalin's Seventieth Birthday in Moscow," December 21, 1949, in Goncharov, Lewis, andXue, *Uncertain*

*Partners*, pp. 239–40.

4 MZ cable, December 21, 1949, in Goncharov, Lewis, and Xue, *Uncertain Partners*, p. 239.

5 Chang and Halliday, *Unknown Story*, p. 352.

6 Ibid.

7 Ibid.

8 Wang Dongxing, *Riji*, entry for December 16, 1949.

9 Chang and Halliday, *Unknown Story*, pp. 351–52. See also Westad, *Decisive Encounters*, p. 312.

10 MZ, "Telegram, Mao Zedong to CCP Central Committee," December 22, 1949, in *NDE*, p. 129. 另參見對毛澤東動機的分析，Chang and Halliday, p. 352. See also Goncharov, Lewis, and Xue, *Uncertain Partners*, p. 91.

11 Chang and Halliday, *Unknown Story*, pp. 351–52.

12 Schaller, *American Occupation*, p. 203.

13 Acheson, "Remarks at the National War College," December 21, 1949, box 20, James E. Webb Papers, TL.

14 *Military Situation in the Far East*, pt. 4, p. 2578. See also McFarland and Roll, *Louis Johnson*, pp. 250, 260–61.

15 Judd to Hemenway, December 22, 1949, "Correspondence General, 1949 (B)" folder, box 159, Walter H. Judd Papers, HI.

16 Judd to Kopf, December 23, 1949, ibid.

17 Koo memorandum, December 23, 1949, *FRUS* 1949, vol. IX, pp. 457–60.

18 Butterworth to Acheson, December 28, 1949, *FRUS* 1949, vol. IX, pp. 461–62; Schaller, *American Occupation*, p. 209.

19 Lilienthal diary, entry for December 24, 1949 (describing December 21 meeting), in Lilienthal, *Journals*, p. 2:611.

20 *NYT*, December 24, 1949.

21 TLP, accession no. 77–1108.

22 *NYT*, December 24ccession n

23 *NYT*, December 25, 1949.

24 Acheson memorandum, December 29, 1949, FRUS 1949, vol. IX, pp. 463–67.

25 John Gaddis 在 *Strategies of Containment* 第五十五頁解說了國務院圍堵戰略的特性。

26 Souers memorandum, December 28, 1949, box 9, NSC File, SMOF, Harry S. Truman Papers, TL.

27 TLP, accession no. 73–2976. See also McCullough, *Truman*, p. 751.

28 Wilson quoted in Ninkovich, *Modernity*, pp. 57, 59.

29 Memorandum for the President (Top Secret), December 30, 1949, box 188, PSF, Harry S. Truman Papers, TL. See also Minutes of the 50th Meeting of the NSC, December 29, 1949, box 180, ibid.

30 NSC 48/2, *FRUS* 1949, vol. VII, pt. 2, pp. 1215–20.

31 Ibid.

32 Souers memo, December 30, 1949, box 180, PSF, Harry S. Truman Papers, TL. 杜魯門核准此一戰略時加了註腳：「不妨做為計畫，但我們是否要執行，得視狀況而定。」

33 G. K. Chesterton, *Orthodoxy* (New York: Knopf, 2011), p. 292.

34 Judd handwritten notes of call with HST, December 30, 1949, folder 9, box 79, Walter H. Judd Papers, HI; Judd OH, interview by Jerry N. Hess, April 13, 1970, TL, www.trumanlibrary .org/oralhist/judd.htm (accessed March 26, 2016).

35 Kennan to Wisner, "Subject: Covert Operations in China" [December 30, 1949], TS–35850, cited in Cox, "Civil Air Transport," pp. 53–54.

36 Cox, "Civil Air Transport," p. 53.

37 Ibid., p. 54.

38 *NYT*, January 2, 1950.

39 關於現實主義派倫理的深入討論，見Rosenthal, *Righteous Realists*, pp. 45, 62–64.

40 Blum, *Drawing the Line*, p. 178.

41 Acheson OH, Princeton Seminars, July 23, 1953, p. 5, reel 1, Dean Acheson Papers, TL.

42 Beisner, *Dean Acheson*, pp. 200–1.

43 Ibid.

44 Ayers diary, entry for January 5, 1950, box 20, Eben A. Ayers Papers, TL.

45 Ibid.

46 *Washington Post*, January 8, 1950.

47 Ibid.

## 第二十四章

1 MZ to CCP Central Committee, January 2, 1950, in *NDE*, p. 131.
2 Chang and Halliday, *Unknown Story*, p. 351.
3 Pantsov and Levine, *Real Story*, p. 371.
4 MZ to CCP Central Committee, January 2, 1950, in *NDE*, p. 131.
5 MZ to CCP Central Committee, January 3 and 5, 1950, both in *NDE*, pp. 132 –33.
6 Ibid., p. 133.
7 MZ to CCP Central Committee, January 5, 1950, in *NDE*, p. 134.
8 *NYT*, January 7, 1950.
9 *NYT*, January 9, 1950.
10 Ibid.
11 Chiang, *Sure Victory*, pp. 26–27.
12 Ibid., p. 27.
13 Ibid.
14 Ibid., p. 28.
15 Ibid.
16 Ibid.
17 Ibid.
18 *NYT*, January 13, 1950.
19 James Reston, "Mme. Chiang Won Triumph in US, But Mission Failed," *NYT*, January 11, 1950.
20 Acheson OH, Princeton Seminars, July 23, 1953, p. 11, reel 2, Dean Acheson Papers, TL.
21 Ibid, p. 10.
22 Acheson, "Crisis in Asia: An Examination of U.S. Policy," *Department of State Bulletin*, January 23, 1950.
23 Goncharov, Lewis, and Xue, *Uncertain Partners*, pp. 99–102.
24 Ibid., p. 100.
25 Shi, "I Accompanied Chairman Mao," p. 130; Salisbury, *New Emperors*, p. 98.

## 尾聲

1 Truman, *Bess Truman*, p. 355.

2 Ibid.

3 Ibid.

4 Ibid.

5 Ibid.

6 Cumings, *Origins*, p. 598.

7 Ibid., pp. 35, 189, 232, 283–84,

8 Ibid., p. 50.

9 Ibid., pp. 364, 451, 617; Chen, *China's Road*, p. 110 ; Goncharov, Lewis, and Xue, *Uncertain Partners*, p. 140.

10 Cumings觀察到，一九四九年之前，金日成政權的處境是「前有虎、後有狼。毫無疑問，蔣介石和李承晚會像擠青春痘一樣壓擠北韓」。不過，「毛澤東（一九四九年）的勝利戲劇化地改變了北韓的處境」。Cumings, *Origins*, p. 327. 另參見Chen, *China' s Road*, 119.

11 Chen, *China's Road*, 119; Cumings, *Origins*, pp. 53, 66.

12 Chen, *China's Road*, pp. 86–87; Goncharov, Lewis, and Xue, *Uncertain Partners*, p. 139.

13 史達林最先在一九五〇年一月三十日透露他願意討論北韓南侵。他發電報給 Terenti Shtykov 說：「……告訴〔金日成〕，我準備在這件事上幫忙他」。見Stalin to Shtykov, Jan. 30, 1959, WWICS, http://digitalarchive.wilsoncenter.org/document/112136 (accessed Jan. 22, 2017).

14 Goncharov, Lewis, and Xue, *Uncertain Partners*, p. 145; Chen, *China's Road*, p. 90.

15 Goncharov, Lewis, and Xue, *Uncertain Partners*, p. 145.

16 Ibid., pp. 147, 149; Chen, *China's Road*, p. 125.

17 陳兼指出，「毛澤東支持北韓同志透過革命戰爭統一全韓的意向」，但是他又加了一筆，毛、金兩人「互不信任」。Chen, *China's Road*, p. x.

18 Hunt, *Genesis*, pp. 16, 221–24; Chen, *China's Road*, pp. 25, 104.

19 Goncharov, Lewis, and Xue, *Uncertain Partners*, pp. 139–40; Chen, *China's Road*, p. x.

20 Goncharov, Lewis, and Xue, *Uncertain Partners*, pp. 153–54; Chang and Halliday, *Unknown Story*, pp. 360–61.

21 Chen, *China's Road*, p. 115;Cumings, *Origins*, p. 438.

22 Cumings, *Origins*, p. 601.

23 Goncharov, Lewis, and Xue, *Uncertain Partners*, p. 149; Taylor, *Generalissimo*, p. 430; Cumings, *Origins*, p. 526.

24 Cumings, *Origins*, p. 543; Taylor, *Generalissimo*, pp. 432–35.

25 Schaller, *American Occupation*, p. 282; Gaddis, *We Now Know*, p. 77; McFarland and Roll, *Louis Johnson*, pp. 323–24; Hamby, *Man of People*, pp. 535–36.

26 Schoenbaum, *Waging Peace*, p. 213.

27 McFarland and Roll, *Louis Johnson*, p. 324.

28 MacArthur quoted in Glain, *State vs. Defense*, pp. 104–5.

29 Hamby, *Man of People*, p. 543.

30 Glain, *State vs. Defense*, pp. 104–5.

31 Ferrell, *Off the Record*, p. 192.

32 McFarland and Roll, *Louis Johnson*, p. 343.

33 Ibid., p. 344.

34 Ibid., p. 345.

35 Ibid.

36 Ibid., p. 343.

37 MZ quoted in Pantsov and Levine, *Real Story*, p. 374.

38 Hamby, *Man of People*, pp. 536–60.

39 Ibid., p. 560.

40 Halper and Halper, *Tibet*, p. 92.

41 Ibid., p. 85.

42 Ibid., pp. 83, 281n36.

43 Ibid., p. 97.

44 Chen, *China' Road*, p. 102.

45 *NDE*, p. 141; Goncharov, Lewis, and Xue, *Uncertain Partners*, p. 107.

46 Chang and Halliday, *Unknown Story*, pp. 356–57.

47 Westad, *Decisive Encounters*, pp. 316–17.

48 Logevall, *Embers of War*, pp. 257–58.

49 Ibid.

50 Leary, *Perilous Missions*, p. 133.

51 Ibid.

52 Leary, *Perilous Missions*, p. 133.

53 Taylor, *Generalissimo*, p. 415.

54 Halper and Halper, *Tibet*, p. 135.

55 Walter Lippmann, "Today and Tomorrow," January 15, 1950, copy in box 59, George M. Elsey Papers, TL.

56 N. T. Wright, *Surprised by Hope* (New York: Harper Collins, 2008), p. 180.

57 Acheson, *Present*, p. 112.

58 Beisner, *Dean Acheson*, p. 101.

59 Acheson, *Present*, p. 112.

60 Ibid., p. 275.

61 Herodotus, *Histories*, p. 438.

62 Kennan diary, entry for June 18, 1986, Kennan, *Diaries*, p. 570.

63 MZ, in Schram, *Mao's Road*, p. 1:273.

64 Pantsov and Levine, *Real Story*, pp. 449–70.

65 Ibid., p. 457.

66 Becker, *Hungry Ghosts*, p. 70; Buruma, "Divine Killer," p. 23.

67 Pantsov and Levine, *Real Story*, p. 470.

68 Spence, *Search*, p. 546.

69 Leese, *Mao Cult*, pp. 139, 202–3.

70 Chen, "China's Involvement," p. 371.

71 Isaacson and Thomas, *Wise Men*, p. 30.

72 McCullough, *Truman*, p. 985.

73 Isaacson and Thomas, *Wise Men*, p. 679.

74 Ibid., p. 684. See also Herring, *America's Longest War*, pp. 246–47.

75 關於這些戰略的細膩探討，參見Chang（張緒心）, *Friends and Enemies*, pp. 3, 291–92.

76 Schell and Delury, *Wealth and Power*, p. 252.

77 Isaacson and Thomas, *Wise Men*, pp. 26–27.

78 Acheson quoted in Beisner, *Dean Acheson*, p. 204.

79 Acheson, *Fragments of Fleece*, p. 197.

80 Chace, *Acheson*, p. 437.

81 HST, "The President's Farewell Address to the American People," January 15, 1953, in *Public Papers of the Presidents: Harry S. Truman*, 1952–53, p. 1201.

82 Aurthur, "Wit and Sass," p. 64.

83 Ibid.

84 McCullough, *Truman*, pp. 987–88.

85 Snow, "Conversation with Mao.

86 Ibid.

87 Judd to Nixon, September 15, 1971, quoted in Chang, *Friends and Enemies*, p. 289.

88 MCKS to Judd, March 6, 1982, folder 17, box 163, Walter H. Judd Papers, HI.

89 *NYT*, February 15, 1994.

90 *NYT*, February 12, 1950.

91 Li, *Madame Chiang*, pp. 285, 339–41.

92 He Di, "Last Campaign," p. 12; Li, *Madame Chiang*, p. 347.

93 Li, *Madame Chiang*, pp. 424, 462.

94 MCKS, "Sursum Corda by Madame Chiang Kai–shek," *China Post*, December 6, 1986; Li, *Madame Chiang*, p. 433.

95 Schell and Delury, *Wealth and Power*, p. 9.

96 Chang Wanquan quoted in Gopal Ratnam, "Hagel to Meet Xi as China Vows No Compromising on Sea Disputes," *Bloomberg*, April 9, 2014.

# 參考書目

## 一、手稿


Academia Historica, Taipei, Taiwan

*Jiang Zhongzheng Zongtong Dang'an* [President Chiang Kai-shek Collection]

Columbia University, New York, N.Y.

Wellington Koo Papers

Hoover Institution, Stanford, Calif.

Claire Chennault Papers

Chiang Kai-shek Diary

Walter H. Judd Papers

Alfred Kohlberg Papers

T.V. Soong Papers

John Leighton Stuart Papers

Library of Congress, Washington, D.C.

Clare Booth Luce Papers

National Archives, College Park, Md.

General Records of the Department of State

Princeton University Library, Princeton, N.J.

George F. Kennan Papers

Private Collections

Alfred T. Cox Private Papers. Courtesy of Steven Cox.

Roy Howard Private Papers. Courtesy of Pamela Howard.

Harry S. Truman Presidential Library and Museum, Independence, Mo.

Dean Acheson Papers

Eben A. Ayers Papers

Matthew Connelly Papers

George M. Elsey Papers

John F. Melby Papers

Harry S. Truman Papers

James E. Webb Papers

University of Texas at Dallas, Richardson, Tex.

William M. Leary Papers

Wellesley College Archive, Wellesley, Mass.

Mayling Soong Chiang Papers

Emma DeLong Mills Papers

## 二、口述歷史

Dean G. Acheson

Elden B. Erickson

Walter H. Judd

V. K. Wellington Koo

John F. Melby

Edward H. Pruden

Louis H. Renfrow
William N. Stokes

## 三、書籍和文章

Acheson, David C. *Acheson Country: A Memoir*. New York: Norton, 1993.

Acheson, Dean. *Fragments of My Fleece*. New York: Norton, 1971.

——. *Morning and Noon*. Boston: Houghton Mifflin, 1965.

——. *Present at the Creation: My Years in the State Department*. New York: Norton, 1969.

——. *Sketches from Life of Men I Have Known*. New York: Harper & Bros., 1959.

Adams, Helen Lee, and Dora Fugh Lee, eds. *The Collected Letters: Philip Jingpo Fugh (1900–1988)*. Claremont, Calif.: Claremont Graduate University, 2012.

Alsop, Joseph W., with Adam Platt. *"I've Seen the Best of It": Memoirs*. New York: Norton, 1992.

Anderson, Benedict. *Imagined Communities: Reflections on the Origin and Spread of Nationalism*. 1983; reprint London: Verso, 2006.

Anderson, Jack, with James Boyd. *Confessions of a Muckraker: The Inside Story of Life in Washington During the Truman, Eisenhower, Kennedy, and Johnson Years*. New York: Random House, 1979.

Aurthur, Robert Alan. "The Wit and Sass of Harry S. Truman." *Esquire* (August 1971): 62–67, 115–18.

Barber, Noel. *The Fall of Shanghai*. New York: Coward, McCann and Geoghegan, 1979.

Barnett, A. Doak. *China on the Eve of Communist Takeover*. New York: Praeger, 1961.

Becker, Jasper. *City of Heavenly Tranquility: Beijing in the History of China*. Oxford: Oxford University Press, 2008.

——. *Hungry Ghosts: Mao's Secret Famine*. New York: Free Press, 1996.

Behrman, Greg. *The Most Noble Adventure: The Marshall Plan and the Time When America Helped Save Europe*. New York: Free Press, 2007.

Beisner, Robert L. *Dean Acheson: A Life in the Cold War*. Oxford: Oxford University Press, 2006.

Beisner, Robert L., ed. *American Foreign Relations Since 1600: A Guide to the Literature*, 2nd ed. Santa Barbara, Calif.: ABC-CLIO, 2003.

Belden, Jack. *China Shakes the World*. New York: Harper & Bros., 1949.

Bernstein, Richard. *China 1945: Mao's Revolution and America's Fateful Choice*. New York: Knopf, 2014.

Blum, Robert M. *Drawing the Line: The Origin of American Containment Policy in East Asia*. New York: Norton, 1982.

Bodde, Derk. *Peking Diary: A Year of Revolution*. New York: Henry Schuman, 1950.

Borg, Dorothy, and Waldo Heinrichs, eds. *Uncertain Years: Chinese-American Relations, 1947–1950*. New York: Columbia University Press, 1980.

Borklund, C. W. *Men of the Pentagon: From Forrestal to McNamara*. New York: Praeger, 1966.

Brinkley, Alan. *The Publisher: Henry Luce and His American Century*. New York: Knopf, 2010.

Buruma, Ian. "Divine Killer." *New York Review of Books*, February 24, 2000, pp. 20–25.

Chace, James. *Acheson: The Secretary of State Who Created the American World*. New York: Simon & Schuster, 1998.

Chang, Gordon H. *Friends and Enemies: The United States, China, and the Soviet Union, 1948–1972*. Stanford, Calif.: Stanford University Press, 1990.

Chang, Jung, and Jon Halliday. *Mao: The Unknown Story*. New York: Knopf, 2005.

Chassin, Lionel Max. *The Communist Conquest of China: A History of the Civil War, 1945–1949*. Translated by Timothy Osato and Louis Gelas. Cambridge, Mass.: Harvard University Press, 1965.

Chen Jian. "China's Involvement in the Vietnam War, 1964–69." *China Quarterly*, no. 142 (June 1995): 356–87.

——. *China's Road to the Korean War: The Making of the Sino-American Confrontation*. New York: Columbia University Press, 1994.

——. *Mao's China and the Cold War*. Chapel Hill: University of North Carolina Press, 2001.

——. "The Myth of America's 'Lost Chance' in China: A Chinese Perspective in Light of New Evidence." *Diplomatic History* 21, no. 1 (Winter 1997): 77–86.

——. "The Ward Case and the Emergence of Sino-American Confrontation, 1948–50." *Australian Journal of Chinese Affairs* 30 (July 1993): 149–70.

Chiang, Ching-kuo. *Calm in the Eye of a Storm*. Taipei: Li Ming Cultural Enterprise Co., 1978.

Chiang, Soong Mayling. *The Sure Victory*. Westwood, N.J.: Fleming H. Revell, 1955.

Christensen, Thomas J. *The China Challenge: Shaping the Choices of a Rising Power*. New York: Norton, 2015.

Cohen, Warren I. "Acheson, His Advisers, and China, 1949–50," in Dorothy Borg and Waldo Heinrichs, eds., *Uncertain Years: Chinese-American Relations, 1947–1950*. New York: Columbia University Press, 1980.

——. *America's Response to China: A History of Sino-American Relations*, 5th ed. New York: Columbia University Press, 2010.

——. "Conversations with Chinese Friends: Zhou Enlai's Associates Reflect on Chinese-American Relations in the 1940s and the Korean War." *Diplomatic History* 11 (1987): 283–89.

Corson, William R. *The Armies of Ignorance: The Rise of the American Intelligence Empire*. New York: Dial Press, 1977.

Cox, Alfred T. "Civil Air Transport (CAT): A Proprietary Airline, 1946–55," April 1967, Clandestine Services Historical Paper no. 87, vol. 1. Washington, D.C.: Central Intelligence Agency, 1969. Declassified in 2011.

Crozier, Brian. *The Man Who Lost China: The First Full Biography of Chiang Kai-shek*. New York: Scribner's, 1976.

Cumings, Bruce. *The Origins of the Korean War*. Vol. 2, *The Roaring of the Cataract, 1947–50*. Princeton, N.J.: Princeton University Press, 1990.

Dallek, Robert. *Harry S. Truman*. New York: Henry Holt, 2008.

DeLong, Thomas A. *Madame Chiang Kai-shek and Miss Emma Mills: China's First Lady and Her American Friend*. Jefferson, N.C.: McFarland, 2007.

Donald, Aida D. *Citizen Soldier: A Life of Harry S. Truman*. New York: Basic Books, 2012.

Dong, Stella. *Shanghai, 1842–1949: The Rise and Fall of a Decadent City*. New York: Morrow, 2000.

Eastman, Lloyd E. *Seeds of Destruction: Nationalist China in War and Revolution, 1937–1949*. Stanford, Calif.: Stanford University Press, 1984.

Edwards, Lee. *Missionary for Freedom: The Life and Times of Walter Judd*. St. Paul, Minn.: Paragon House, 1990.

Empson, William. "Red on Red: William Empson Witnesses the Inauguration of the People's Republic of China." *London Review of Books* 21, no. 19 (September 30, 1999): 66–67.

Ezpeleta, Mariano. *Red Shadows Over Shanghai*. Quezon City, Philippines: Zita, 1972.

Fairbank, John King, ed. *The Missionary Enterprise in China and America*. Cambridge, Mass.: Harvard University Press, 1974.

Fedorenko, N. "The Stalin-Mao Summit in Moscow." *Far Eastern Affairs* 2 (1989): 134–48.

Ferrell, Robert H., ed. *Off the Record: The Private Papers of Harry S. Truman*. Columbia: University of Missouri Press, 1980.

FitzGerald, Frances. *Fire in the Lake: The Vietnamese and the Americans in Vietnam*. 1972; reprint New York: Back Bay, 2002.

Forman, Harrison. *Blunder in Asia*. New York: Didier, 1950.

Forrestal, James. *The Forrestal Diaries*. Edited by Walter Millis. New York: Viking Press, 1951.

Gaddis, John Lewis. *The Cold War: A New History*. New York: Penguin Press, 2005.

——. *George F. Kennan: An American Life*. New York: Penguin Press, 2011.

——."Harry S. Truman and the Origins of Containment," in Frank J. Merli and Theodore A. Wilson, eds., *Makers of American Diplomacy: From Benjamin Franklin to Henry Kissinger*. New York: Scribner's, 1974.

——. *Strategies of Containment: A Critical Appraisal of American National Security Policy During the Cold War*. 1982; reprint Oxford: Oxford University Press, 2005.

——. *We Now Know: Rethinking Cold War History*. Oxford: Clarendon Press, 1997.

Gellhorn, Martha. *Travels with Myself and Another*. New York: Dodd, Mead, 1978.

Glain, Stephen. *State vs. Defense: The Battle to Define America's Empire*. New York: Crown, 2011.

Goldstein, Lyle J. *Meeting China Halfway: How to Defuse the Emerging U.S.-China Rivalry*. Washington, D.C.: Georgetown University Press, 2015.

Goncharov, Sergei. "The Stalin-Mao Dialogue [Interview with Ivan Kovalev]." Pts. 1 and 2. *Far Eastern Affairs* 1 (1992): 100–16; 2 (1992): 94–111.

——. "Stalin's Dialogue with Mao Zedong." *Journal of Northeast Asian Studies* 10, no. 4 (Winter 1991): 45–76.

Goncharov, Sergei N., John W. Lewis, and Xue Litai. *Uncertain Partners: Stalin, Mao, and the Korean War*. Stanford, Calif.: Stanford University Press, 1993.

Goodno, Floyd Russel. "Walter H. Judd: Spokesman for China in the United States House of Representatives." Ph.D. diss., Oklahoma State University, 1970.

"GOP Keynoter Judd an Expert on Asian Policy." *Congressional Quarterly Weekly Report* 18 (July 15, 1960): 1266–67.

Gup, Ted. *The Book of Honor: The Secret Lives and Deaths of CIA Operatives*. New York: Anchor Books, 2007.

Hahn, Emily. *The Soong Sisters*. Garden City: Doubleday, Doran, 1941.

Halberstam, David. *Summer of '49: The Classic Chronicle of Baseball's Most Magnificent Season as Seen Through the Yankees–Red Sox Rivalry*. New York: HarperPerennial, 1989.

Halper, Lezlee Brown, and Stefan Halper. *Tibet: An Unfinished Story*. Oxford: Oxford University Press, 2014.

Hamburger, Philip. "Mr. Secretary." Pts. 1 and 2. *New Yorker*, November 12 and 19, 1949.

Hamby, Alonzo L. *Man of the People: A Life of Harry S. Truman*. New York: Oxford University Press, 1995.

Haynes, John Earl, and Harvey Klehr. *Venona: Decoding Soviet Espionage in America*. New Haven, Conn.: Yale University Press, 1999.

He Di. " 'The Last Campaign to Unify China: The CCP's Unmaterialized Plan to Liberate Taiwan, 1949–1950." *Chinese Historians* 5, no. 1 (Spring 1992): 1–16.

Herodotus. *The Histories*. London: Penguin, 1996.

Herring, George C. *America's Longest War: The United States and Vietnam, 1950–75*, 4th ed. Boston: McGraw-Hill, 2002.

——. *From Colony to Superpower: U.S. Foreign Relations Since 1776*. New York: Oxford University Press, 2008.

Herzstein, Robert Edwin. *Henry R. Luce, Time, and the American Crusade in Asia*. Cambridge, U.K.: Cambridge University Press, 2005.

Holloway, David. *Stalin and the Bomb: The Soviet Union and Atomic Energy, 1939–1956*. New Haven, Conn.: Yale University Press, 1994.

Holzman, Michael. *Guy Burgess: Revolutionary in an Old School Tie.* Briarcliff Manor, N.Y.: Chelmsford Press, 2013.

Hoopes, Townsend, and Douglas Brinkley. *Driven Patriot: The Life and Times of James Forrestal.* New York: Knopf, 1992.

Hooten, E. R. *The Greatest Tumult: The Chinese Civil War 1936–49.* London: Brassey's, 1991.

Horton, Philip. "The China Lobby—Part II." *Reporter,* April 29, 1952, pp. 5–10.

Hunt, Michael H. *The Genesis of Chinese Communist Foreign Policy.* New York: Columbia University Press, 1996.

Hutchings, Robert L., ed. *Tracking the Dragon: National Intelligence Estimates on China During the Era of Mao, 1948–1976.* Pittsburgh: Government Printing Office, 2004.

Isaacson, Walter, and Evan Thomas. *The Wise Men: Six Friends and the World They Made.* New York: Simon & Schuster, 1986.

Jespersen, T. Christopher. *American Images of China, 1931–49.* Stanford, Calif.: Stanford University Press, 1996.

Jessup, Philip C. *The Birth of Nations.* New York: Columbia University Press, 1974.

Judd, Walter H. "Control of Asia Is Crucial Question." *Midland Schools* 63 (May 1948): 18–19.

——. "Which Direction in Foreign Policy?" *Midland Schools* (December 1948): 12–13.

Kagan, Robert. *The World America Made.* New York: Knopf, 2012.

Kaplan, Robert. "The Geography of Chinese Power: How Far Can Beijing Reach on Land and at Sea?" *Foreign Affairs.* May–June 2010: 22–41.

Kartunova, A.I."Vstrechi v Moskve s Tszian Tsin, Zhenoi Mao Tszeduna [Meetings in Moscow with Jiang Qing, the Wife of Mao Zedong]."*Kentavr* 1–2 (1992): 121–27.

Kau, Michael Y. M., and John K. Leung. *The Writings of Mao Zedong, 1949–1976.* Armonk, N.Y.: M. E. Sharpe, 1986.

Kazuko, Ono, and Joshua Fogel, eds. *Chinese Women in a Century of Revolution, 1850–1950.* Stanford, Calif.: Stanford University Press, 1988.

Keeley, Joseph. *The China Lobby Man: The Story of Alfred Kohlberg.* New Rochelle, N.Y.: Arlington House, 1969.

Kennan, George F. *American Diplomacy.* 1951; reprint Chicago: University of Chicago Press, 2012.

——. *The Kennan Diaries.* Edited by Frank Costigliola. New York: Norton, 2014.

——. *Memoirs: 1925–1950.* Boston: Little, Brown, 1967.

Kissinger, Henry. *On China.* New York: Penguin Press, 2011.

Klein, Christina. "Family Ties and Political Obligation: The Discourse of Adoption and the Cold War Commitment to Asia." In Christian G. Appy, ed., *Cold*

*War Constructions: The Political Culture of United States Imperialism, 1945–1966.* Amherst: University of Massachusetts Press, 2000.

Laird, Thomas. *Into Tibet: The CIA's First Atomic Spy and His Secret Expedition to Lhasa.* New York: Grove Press, 2002.

Lapwood, Ralph, and Nancy Lapwood. *Through the Chinese Revolution.* 1954; reprint Westport, Conn.: Hyperion Press, 1973.

Leary, William M. *Perilous Missions: Civil Air Transport and CIA Covert Operations in Asia.* University: University of Alabama Press, 1984.

Leary, William M., and William Stueck. "The Chennault Plan to Save China: U.S. Containment in Asia and the Origins of the CIA's Aerial Empire, 1949–50." *Diplomatic History* 8, no. 4 (Fall 1984): 349–64.

Ledovsky, Andrei. "Mikoyan's Secret Mission to China in January and February 1949." *Far Eastern Affairs* 2 (1995): 72–94.

——. "The Moscow Visit of a Delegation of the Communist Party of China in June and August 1949." *Far Eastern Affairs* 4 (1996): 64–86.

Leese, Daniel. *Mao Cult: Rhetoric and Ritual in China's Cultural Revolution.* Cambridge, U.K.: Cambridge University Press, 2011.

Levenson, Joseph R. *Liang Ch'i-ch'ao and the Mind of Modern China.* Berkeley: University of California Press, 1967.

Li, Laura Tyson. *Madame Chiang Kai-shek: China's Eternal First Lady.* New York: Atlantic Monthly Press, 2006.

Li Min. *Wo de fuqin Mao Zedong* [My Father Mao Zedong]. Beijing: Renmin chubanshe, 2009.

Li Zhisui. *The Private Life of Chairman Mao: The Memoirs of Mao's Personal Physician, Dr. Li Zhisui.* New York: Random House, 1994.

Lilienthal, David E. *The Journals of David E. Lilienthal.* Vol. 2, *The Atomic Energy Years, 1945–1950.* New York: Harper & Row, 1964.

Liu, Hsiang-Wang. *The Fall and Rise of the Nationalist Chinese: The Chinese Civil War from Huaihai to the Taiwan Strait, 1948–50.* Ph.D. thesis., Pennsylvania State University, 1997.

Lin, Hsiao-ting. *Accidental State: Chiang Kai-shek, the United States, and the Making of Taiwan.* Cambridge, Mass.: Harvard University Press, 2016.

Logevall, Fredrik. *Embers of War: The Fall of an Empire and the Making of America's Vietnam.* New York: Random House, 2012.

Mabon, David W. "Elusive Agreements: The Pacific Pact Proposals of 1949–51." *Pacific Historical Review* 57, no. 2 (May 1988): 147–77.

MacDonald, Donald J. "President Truman's Yacht." *Naval History* 4, no. 1 (Winter 1990): 48–49.

Mao Zedong. *The Poems of Mao Tse-tung.* Translated by Hua-ling Nieh Engle and Paul Engle. New York: Simon & Schuster, 1972.

McCrum, Robert. "The Masterpiece That Killed George Orwell." *Observer.* May 9, 2009.

McCullough, David. *Truman.* New York: Simon & Schuster, 1992.

McFarland, Keith D., and David L. Roll. *Louis Johnson and the Arming of America: The Roosevelt and Truman Years.* Bloomington: Indiana University Press, 2005.

McGlothlen, Ronald L. *Controlling the Waves: Dean Acheson and U.S. Foreign Policy in Asia.* New York: Norton, 1993.

McLean, David. "American Nationalism, the China Myth, and the Truman Doctrine: The Question of Accommodation with Peking, 1949–50." *Diplomatic History* 10 (Winter 1986): 25–42.

Mearsheimer, John. "The Gathering Storm: China's Challenge to U.S. Power in Asia." *Chinese Journal of International Politics* 3 (2010): 381–96.

Melby, John F. *The Mandate of Heaven: Record of a Civil War, China 1945–49.* Toronto: University of Toronto Press, 1968.

Miscamble, Wilson D. "The Evolution of an Internationalist: Harry S. Truman and American Foreign Policy." *Australian Journal of Politics and History* 23, no. 2 (August 1977): 268–83.

Mitter, Rana. *Forgotten Ally: China's World War II, 1937–1945.* Boston: Houghton Mifflin Harcourt, 2013.

Montefiore, Simon Sebag. *Stalin: The Court of the Red Tsar.* New York: Knopf, 2004.

Morris, Sylvia Jukes. *Price of Fame: The Honorable Clare Boothe Luce.* New York: Random House, 2014.

Mydans, Carl, and Shelley Mydans. *The Violent Peace.* New York: Atheneum, 1968.

Ninkovich, Frank. *Modernity and Power: A History of the Domino Theory in the Twentieth Century.* Chicago: University of Chicago Press, 1994.

Offner, Arnold A. *Another Such Victory: President Truman and the Cold War, 1945–1953.* Stanford, Calif.: Stanford University Press, 2002.

Osnos, Evan. *Age of Ambition: Chasing Fortune, Truth, and Faith in the New China.* New York: Farrar, Straus and Giroux, 2014.

——. "Born Red." *New Yorker,* April 6, 2015.

Oursler, Fulton. *Behold This Dreamer!* Boston: Little, Brown, 1964.

Ovendale, R. "Britain, the United States, and the Recognition of Communist China." *Historical Journal* 26, no. 1 (March 1983): 139–58.

Pakula, Hannah. *The Last Empress: Madame Chiang Kai-shek and the Birth of Modern China.* New York: Simon & Schuster, 2009.

Pang Xianzhi, ed. *Mao Zedong Nianpu* [Chronology of Mao Zedong]. Beijing: Zhongyang Wenxian Chubanshe, 2013.

Pantsov, Alexander V., with Steven I. Levine. *Mao: The Real Story.* New York: Simon & Schuster, 2012.

Patterson, James T. *Grand Expectations: The United States, 1945–1974.* New York: Oxford University Press, 1996.

Pearson, Drew. *Diaries, 1949–1959.* Edited by Tyler Abell. New York: Holt, Rinehart and Winston, 1974.

Pepper, Suzanne. *Civil War in China: The Political Struggle,* 1945–1949. Lanham, Md.: Rowman and Littlefield, 1999.

Platt, Stephen R. *Autumn in the Heavenly Kingdom: China, the West, and the Epic Story of the Taiping Civil War.* New York: Knopf, 2012.

Pomeranz, Kenneth. "Musings on a Museum: A Trip to Xibaipo." *China Beat*. July 22, 2010, www.thechinabeat.org/?p=2384 (accessed August 11, 2015).

Pomfret, John. *The Beautiful Country and the Middle Kingdom: America and China, 1776 to the Present.* New York: Henry Holt, 2016.

*Public Papers of the Presidents of the United States: Harry S. Truman, 1945.* Washington, D.C.: Government Printing Office, 1961.

*Public Papers of the Presidents of the United States: Harry S. Truman, 1952–53.* Washington, D.C.: Government Printing Office, 1966.

Qing, Simei. *From Allies to Enemies: Visions of Modernity, Identity, and U.S.-China Diplomacy, 1945–1960.* Cambridge, Mass.: Harvard University Press, 2007.

Quan, Yanchi. *Mao Zedong: Man, Not God.* Beijing: Foreign Languages Press, 1992.

Ramzy, Austin. "Taiwan's President Apologizes to Aborigines for Centuries of Injustice." *New York Times*, August 1, 2016.

Rearden, Steven L. *History of the Office of the Secretary of Defense.* Vol. 1, *The Formative Years, 1947–1950.* Washington, D.C.: Office of the Secretary of Defense, 1984.

Rittenberg, Sidney, Sr., and Amanda Bennett. *The Man Who Stayed Behind.* Durham, N.C.: Duke University Press, 2001.

Robbins, Christopher. *Air America.* New York: G. P. Putnam's Sons, 1979.

Ronning, Chester. *A Memoir of China in Revolution: From the Boxer Rebellion to the People's Republic.* New York: Pantheon, 1974.

Roosevelt, Eleanor. *The Autobiography of Eleanor Roosevelt.* 1961; reprint New York: Harper Perennial, 2014.

Rosenthal, Joel H. *Righteous Realists: Political Realism, Responsible Power, and American Culture in the Nuclear Age.* Baton Rouge: Louisiana State University Press, 1991.

Ross, Alex. "Uncommon Man: The Strange Life of Henry Wallace, the New Deal Visionary." *New Yorker*, October 14, 2013.

Rowan, Roy. *Chasing the Dragon: A Veteran Journalist's Firsthand Account of the 1949 Chinese Revolution.* Guilford, Conn.: Lyons Press, 2004.

Salisbury, Harrison E. *The New Emperors: China in the Era of Mao and Deng.* Boston: Little, Brown, 1992.

Schaller, Michael. *The American Occupation of Japan: The Origins of the Cold War in Asia.* New York: Oxford University Press, 1985.

——. *The United States and China: Into the Twenty-first Century.* Fourth ed. New York: Oxford University Press, 2015.

——. *The U.S. Crusade in China,* 1938–1945. New York: Columbia University Press, 1979.

Schell, Orville, and John Delury. *Wealth and Power: China's Long March to the Twenty-first Century.* New York: Random House, 2013.

Schoenbaum, Thomas J. *Waging Peace and War: Dean Rusk in the Truman, Kennedy and Johnson Years.* New York: Simon & Schuster, 1988.

Schram, Stuart R., ed. *Mao's Road to Power: Revolutionary Writings, 1912–1949.* Vols. 1 and 2. Armonk, N.Y.: M.E. Sharpe, 1992, 1994.

——. *The Thought of Mao Tse-Tung*. Cambridge, U.K.: Cambridge University Press, 1989.

Seagrave, Sterling. *The Soong Dynasty*. New York: Harper & Row, 1985.

Shambaugh, David. *China Goes Global: The Partial Power*. Oxford: Oxford University Press, 2013.

Shaw, Yu-ming. *An American Missionary in China: John Leighton Stuart and Chinese-American Relations*. Cambridge, Mass.: Harvard University Press, 1992.

Shen Zhihua. *Mao, Stalin and the Korean War: Trilateral Communist Relations in the 1950s*. Translated by Neil Silver. New York: Routledge, 2012.

Shen Zhihua and Yafeng Xia. *Mao and the Sino-Soviet Partnership, 1945–1959: A New History*. Lanham, Md.: Lexington Books, 2015.

Sheng, Michael M. *Battling Western Imperialism: Mao, Stalin, and the United States*. Princeton, N.J.: Princeton University Press, 1997.

Shi Zhe. " 'I Accompanied Chairman Mao.' " *Far Eastern Affairs* 2 (1989): 125–33.

——. "With Mao and Stalin: The Reminiscences of a Chinese Interpreter." Translated by Chen Jian. Pts. 1 and 2. *Chinese Historians* 5, no. 1 (Spring 1992): 35–46; 6 (Spring 1993): 67–90.

Shih, Chih-yu."The Eros of International Politics: Madame Chiang Kai-shek and the Question of the State in China."*Comparative Civilizations Review* 46 (2002): 91–119.

Short, Philip. *Mao: A Life*. New York: Henry Holt, 1999.

Shuguang Zhang and Jian Chen, eds. *Chinese Communist Foreign Policy and the Cold War in Asia: New Documentary Evidence*, 1944–1950. Chicago: Imprint, 1996.

Snow, Edgar. "A Conversation with Mao Tse-Tung." *Life*, April 30, 1971.

——. *Red Star Over China*. 1938; reprint New York: Grove Press, 1968.

Spence, Jonathan D. *God's Chinese Son: The Taiping Heavenly Kingdom of Hong Xiuquan*. New York: Norton, 1996.

——. *Mao Zedong*. New York: Viking, 1999.

——. *The Search for Modern China*. 3rd ed. New York: Norton, 2013.

——. *To Change China: Western Advisers in China*. 1969; reprint New York: Penguin Books, 1980.

Stilwell, Joseph W. *The Stilwell Papers*. Edited by Theodore H. White. 1948; reprint New York: Da Capo Press, 1991.

Stokes, William N. "The Future Between America and China." *Foreign Service Journal* 45, no. 1 (January 1968): 14–16.

Stuart, John Leighton. *Fifty Years in China: The Memoirs of John Leighton Stuart, Missionary and Ambassador*. New York: Random House, 1954.

——. *The Forgotten Ambassador: The Reports of John Leighton Stuart, 1946–1949*. Edited by Kenneth W. Rea and John C. Brewer. Boulder, Colo.: Westview

Press, 1981.

Stueck, William Whitney, Jr. *The Road to Confrontation: American Policy Toward China and Korea, 1947–1950.* Chapel Hill: University of North Carolina Press, 1981.

Sulzberger, C. L. *A Long Row of Candles: Memoirs and Diaries, 1934–1954.* Toronto: Macmillan, 1969.

Sutherland, Ian. "The OSS Operational Groups: Origin of Army Special Forces." *Special Warfare* 15, no. 2 (June 2002): 2–13.

Tanenhaus, Sam. *Whittaker Chambers: A Biography.* New York: Random House, 1997.

Taylor, Jay. *The Generalissimo: Chiang Kai-shek and the Struggle for Modern China.* Cambridge, Mass.: Belknap Press, 2009.

Thomas, Evan. *The Very Best Men: Four Who Dared: The Early Years of the CIA.* New York: Simon & Schuster, 1995.

Titov, Alexander. "Looking Back on My Work in China in 1948–1950." *Far Eastern Affairs* 5 (1995): 82–93.

Tong, Hollington K. *Chiang Kai-shek.* Taipei: China Publishing Co., 1953.

Topping, Audrey Ronning. *China Mission: A Personal History from the Last Imperial Dynasty to the People's Republic.* Baton Rouge: Louisiana State University Press, 2013.

Topping, Seymour. *Journey Between Two Chinas.* New York: Harper & Row, 1972.

——. *On the Front Lines of the Cold War: An American Correspondent's Journal from the Chinese Civil War to the Cuban Missile Crisis and Vietnam.* Baton Rouge: Louisiana State University Press, 2010.

Townsend, Peter. *China Phoenix: The Revolution in China.* London: Jonathan Cape, 1955.

Truman, Margaret. *Bess W. Truman.* New York: Macmillan, 1986.

Tsou, Tang. *America's Failure in China, 1941–50.* Chicago: University of Chicago Press, 1963.

Tuchman, Barbara W. *Stilwell and the American Experience in China, 1911–45.* New York: Grove Press, 1970.

Tucker, Nancy Bernkopf. *Patterns in the Dust: Chinese-American Relations and the Recognition Controversy, 1949–1950.* New York: Columbia University Press, 1983.

Tucker, Nancy Bernkopf, ed. *China Confidential: American Diplomats and Sino-American Relations, 1945–1996.* New York: Columbia University Press, 2001.

Ullman, Richard. "The U.S. and the World: An Interview with George Kennan." *New York Review of Books,* August 12, 1999.

U.S. Department of State. *United States Relations with China, with Special Reference to the Period 1944–1949.* Washington, D.C.: Government Printing Office, 1949.

U.S. Senate. *Economic Assistance to China and Korea, 1949–50: Hearings Held in Executive Session Before the Committee on Foreign Relations.* Eighty-first Congress. Washington, D.C.: Government Printing Office, 1974.

——. *Military Situation in the Far East: Hearings Before the Committee on Armed Services and the Committee on Foreign Relations.* Eighty-second Congress. Part 4. June 14, 15, 18, 19, 20, 21, 22, 25, and 27, 1951. Washington, D.C.: Government Printing Office, 1951.

——. *Nomination of Dean G. Acheson: Hearing Before the Committee on Foreign Relations.* Eighty-first Congress. January 13, 1949. Washington, D.C.: Government Printing Office, 1949.

Wang Dongxing. *Wang Dongxing Riji* [Wang Dongxing Diary]. Beijing: Dangdai Zhongguo Chubanshe, 2012.

Ward, Angus. "The Mukden Affair." *American Foreign Service Journal* (February 1950): 14–17, 40–44.

Weiner, Tim. *Legacy of Ashes: The History of the CIA.* New York: Doubleday, 2007.

Wertenbaker, Charles. "The China Lobby." *Reporter.* April 15, 1952, pp. 4–24.

Westad, Odd Arne. *Decisive Encounters: The Chinese Civil War, 1946–1950.* Stanford, Calif.: Stanford University Press, 2003.

——. "Fighting for Friendship: Mao, Stalin, and the Sino-Soviet Treaty of 1950." *Cold War International History Project Bulletin* 8–9 (Winter 1996–97): 224–36.

Witke, Roxane. *Comrade Chiang Ch'ing.* Boston: Little, Brown, 1977.

Xiao Qian. *Traveller Without a Map.* Translated by Jeffrey C. Kinkley. Stanford, Calif.: Stanford University Press, 1994.

Zubok, Vladislav. " 'To Hell with Yalta!': Stalin Opts for a New Status Quo," *CWIHP Bulletin,* nos. 6–7 (Winter 1995–96): 24–27.

國家圖書館出版品預行編目(CIP)資料

迅猛的力量：1949,毛澤東、杜魯門與現代中國的誕生 / 凱文.裴萊諾(Kevin Peraino)作；林添貴譯. -- 初版. -- 新北市：遠足文化, 2019.09
面； 公分. -- (遠足新書)
譯自：A force so swift : Mao, Truman, and the birth of modern China, 1949
ISBN 978-986-508-033-4(平裝)
1.美國外交政策 2.中美關係 3.臺美關係

578.52 108014838

遠足文化 讀者回函

遠足新書

**迅猛的力量：1949，毛澤東、杜魯門與現代中國的誕生**

A Force So Swift: Mao, Truman, and the Birth of Modern China, 1949

作者・凱文・裴萊諾（Kevin Peraino）｜譯者・林添貴｜責任編輯・龍傑娣｜編輯協力・胡慧如｜校對・楊俶儻｜封面設計・林宜賢｜出版・遠足文化事業股份有限公司・第二編輯部｜社長・郭重興｜總編輯・龍傑娣｜發行人兼出版總監・曾大福｜發行・遠足文化事業股份有限公司｜電話・02-22181417｜傳真・02-86672166｜客服專線・0800-221-029｜E-Mail・service@bookrep.com.tw｜官方網站・http://www.bookrep.com.tw｜法律顧問・華洋國際專利商標事務所・蘇文生律師｜印刷・崎威彩藝有限公司｜排版・菩薩蠻數位文化有限公司｜初版・2019年9月｜初版二刷・2022年12月｜定價・480元｜ISBN・978-986-508-033-4